"十三五"国家重点出版物出版规划项目
当代中国创新创业前沿丛书

总主编 樊丽明

Entrepreneur Practice

创业修炼

前沿视角

刘志阳 主　编
吴桂兴 庄欣荷 副主编

上海财经大学出版社

图书在版编目(CIP)数据

创业修炼:前沿视角/刘志阳主编.—上海:上海财经大学出版社,2016.12
(当代中国创新创业前沿丛书)
ISBN 978-7-5642-2608-4/F.2608

Ⅰ.①创… Ⅱ.①刘… Ⅲ.①创业—研究 Ⅳ.①F241.4

中国版本图书馆CIP数据核字(2016)第278212号

□ 责任编辑　张美芳
□ 封面设计　张克瑶

CHUANGYE XIULIAN
创 业 修 炼
——前沿视角

刘志阳　主编
吴桂兴　庄欣荷　副主编

上海财经大学出版社出版发行
(上海市武东路321号乙　邮编200434)
网　　址:http://www.sufep.com
电子邮箱:webmaster@sufep.com
全国新华书店经销
上海华业装潢印刷厂印刷装订
2016年12月第1版　2016年12月第1次印刷

787mm×1092mm　1/16　13印张　300千字
印数:0001—3000　定价:42.00元

当代中国创新创业前沿丛书编委会

编委会主任：
  樊丽明（上海财经大学校长）

编委会副主任（按姓氏首字母排序）：
  刘兰娟（上海财经大学副校长）
  万黎峻（冠生园集团有限公司总经理）
  钟晓敏（浙江财经大学校长）

编委会成员（按姓氏首字母排序）：
  陈忠卫（安徽财经大学副校长）
  杜承铭（广东财经大学副校长）
  冯　林（大连理工大学创新创业学院院长）
  胡文波（山东财经大学副校长）
  李小鲁（中国职业技术教育学会副会长）
  刘金兰（天津财经大学副校长）
  刘志阳（上海财经大学创业学院执行副院长）
  马　骁（西南财经大学副校长）
  邱伟芬（南京财经大学副校长）
  王　立（内蒙古财经大学副校长）
  王文贵（中南财经政法大学党委副书记）
  王晓萍（云南财经大学副校长）
  王永贵（对外经济贸易大学国际商学院院长）
  邬建辉（大华会计师事务所董事长）
  杨春梅（吉林财经大学副校长）
  张　维（天津大学管理与经济学部主任）
  张耀辉（暨南大学创业学院院长）
  张玉利（南开大学商学院院长）

代 序

创新创业教育是高教综合改革的突破口

上海财经大学校长 樊丽明

正在积极建设全球科创中心的上海,已将全面推进创新创业教育正式提上议程。在当前新的背景下,如何正确认识创新创业教育的实质,把握高校创新创业教育国际趋势,根据高校自身实际推进创新创业教育的不断深入,是高校面临的重要课题。

创新教育由来已久。"创业教育"概念的正式提出源自1998年联合国教科文组织发表的《21世纪的高等教育:展望与行动世界宣言》,该文认为创业教育将是21世纪青年除学术教育和职业教育外的第三本教育护照。

在"大众创业、万众创新"的大背景下,创新创业教育不仅成为国内高校教育教学的必备内容,而且成为中国高等教育综合改革的突破口。

一、正在建设科创中心的上海,亟须提高创新创业教育水平

美国管理学大师汤姆·彼得斯(Tom Peters)曾说:"差距已经消失,要么创新,要么死亡。"新常态下中国经济可持续发展的关键在于创新驱动,上海作为全国改革开放的排头兵和创新发展的先行者,正在加快建设具有全球影响力的科技创新中心,探索一条具有时代特征、中国特色、上海特点的创新驱动发展新路。

自2014年5月习近平总书记提出将上海建设成为"全球科技创新中心"的战略以来,上海市一直致力于把握科技进步大方向、产业变革大趋势、集聚人才大举措,并取得令人瞩目的成果。

目前,全市从事科技活动的人员超过20万,其中中国科学院、中国工程院院士165位,占全国总数的11%。在沪外资研发中心达到300多家,其中世界500强企业研发机构120多家,分别占全国总数的1/4和1/3。在沪高校各类国家重点学科数、高端人才数以及创新群体、创新团队的总量均位居全国第二。

在创业方面,上海2015年新设企业25.43万户,同比增长13.1%;新增注册资本3.11万亿元,同比增长67.6%。平均下来,相当于上海每天诞生1 087户企业。"阿里巴巴云创客""腾讯众创空间"等知名品牌也正式落户上海,成为助推上海建设全球科创中心

队伍中的重要成员。

在科创中心建设取得巨大突破的同时，上海应有一种警醒意识，直面"科创"短板，解决相关问题。日前，中国人民大学发布《中国城市创业指数（2015）报告》，上海的创业总指数位居北京、广州、深圳、宁波、苏州、珠海之后，仅列第七。一些专家表示，在鼓励创业、支持创业、宽容失败的社会氛围中，在国际化、市场化、法治化的营商环境下，上海尚未跟上国际创业型城市的步伐。

除此之外，创新创业教育供给不足也在一定程度上抑制了上海创新创业人才的涌现。据上海零点发布的《上海大学生创业现状调研报告2015》指出，上海大学生综合创业指数得分达到60.8分，略高于分界线50分，虽然学生创业热情高涨，但其中真正选择去搜集信息、学习知识、培养自身能力并且积极寻找合适机会的人数不到10%。上海高校林立，高教资源丰富，这里既不乏精英教育，也有达到一定水准的职业教育，目前亟待提高的正是创新创业教育。

作为科创中心的知识源头、创新创业人才的培养场所和创新成果的诞生地，高校的创新创业教育是创意转化为现实价值的纽带，是引导市场资源配置的信号，更是驱动社会发展的重要引擎。万丈高楼平地起，没有良好的创新创业教育，难以维持创新创业浪潮的持续推进，也就难以实现"创新中国"的伟大梦想。上海建设全球科创中心，创新创业教育必须成为有力的助推器。

二、领先的创新创业教育并非"模式化"，而是"特色化"

从世界范围看，欧美大学已经走在创新创业教育的前沿，并在摸索的过程中形成了自己的特色教育模式。

美国是最早开展创新创业教育的国家，迄今已逾60年。其中，百森商学院（Babson College）是全美创业教育排名第一的学校。该校追求卓越的创新创业精神一直贯穿于其发展轨迹。百森不仅重视创业课程教育，而且关注创业实践。在创业课程方面，它将创业思维和行动融入课程中。本科生和研究生，不管他们的方向如何，都将学习到创业技术作为基础。选择创业作为方向的学生还会学习关于可行性分析和创业计划的核心课程。在创业实践方面，学校开展多样化的活动帮助学生提高实践能力，如"加速器"、暑期创业项目、商业大赛和杰出企业家协会等。其中最有特色的"加速器"项目，不仅在校本科生、研究生均可参加，每一环节均可得到教师顾问的支持，而且通过"加速器"的多环节学习训练，可以提高学生的创业能力。

美国另一所创业型大学——斯坦福大学——则十分注重营造校园的创业氛围。学校各类创业中心、创客空间和校企合作交相辉映，使在校生得到了大量创业机会，并可积累创业经历。学校的创业文化还表现在鼓励教授创业。所有教授均可申请两年的"创业假期"。走出校园的教授更能看清社会的真正需求，帮助学生更好地结合实际、发现问题。斯坦福大学开放式的创新创业教育，还体现于学科间的深入合作交流。其创业教学和研究主要分散在商学院、工学院、医学院、法学院和教育学院中,而校内所有的创业相关研究中心或项目、学生协会、技术授权办公室等联合组建了斯坦福创业网络(简称 SEN),目的是连接斯坦福的所有创业"社区"(community)。这个组织为所有的斯坦福"社区"服务,包括各院系的同学、教师、员工和校友;它还努力帮助各院系师生与硅谷的其他创业"社区"建立联系。

英国政府于 1987 年发起的"高等教育创业"计划(EHE)旨在培养大学生的可迁移性创业能力。创业教育队伍中的佼佼者——谢菲尔德大学认为,"创业能力"并非指创业学或者商业技能,而是指学生急需的一系列成熟并起作用的技巧,使他们能在当今全球经济中选择领域并成为领域内出色的领导者。谢菲尔德大学非常重视学生的创业教育参与度与体验感。例如,学校开展的"领导能力大挑战"是一个像游戏一样的创业活动,要求小组成员必须选择担任一个领导角色以帮助团队达到既定目标。无论小组活动成功与否,他们都有机会反思如何才能成为一个好的领导并且团队成员如何对领导做出有效反应。该校一直将创新创业教育根植于现实,设法使在校生校园活动与不断发展变化的商业活动尽可能联系起来,让学生认识商业组织和经营管理。

从世界范围看,这三所大学已经走在创新创业教育前沿,并在摸索的过程中形成了各自的特色教育模式。百森商学院重视创业课程与创业实践的结合,斯坦福大学重视创业氛围的开展与创业网络的连接,而英国谢菲尔德大学则侧重于学生在创业实践中的感知。三所高校所展现的特色对于国内高校而言,更多的是学习借鉴,而非孰优孰劣。

三、创新创业教育本质不是培育项目,而是对"人"的教育

教育,至少需要明确教育目标、教育内容和教育途径问题。创新创业教育本质是对"人"的教育。欧美高校在创新创业方面的一个共同点在于确立学生的主体地位,其中谢菲尔德大学尤其重视学生在创业教育中的切身体验和主观感知。创新创业教育的核心是"教育",而"人"不但是出发点也是落脚点,因此,其实质应该是实现对"人"的教育,而非对"项目"的教育。"项目"只是培育创新创业人才的重要载体。"项目"即使失败了,但是创新创业的种子一旦植入年轻学子的心灵,我们相信一定会在恰当的时候开花结果。创新创业教育不仅强调面向个体提供设计思维训练,强调机会识别和开发能力,更强调培养学生在别人犹豫不定的问题上具有洞察力和自信心。正是在这个意义上,我们提倡创新创业教育,是提倡一种培养能力的实践教育,也是提倡一种尊重创新的"宽容失败"的文化,更是提倡一种自我挑战的基于"人"的全面发展的教育。

正如美国普渡大学副校长迪巴·杜塔所表示的,高校创新创业教育往往存在一个重大的疏忽——只关注创业却忽略了创新。事实上,创新教育与创业教育两者在本质上是互相渗透和融合相通的,真正的创业教育必须以创新教育为基础,而创新教育往往以创业教育为载体和实现形式,其核心理念仍然是面向全体学生,结合专业教育,将创新创业教育融入人才培养全过程。两者的差异主要在于创新教育重视的是学生的创新意识和创新

精神的培育，通过激励学生发现问题并多角度思考问题、解决问题从而激发学生的创新欲望，创业教育则更注重培养学生的实践能力，尤其是商业化的运作能力，而不是将创新理念停留在纸面上。

创新创业教育的基本途径是课堂内的课程教学和课堂外的实践锻炼，也就是"第一""第二"课堂。课程教学既要面向全校学生，在专业教育中渗透创意、创新和创业精神，又要通过提供系统解决方案来帮助部分具有强烈创业意愿的学生成为大学生创业的种子选手和创业引领者。课程设计要致力于打破学科间的壁垒且强调综合的、整体的学习方法。课堂外的实践主要为学生提供指导与咨询、资本获得和物理空间这三方面的基础支持。指导与咨询需要学校为创业学生配置导师，解决学生在创业过程中的组织冲突、项目前景和融资问题；资本是创业项目孵化与成长的重要支撑，学校要尽力帮助学生解决在创业的早期阶段所需的初始成本问题；而物理空间则是创业者之间进行交流、学习的平台。

四、财经院校的探索：启动"服务+"创新创业人才培养

在创新创业教育探索中，不同高校应依据自身实际走出各自的特色道路。财经院校学科的最大特色就是"服务"，会计、财务、金融、营销、信息管理等都是服务。我们认为，财经院校可以通过创新创业教育推动"服务+"其他行业的创业实践，通过推动服务创新催生新项目、新模式、新业态、新产业。

上海财经大学正在探索将创新创业教育融入卓越财经人才培养的全过程。在实践中，学校依托创业学院这一重要抓手，积极推动"服务+"创新创业型人才培养，有效增加创新创业型人才供给，提高卓越财经人才培养质量。

经历了一段时间的探索，上海财经大学创新创业教育实践已初显成效。2015年学校创新创业计划立项159个，参与人数达611人，占全校本科生人数的8%。目前，上海财经大学已涌现出一批创新创业"新苗"。"匡时班"作为创业学院特色班，一期学员47人，基本上实现人人有项目、个个有目标。这些项目集中在科技服务、金融服务、法律服务、市场服务等方面，目前已有18家公司注册，多家获得天使投资。

高校开展创新创业教育需要健全体制机制。结合上海财经大学的实践，我们认为，要进一步深化高校创新创业教育改革，应该继续推进五个层面的工作：

一种协同工作体制机制。要将创新创业教育纳入学校改革方案，形成保障体系。上海财经大学成立了创新创业工作推进领导小组，统筹协调创业学院与教务处、研究生院、学工处等单位。学校还成立了由校内外专家组成的创业学院顾问委员会，负责为创业学院提供外部资源支持，对创业团队予以贴身指导。在校内，由教务部门负责人和教研专家参与的创新创业教学指导委员会主要负责创新创业教学改革咨询、培养方案审核以及教学质量控制等。

一支双导师队伍。在现有基础上继续探索建立面向创新创业学生的导师制度。通过大力推进业界创业导师聘任，推进专职师资招聘，利用外部资源设立创业讲席教授，探索

优秀导师制与项目培养之间的衔接关系。

  一批创业基金。上海财经大学每年为创业学院提供专项运行经费,并利用学校教育基金会等平台,多渠道募集创业资金支持学生项目孵化。

  一批创客空间和创业实践基地。通过在校内建设创客空间,在校外借助科技园的力量与政府合作打造6个产业孵化基地以及在知名企业内部设立创业实践基地,为优秀创业团队提供创业初期的办公场所、创业指导咨询等服务。

  一种宽容失败、鼓励创新的校园文化。校园创业文化的培育和引领能从根源上解决创业原动力不足的问题,增强创业活力。

  高等教育作为国家发展的重要支撑,理应主动适应经济新常态,为国家实施创新驱动战略提供人才保障和智力支持。在"双创"背景下,大学必须积极回应时代的新要求,将变革创新的企业家精神引入校园,积极构建创业型大学的发展新模式,推动创新创业教育的大力发展,这是高教改革迈出的重要步伐。

前 言

在国家"双创"战略和高等教育"双一流"计划的实施带动下,创业教育在全国各院校日益受到重视。创新创业教育的实质是有创造性的创业人才的全面教育,在瞬息万变的环境下,创新创业人才因其在思维导向、能力构成和知识储备方面的核心素养往往更具竞争力。因此,创新创业教育的核心也在于思维、能力和知识三个层面的核心素养的培养。其中,知识层面强调教授学生基础知识,增强对市场和企业运作的了解;能力层面强调对领导力、把握机会的能力和实践能力等的培养;思维层面强调对问题导向思维的培养和批判性、创造性思维的训练。

然而,我国目前的创新创业教育仍然较为薄弱,这一方面与我国创新创业教育起步晚、起点低有关,另一方面更与我国创新创业教育教材的缺乏有关。既然创新创业人才培养在于思维、能力和知识三个层面的核心素养的培养,那么创新创业教育教材也应分为思维培养型教材、能力训练型教材和知识传授型教材。目前,已有创新创业教育教材主要以知识传授型教材为主,思维培养型教材和能力训练型教材相对比较缺乏。

本书的编写正是基于上述理论和实践背景展开的。本书提出了创业者九个方面能力的训练,主要回答了创业需要哪些创新创业能力,为何需要这些能力,以及如何培养这些能力三个问题,正是属于创新创业教育的能力训练型教材。此外,本书作为"当代中国创新创业前沿丛书"之一,已经入选为"十三五"国家重点出版物。我们希望本书的出版能够为更多的青年创客和创新创业教育者提供有益的帮助。

本书的特色有以下几个:

第一,针对性。从提高创新创业能力出发,针对九种创新创业能力的培养和提升配套一系列创业修炼方式方法和反思改进建议。

第二,完整性。从创业的各个方面来考虑,涉及创业动机提升和能力评估、机会识别与测试、资源整合能力、精益创业与设计思维方法、商业模式创新能力、创业领导力、团队管理能力、创业失败学习等各个能力的分析和指导。

第三,实效性。结合国内外最新的创业动态,完善教材内容,注重理论和案例的实效性。教材涵盖了精益创业等全新创业思想,以及分享经济等当下热门创业案例。

第四，多样性。本教材包括创业理论指导、创业案例分析、创业要素测试、创业模拟、创业反思等多样性内容。

第五，系统性。本教材与《创业管理》和《创业画布》两本教材相配套，形成一个知识、能力和思维培养的系统性教材体系。其中，《创业管理》侧重于知识层面，《创业画布》侧重于思维层面，本教材则侧重于能力层面，三本教材相辅相成。

本书的编写是大量研究同仁们的最终成果。吴桂兴、庄欣荷负责编写本书初稿，李斌、王陆峰、金仁旻进行了二次修订，由刘志阳、李斌进行了最后校订。本书编写得以顺利进行，要感谢在书中已经提到及没有提到的许多作者，要感谢我单位领导和同事的支持，感谢我的研究生们为本书付出的辛劳。编者先后听取了包括美国百森商学院、台湾中兴大学、北京大学、浙江大学等数十所高校近 50 位创业者的意见，由上海财经大学、上海交通大学、同济大学、南开大学、浙江大学等单位通力合作完成，极大地提高了本书的编写质量。本书的编写也有许多不足之处，还望读者提出批评和建议，以便我们继续完善。

刘志阳
2016 年 11 月于紫竹轩

目 录

代序：创新创业教育是高教综合改革的突破口　　1

前　言　　1

1　创业者的社会责任　　1

【本章精要】/ 1
【学习目标】/ 1
【开篇阅读】/ 2
1.1　创业者为什么要履行社会责任 / 4
1.2　创业者要履行什么样的社会责任 / 5
1.3　如何评估企业社会责任 / 13
【要点回顾】/ 14
【创业修炼】/ 15
【反思与改进】/ 18

2　创业动机提升和能力评估　　20

【本章精要】/ 20
【学习目标】/ 20

【开篇阅读】/ 21
2.1　创业动机 / 23
2.2　创业者素质与能力 / 26
2.3　创业评估 / 33
【要点回顾】/ 34
【创业修炼】/ 34
【反思与改进】/ 45

3　机会识别能力　　47

【本章精要】/ 47
【学习目标】/ 47
【开篇阅读】/ 48
3.1　什么是创业机会 / 49
3.2　创业机会如何产生 / 50
3.3　机会识别方法 / 57
3.4　创业机会评价 / 62
【要点回顾】/ 64
【创业修炼】/ 65
【反思与改进】/ 69

4　资源整合能力　　70

【本章精要】/ 70
【学习目标】/ 70
【开篇阅读】/ 71
4.1　什么是创业资源 / 73
4.2　创业资源有何作用 / 74
4.3　如何整合资源 / 75
4.4　如何与创业投资打交道 / 76
【要点回顾】/ 80
【创业修炼】/ 81

【反思与改进】/ 87

5　精益创业方法　　89

【本章精要】/ 89

【学习目标】/ 89

【开篇阅读】/ 90

5.1　什么是精益创业方法 / 92

5.2　精益创业内容是什么 / 94

5.3　设计思维方法有哪些 / 99

【要点回顾】/ 101

【创业修炼】/ 101

【反思与改进】/ 103

6　商业模式创新　　104

【本章精要】/ 104

【学习目标】/ 104

【开篇阅读】/ 105

6.1　什么是商业模式 / 108

6.2　如何评价商业模式 / 113

6.3　怎么设计商业模式 / 114

【要点回顾】/ 115

【创业修炼】/ 115

【反思与改进】/ 121

7　创业领导力　　122

【本章精要】/ 122

【学习目标】/ 122

【开篇阅读】/ 123

7.1　为什么要具备创业领导力 / 124

7.2　要具备哪些创业领导力 / 125

7.3　如何提升创业领导力 / 140

【要点回顾】/ 141

【创业修炼】/ 141

【反思与改进】/ 146

8　团队管理能力　　　　　　　　　　　　　　　　148

【本章精要】/ 148

【学习目标】/ 148

【开篇阅读】/ 149

8.1　为什么要具备团队管理能力 / 150

8.2　要具备什么样的团队管理能力 / 150

8.3　如何提升团队管理能力 / 162

【要点回顾】/ 162

【创业修炼】/ 163

【反思与改进】/ 173

9　创业失败学习　　　　　　　　　　　　　　　　175

【本章精要】/ 175

【学习目标】/ 175

【开篇阅读】/ 176

9.1　什么是创业失败 / 177

9.2　创业失败的原因和归因 / 178

9.3　创业失败学习 / 180

9.4　创业失败管理 / 184

【要点回顾】/ 185

【创业修炼】/ 185

【反思与改进】/ 190

1 创业者的社会责任

每个创业者在创建企业时都应该遵守社会道德规范和法律。本章第一部分回答了初创企业为什么要履行社会责任的问题;第二部分以卡罗尔企业社会责任金字塔模型为基础,结合实际案例,具体分析了四种企业社会责任(经济、法律、道德、慈善)的本质特点;第三部分是对初创企业社会责任的评估标准。

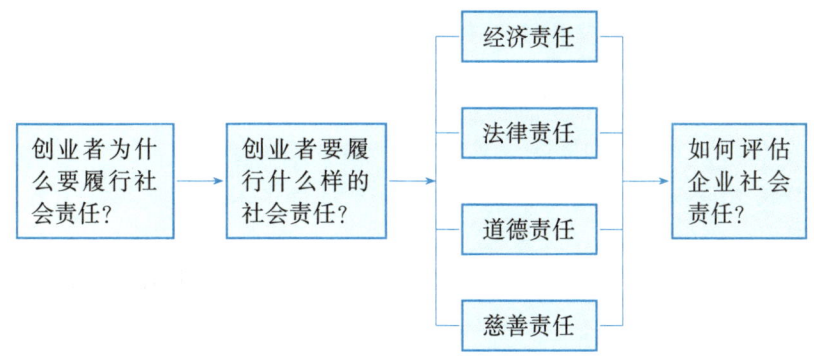

1. 理解作为创业者,应具备基本的社会责任。
2. 认识四种社会责任,了解每个责任的主要内容。
3. 运用企业社会责任评估标准,对相应企业进行评估。

学习榜样：10家最具社会责任感的小型公司

新一代企业家们的社会责任感越来越强烈。

总部位于宾夕法尼亚州韦恩的B Lab是一家非营利机构，该机构研发了一种可供企业监测和追踪自身社会责任的系统。B Lab还会根据职工待遇、社会贡献和环境影响三方面对各公司进行排名。

B Lab在为企业提供免费在线评估工具的同时，也提供付费认证服务。获得认证的公司可被称为心系社会的企业或互益性企业(B Corp.)。合法注册为互益性企业的公司将从"营利"和"公益"两方面同时进行发展。如果一家互益性企业做出了将社会使命置于利润之上的决定时，公司的利益相关者不能为此进行起诉抗议。

在美国的20个州中，互益性企业已经以一个法律实体的身份存在，它的法律地位类似于通常人们定义的股份有限公司(C Corp.)或是小型公司(S Corp.)。目前在全球32个国家、跨60个行业中，有近1 000家互益性企业。共有超过16 000家企业在使用B Lab的免费在线评估工具独立衡量其进展情况。

每年，B Lab都会发布一张企业排行榜，入选的都是在社会影响评估中成绩排在前10%的企业。在今年的小型企业（划分标准为企业员工总数在10~49人之间）评选中，共有26家企业入选。

以下就是名列榜单前10位的企业名单（完整榜单上共有92家企业，请到B Lab的网站上进行查看。）

1. Channel Islands 运动用品公司
总部：美国加利福尼亚州圣巴巴拉市
业务简介：涉水运动用品店和健身中心。
特点：Channel Islands 运动用品公司是一家雇员共同拥有并经营的公司，员工本身就是探险家，可以对划皮划艇、海穴探险、远足和地区背包探险等活动进行组织。

2. Highland Craftsmen 股份有限公司

总部：美国北卡罗来纳州斯普鲁斯番地区

业务简介：这是一家建筑、设计和家具行业的专业公司，并向个人制造和出售建筑工具。该公司最知名的产品之一就是一款用伐木产业的废品制成的家用墙面板。

特点：在该公司设施所使用的能源中，有超过50%来自可再生能源，并有超过1/3的员工参与了专业人员培养计划。此外，Highland Craftsmen公司将近2/3的支出用以对本地供应商的投资，从而防止了资金外流。

3. Indigenous Designs 公司

总部：美国加利福尼亚州圣罗莎市

业务简介：生产有机和公平交易服装，以此来支持那些来自世界最贫穷地区的工匠。

特点：超过半数的员工拥有公司的股份，75%的员工有机会获得学费补助。此外，在Indigenous Designs公司的合作伙伴中，女性和少数族裔群体的比例占到了90%。

4. Mal Warwick 联合公司

总部：美国加利福尼亚州伯克利市

业务简介：帮助非营利组织、政治组织与个人捐助者建立联系的筹款顾问。

特点：75%以上的办公用品是可回收材料，办公楼符合"绿色"标准。此外，75%的员工拥有公司股份，公司100%负担员工的医疗保健费用。

5. Metropolitan 集团

总部：美国俄勒冈州波特兰市

业务简介：专门为有社会责任感的企业服务的战略沟通集团。

特点：所有企业设施都在距离公共交通半英里的范围内，便于员工放弃开车改乘公共交通上班。1/4的员工都会抽时间去做志愿者，累计在慈善团体做义工的总时长为2 000小时。

6. Moving Forward 教育结构

总部：美国加利福尼亚州高的爱莫利维尔市

业务简介：一家多代经营的为缺少教育的有色人种学生提供补习和辅导服务的教育机构。该机构鼓励女孩找到自信，教导男孩如何了解自己的情绪并学会控制自己的冲动。

特点：参与社区服务项目的员工可以获得带薪休假。公司近一半的董事来自传统意义上的弱势群体。

7. Re:Vision Architecture 建筑公司

总部：美国宾夕法尼亚州费城

业务简介：可持续建筑设计事务所。

特点：所有员工都可以报销继续教育费用，公司完全承担员工的医疗保险费用。公司3/4的视觉作品获得美国绿色建筑协会认证（LEED）。75%的员工会花时间参与社区服务。公司鼓励员工使用公共交通工具。

8. South Mountain 股份有限公司

总部：美国马萨诸塞州西蒂斯伯里市

业务简介：在马撒葡萄园岛有雇员共同拥有的建筑和设计公司。公司开发住宅及商业楼宇,设计和安装太阳能、风能系统,并致力于能源效率改进。

特点:所有员工都可以报销继续教育费用,支付所有员工生活工资,公司100%承担员工个人及健康保险费用,公司利润的10%捐献给慈善机构。

9. The Paradigm 项目公司

总部:美国科罗拉多州科泉市

业务简介:这家低利润的公司与诸如世界宣明会、世界粮食组织和粮食救济饥民国际协会等国际救援与发展组织合作,深入发展中国家,以帮助鉴别满足该国家需求且具有环保意识的解决方案。例如,The Paradigm 项目公司已经与世界宣明会合作开发了一个大规模的高效炉具项目。

特点:员工将获得语言和技能培训。与 The Paradigm 项目公司进行合作的供应商可以对实践的积极和消极影响进行评估。

10. VIF 国际教育

总部:美国北卡罗来纳州教堂山

业务简介:美国最大的教师交流赞助商,提供语言浸入式体验,面向从幼儿园到高中的学校提供发展国际教育项目的帮助。

特点:优先考本地供应商;组织社区服务日;公司承担全职员工80%以上的医疗保健费用,兼职员工也有相对应的医疗福利;写字楼位于距离公共交通站点半英里的范围内,为员工提供了可以乘坐交通工具而无须开车上班的选择。

资料来源:http://www.cyzone.cn/a/20140331/255858.html。

创业首先是一种不满足于现状、敢于创新并承担风险的精神。创业的过程就是一个改变现状的过程,成功创业的结果就是在或大或小的程度上改变世界,而且一些看起来似乎很精彩的创业想法可能隐藏着对人们、对社会严重的不良影响。因此,在创业过程中,创业者一定要遵守道德伦理并积极承担社会责任,这也是创业成功的重要保证。正如莫佐克所说的:"承担社会责任不是一个企业做出的选择——这不是什么可做不可做的事情,这是任何一家公司都必须负起的责任。企业,只有担当起社会责任,才能与世界一起前进、发展。"

1.1 创业者为什么要履行社会责任

◇ **本节目标**
理解作为创业者,应具备基本的社会责任。

初创企业在创业初期需要大量投入,可能会因为资金不足的原因忽视看似"成本很高"的社会责任的问题。而事实并非如此,剑桥幸福亚太研究院以"21世纪的幸福企业"为研究专题,通过分析研究大量企业数据及案例,证明了企业社会责任不仅不是"负担",还可以作为提高企业多方面成长发展的核心,从而成为中国企业在经济转型时期持续健康发展的驱动力。履行社会责任的原因有:

(1) 提高企业利润与投资回报率

研究发现,在道—琼斯全球指数(DJGI)最大的2 500家公司中,由可持续发展方面表现最好的5%公司组成的道—琼斯可持续发展指数(DJSGI)的投资回报要高于全球指数。在一份为期5年的对比研究中,道—琼斯可持续发展指数比全球指数的表现平均高出36.1%,道—琼斯可持续发展指数中的能源企业比全球指数中的同类企业表现平均高45.3%。

(2) 加强品牌建设,赢得顾客信任

当企业的捐赠或公益慈善行为引起广泛关注和报道的时候,不仅回应了民意,更是在顾客心中树立了对企业正面、积极的认识。一项针对全球26个国家25 000人的调查发现,人们对一家企业的印象评价更多来自该企业履行的社会企业责任,而不仅仅是公司的品牌和利润表现。履行社会责任可以作为企业的一张品牌名片,并引领潮流。

(3) 提高企业创新力

以企业社会责任为宗旨,能为企业产品研发及服务革新带来一种新的思路。在把企业社会责任融入企业战略、产品研发和服务时,企业能以不同的视角看待思考企业运营和产品研发中的方方面面,不断更新现有流程、模式及产品服务,这种视角的转变和不断改进更新推动了企业的创新。

(4) 提升员工使命感、幸福度及满意度

研究表示,有3/4的新进人员在挑选雇主时,会把企业社会责任列为重要标准。目前,已有不少企业鼓励员工团结协作、发挥核心能力,通过引导并参与不同的公益活动,应对主要的社会与环境问题。企业的本质是带着性格、品质、人文关怀的组织,如果能具有强烈的社会责任感,那么它就更容易受到员工的拥戴和认可。

(5) 降低运营成本

企业保护环境、节能减排可以在很大程度上降低运营成本。以联邦快递(FedEx)为例,700架飞机与44 000部机动车辆组成的运输队伍,一天就要消耗400万加仑燃料。公司按既定的"燃料意识"计划,就可以减少约35%的燃料消耗、提升20%的载运量。只要企业重视环保、真正实践企业社会责任,投入的资源自然就会减少,成本就能相应降低。[①]

1.2 创业者要履行什么样的社会责任

◇ 本节目标
认识四种社会责任,了解每种责任的主要内容。

企业社会责任(Corporate Social Responsibility,CSR),是指企业在其商业运作里对其利害关系人应负的责任。企业社会责任的概念是基于商业运作必须符合可持续发展的想法,企业除了考虑自身的财政和经营状况外,也要加入其对社会和自然环境所造成的影响的考量。利害关系人是指所有可以影响,或会被企业的决策和行动所影响的个体或群体,包括员工、顾客、供应商、社区团体、母公司或附属公司、合作伙伴、投资者和股东。

企业社会责任领域著名学者卡罗尔(Carroll,A. B.)于1991年提出了企业社会责任金字塔模型。如图1-1所示,卡罗尔将企业社会责任概括为四个方面,分别是经济责任、法律责任、道德责任及慈善责任。这四种责任不是相互独立的,但具有一定的层次性:经济责任是基础,法律责任是前提,道德责任是必要,而慈善责任则是一种扩展和升华。

---

① http://www.hi-csr.com/Items.asp?id=54.

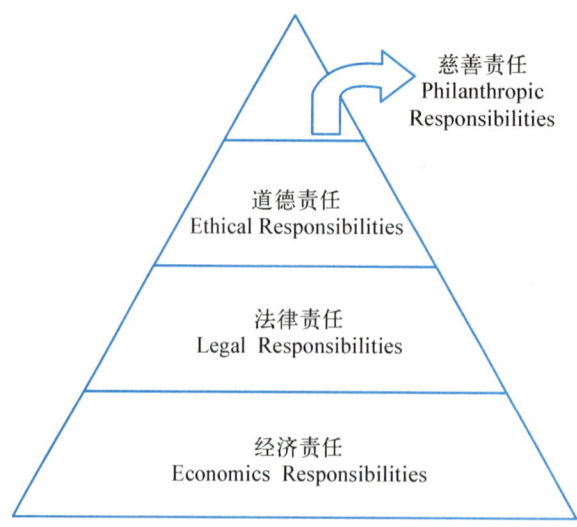

资料来源：Carroll, A. B., The Pyramid of Corporate Social Responsibility: Toward the Moral Management of Organizational Stakeholders, *Business Horizons*, Jul-Aug 1991, pp. 39-48.

图 1-1　初创者的企业社会责任金字塔

▶ **经济责任**

企业首先是我们这个社会最基本的经济单位，其直接目的是获得最大化的利润。企业的其他责任都建立在经济责任之上，没有了经济责任，其他责任都是空谈。经济责任主要包括：

- 使经营符合每股收益最大化要求
- 努力实现利润最大化
- 保持强有力的竞争地位
- 保持高水平的运作效率
- 成功的公司是能够持续盈利的公司

积木旅行：国内股权众筹首个退出案例

股权众筹领域出现了首个退出案例，41 位投资人获得 5 倍回报。这是互联网股权众筹行业进一步走向成熟的一个里程碑式的事件。

出境旅游服务平台积木旅行宣布获得来自某知名风投机构的 A 轮融资。积木旅行曾在天使客股权融资平台上向 41 位投资人募集了一笔资金，这 41 位股东在 A 轮融资中全部退出。按照当前估值计算，在不到 8 个月的时间里，他们获得了 5 倍的投资回报，成为互联网股权融资行业首批获得回报的投资人。

积木旅行是定位于年轻人的出境旅游移动端服务平台,团队成员主要是携程资深员工,包括前携程华南区商旅事业部总监,前携程深圳、南京公司度假事业部总监,前携程深圳技术研发中心高级研发经理等,此外还有百度华南区主要负责人加入。

距离众筹融资后不到8个月时间,积木旅行就获得了某知名风投机构的A轮融资。投资—服务—退出,是天使客股权融资平台对一个项目完整管理周期的三个环节,而如何退出一直是外界对互联网股权融资最大的疑虑。由于行业发展时间不长,并且投资以早期为主,此前整个行业都因为没有退出案例而显得底气不足,也让许多潜在投资人充满顾虑。此次积木旅行的投资人成功退出并获得5倍的投资回报,为互联网股权融资正名,无疑将大大提升投资人信心。

"投资者们开始慢慢将投资重心转移到股权众筹,越来越深入人心。我们平台有个项目正式退出,适当控制风险小额参与投资是可以赚钱的。"天使客创始人石俊表示,股权众筹投资还是有风险,有退出也会有项目死掉,要做好钱打水漂的心理准备来投。根据从天使客得到的数据,2015年7月,天使客注册用户数突破2万,在一个月内,用户数翻了近1倍。天使客平台2015年7月平均每日新增用户高达200人,是过往的近3倍。

据了解,天使客是由腾讯创始人曾李青、经纬中国创始人张颖共同投资成立的股权众筹平台。天使客聚集了25 000个高净值投资人,包括二级市场私募大佬但斌、腾讯QQ产品创始人、支付宝2号员工老顽童、达晨创投合伙人邵红霞,中小企业老板和来自华为、腾讯、阿里巴巴的资深员工以及拥有百万元以上投资能力的个人。

天使客作为新型的互联网融资平台,帮助传统企业排忧解难,量身定制融资服务、品牌服务。天使客已经成功帮助40个项目融资,单个项目募集金额从几百万元到几千万元不等,累计融资总额3亿元。天使客最鲜明的特点是快速帮助企业融资,资金到账时间为30天。

"在项目方透露退出消息的时候,积木旅行交流群里股东大部分同意退出。大家不再奢求10倍、100倍退出,而是非常关心什么时候可以分到钱。"天使客投资服务部工作人员王芳透露:"退出非常顺利,不到半个月的时间,我们协助合伙企业,退出资金已经打到各位股东的银行账户上了。"

厦门的林先生正是积木旅行的众筹股东,这次退出获得回报覆盖了他在股权众筹领域所有的投资成本。股权众筹融资在国内处于快速发展阶段,林先生作为首批吃螃蟹者,"在资本寒冬下,之前砸了那么多钱投项目,还没有一个收回来。对项目退出是非常渴求的,能有这么多倍我已经很满足了"。林先生对股权众筹有了新的认识,股权投资风险很大,要见好就收。

资料来源:http://pe.pedaily.cn/201510/20151014389292.shtml.

▶ **法律责任**

企业的经营活动必须在法律要求的框架下进行,必须遵守法律法规,这是企业应承担的法律责任。在金字塔模型中,法律责任在经济责任的上一层,反映了它们的历史发展过

程,但其与经济责任都是企业运行所需具备的基本责任。法律责任主要包括:

- 使运作符合政府和法律的期望
- 遵守政府的各种政策
- 成为遵守法律的企业公民
- 认识到成功的公司是能够遵守法律的公司
- 提供至少达到最低程度法律要求的商品或服务

优易网:"网贷第一案"首判集资诈骗罪

日前,"网贷第一案"优易网案件正式宣判,成为P2P首例集资诈骗罪定性案件。

江苏法院网和如皋市人民法院网站的信息显示,优易网被告人木某、黄某近日被如皋市人民法院一审判决,分别判处有期徒刑14年和9年,并责令继续退赔违法所得人民币1 517万元,发还相关被害人。此案的判决对于频频出现的欺诈性平台具有较强的震慑力,在监管政策尚未明确的背景下,这一判例有助于净化P2P行业。

经审理查明,被告人木某于2010年在南通注册"优易公司",被告人木某是公司的法定代表人,股东是被告人木某、黄某。2012年8月18日~2012年12月21日,被告人木某在如皋市某亿丰商城内,以优易网从事中介借贷为名,在未取得金融业务许可的前提下,编造"优易公司"系香港亿丰公司旗下成员,谎称亿丰商城商户需要借款,在"优易网"上发布虚假的"借款标",以高额利率为诱饵,向45名被害人合计非法集资2 550万元。

被告人木某除将集资的部分资金以月息3%或免息借贷给二人实际使用外(该款项均已归还),在借款人不知情且其无归还能力的情况下,将绝大部分集资款通过某投资公司配资投资期货、炒股,截至2012年12月21日,共计亏损1 259万元。被告人木某逃匿以后,以宋某的名义继续通过乾腾投资公司配资投资期货,自2013年1月9日~4月10日,共计亏损20余万元。

经司法会计鉴定所司法鉴定,被告人木某、黄某向冯某等45名被害人共计非法集资2 550万元,造成1 524万元无法归还。案发后,如皋市公安局从被告人木某处扣押人民币2 900元,从乾腾公司员工处追缴人民币10 649元,从被告人黄某处扣押人民币7 300元。肖飒告诉记者,被告人拿吸收来的资金用于个人消费和投资,这在法律上被认定为:

以非法占有为目的。这也是集资诈骗罪与非法吸收公众存款罪的重要区别。

资料来源：http：//news.pedaily.cn/201507/20150717385765.shtml.

▶ 道德责任

企业应承担的第三层责任是道德责任，包含了那些被社会成员所期待或禁止的行为和活动，而没有纳入法律范畴的责任。道德责任主要包括：

- 使运营符合社会道德观念和伦理规范的期望
- 认识和尊重被社会所接受的新出现或新提出的道德规范
- 防止为了实现公司目标而使伦理规范做出妥协
- 企业公民应从事的符合道德和伦理的事情
- 认识到企业的诚实和伦理行为不仅仅是对法律法规的遵守

尼克·比尔顿：硅谷初创公司
—— 财务之外，请关注道德

尼克·比尔顿(Nick Bilton)在《纽约时报》上撰文，指出了硅谷初创公司所出现的道德危机，以下是文章的节选：

"啊！感恩节来了！是时候停下手中单调乏味的工作，对我们所拥有的事物好好表示一下感谢了。我们对家人、朋友和健康表示感激。也许，现在同样是一个好机会，我们可以向所有那些为我们带来美妙事物的技术类初创公司表示感谢。

脸书(Facebook)，它为我们提供了奇迹般的平台，让全球超过13亿人能够紧密联系在一起。谷歌，仍然在源源不断地为我们提供各种

优秀的产品，比如搜索和邮件，如同在炎炎夏日为我们提供了一份免费试吃的冰淇淋。我们甚至能够向色拉布(Snapchat)表示特别的感谢，它让青少年用户能够分享转瞬即逝的照片和视频，过期不候。当然，我们怎么能忘掉优步(Uber)，它让招手打个出租车比等待法院的判决书下达给人的感觉稍微好了一点，同时也让你找到了一点身为地产大亨唐纳德·特朗普(Donald Trump)的感觉。

可是，当我们对所有这些公司为我们提供的事物表示感激时，我不确定这些公司对我

们到底有多感激。当大多数初创公司表现良好的时候,仍然有一些表现糟糕甚至是不道德的公司——有时,他们出尔反尔地对待我们的个人信息;有时,他们会钻钻政府监管漏洞的空子。

让我们再次概述一下发生在今年(2014年)的几个例子:脸书认为将人们当作白老鼠一点问题也没有,他们根据一篇精神方面的研究结论,恣意操纵超过50万人的新闻源,改变正面或者负面帖子出现的数量。

色拉布对于存在的隐私漏洞无动于衷,导致460万账户的电话号码和用户名被泄露。虽然公司早就知道问题的存在,但拒绝承担任何责任。谷歌继续将隐私看作一件愚蠢的事物,公司更新了隐私政策,对人们的电子邮件随意扫描。

优步试图将它的竞争对手来福车(Lyft)赶尽杀绝,通过唆使司机"改投自己的怀抱"暗中破坏来福车的融资活动,还通过先订购后取消的手段以来福车的名义虚构了超过5 000次以上的虚假招车服务。然后,就在上个星期,优步面对了媒体猛烈的抨击,公司的一个高管透露,他们要对那些撰写过公司负面报道的记者打击报复,深挖这些记者的阴暗面。公司同时还承认,他们能够使用一个被称为"上帝的视点"(God View)的内部工具对任何使用优步打车服务的用户进行地理位置追踪。

虽然每个行业都有各自在道德方面的不同问题,但硅谷是一个例外。流向这些技术类企业的资金在数额上非常庞大,只要公司能够成功IPO,那么一个低级别工程师获得的回报都会超过好莱坞一线演员的身价。这些初创公司经常是由毛头小伙子创办,他们没有足够的生活阅历,无法意识到他们的所作所为会造成严重的后果。另外,这些年轻的创始人(他们在成长过程中通常视史蒂夫·乔布斯为偶像)对取得成功的关心要多过其他任何事情。

不像其他行业,在技术行业,基本不存在任何法律上的监管措施来确保事情不会向错误的方向发展。就算在华尔街,政府也施加了各种规则来保护人们免受伤害。

在华尔街,随意查阅客户的隐私资料是一件不可想象的事情。虽然我们不能将华尔街作为道德的标杆,但是我们一直期待硅谷能够"让我们的世界变得更加美好"。因此,我们一直期望这些技术类公司能够践行更高的道德标准。

我不认为大多数初创公司会故意居心不良。我认为他们只是强烈地渴望成功,以至于有时候逾越了道德准则,忘记了人们会受到他们所作所为的影响。举例来说,色拉布在数周之前就知道隐私漏洞的存在,但却无动于衷。

然而,道德专家却指出,公司在这方面没有任何借口存在。"不管你的商业模式是多么创新,能够为整个世界带来多少颠覆性的影响,道德观仍然是公司需要遵循的基本准则。"非营利刊物《商业道德评论》的主编克里斯·麦克唐纳德(Chris MacDonald)说道,"任何公司都需要维持一定程度的道德水准,因为这是唯一将他们与赤裸裸的犯罪区分开来的办法。"

资料来源:http://www.cyzone.cn/a/20141127/266311.html.

▶ 慈善责任

慈善责任是由企业自行裁决、自愿履行的责任,如慈善捐助、支持社区发展和帮助弱势群体等,其与道德责任的最大区别在于人们对慈善责任没有期望。慈善责任主要包括:

- 使运营符合社会对企业开展慈善的期望
- 资助优良的表演艺术
- 管理层和员工参加当地社区的志愿者及慈善活动
- 自愿支持提高社区"生活质量"的项目

案例阅读

汤姆布鞋：让生意和慈善相辅相成

麦克斯基是一个天生的创业者，他将自己描述为一个"连续创业者"和"旅行癖"。早在大二时，麦克斯基就辍学开办了一家洗衣房专为大学生服务，之后又涉足电视真人秀、户外广告等行业。到2006年，他已经成功创立了5个纯营利性质的企业。这时他开始觉得，是时候做一些除了赚钱之外有意义的事了。

早在学生时代，麦克斯基就从一位前辈身上看到，帮助别人，无论是基于宗教信仰还是人类自然情感的驱使，都是令自己的人生更富意义的最好途径。那么，资本有了，机会在哪里呢？

2006年，麦克斯基来到阿根廷，学习打马球、跳探戈，并参加了一些社区服务工作。在那里，麦克斯基发现，由于极端贫困，很多孩子没有鞋穿，长期光脚走在当地二氧化硅过量的土地上，患上了种种脚部疾病。于是，麦克斯基决定，使这些孩子有鞋穿就是眼下最有意义的工作。他不打算仅仅捐几百双几千双鞋子了事，而是希望建立一个长期的机制来使这个项目持久运营下去。2006年6月，麦克斯基用自己的30万美元在加利福尼亚州的圣莫尼卡创立了汤姆布鞋公司（Toms Shoes），"TOM"三个字母取自单词"Tomorrow"，意为"为了明天的鞋"。与之前创立的纯营利性公司不同的是，汤姆布鞋公司承诺，每售出一双汤姆布鞋，公司就会捐赠一双鞋给全球各地有需要的孩子穿。这就是公司著名的"one for one"模式。

以阿根廷当地传统布鞋"Alpargata"作为设计来源的汤姆布鞋，秉承极简设计思路，鞋面和鞋里都是纯棉布，软牛皮鞋垫，防滑鞋底，是一种极为轻便舒服的鞋。这使得买鞋子不单单是做善事，也能提供良好的使用体验。因此一经推出，很快就在美国市场上引起了广泛回应。麦克斯基原来的计划是在第一年带200双鞋子回阿根廷，结果他带走的是10 000双，也就是说第一年就卖出了10 000双汤姆布鞋。到2007年初，顾客已经远远超出美国，来自世界各地的订单纷至沓来。

　　作为一个经验丰富的连续创业者，麦克斯基深谙营销之道。2008年4月8日，麦克斯基首倡"光脚日"运动，号召志愿者在这一天光脚行走，体验贫困群体没鞋穿的感觉。这一运动应者云集，尤其得到年轻人的广泛参与。之后每年的同一时间，世界各地的城市中都有数十万人参与这一运动。此外，公司还推出了"流浪汉之旅"活动，由志愿者在美国各个校园传播其品牌和理念。社交媒体近年来的盛行也为汤姆布鞋的传播提供了最有效的工具。目前，汤姆布鞋在脸书的账户上已经拥有近30万粉丝，在推特上的追随者则达到40多万。2009年，汤姆布鞋在好莱坞大热，受到众多明星的广泛追捧。到2010年，汤姆布鞋已在全球拥有超过500家店面，其中包括全食超市（Whole Foods）和诺德斯特龙百货商店（Nordstrom）等主流零售商渠道，卖出100余万双鞋子，这意味着它已送出了100万双鞋。目前，它的捐赠范围已辐射到28个国家，这个数字还在不断增加中。

　　麦克斯基说："我的想法是，汤姆鞋将告诉我们，对企业家们来说，赚钱和为世界做好事这两者将不再是非此即彼的选择。我想证明，意识资本主义对全世界的创新者来说都是一种可行的商业模式，企业家们都可以成为人性大使。"

　　资料来源：http://www.cyzone.cn/a/20111214/219946.html.

　　总之，企业在对所有者负责、追求利润目标的同时，还要对员工、用户、伙伴、社区、政府等利益相关方负责，对自然环境及子孙后代负责，追求可持续发展。

　　这也是《中华人民共和国公司法》的明确要求——公司从事经营活动必须"承担社会责任"，公司理应对其劳动者、债权人、供应商、消费者、公司所在地的居民、自然环境和资源、国家安全和社会的全面发展承担一定责任。而某些国内企业在承担社会责任方面存在严重的不足。具体来说，主要表现为：一是无视自己在社会保障方面应起的作用，尽量逃避税收以及社保缴费；二是较少考虑社会就业问题，将包袱甩向社会；三是较少考虑环境保护，将利润建立在破坏和污染环境的基础上；四是一些企业唯利是图、自私自利，提供不合格的服务产品或虚假信息，与消费者争利或欺骗消费者，为富不仁；五是依靠压榨企业职工的收入和福利来为所有者谋利润，企业主堕落成资本的奴隶、赚钱的机器；六是缺乏提供公共产品的意识，对公益事业不管不问；七是缺乏公平竞争意识，一些在计划经济时期延续下来的垄断企业大量侵吞垄断利润，并极力排斥市场竞争；八是普遍缺少诚信，国有企业对国家缺少诚信，搞假破产逃避债务，民营企业通过假包装到市场上圈钱。

　　以此为鉴，创业者更需要明白企业应承担的社会责任，才能实现企业与经济、社会可持续发展的协调统一。虽然从短期来看，承担社会责任需要一定企业资源的投入，难免会增加一定的成本负担，但从长期战略发展的眼光来看，随着消费者意识的觉醒、全球环境的恶化以及世界经济的一体化，企业竞争环境和竞争规则已经发生了巨大变化。竞争规则已不再单纯是价廉物美,竞争已包含了环境和社会等利益相关者更多的要求,责任已经成为企业核心竞争力的重要来源之一,带来许多竞争优势,如增加市场份额、节约资源、降低成本、提升品牌形象、突破国际贸易壁垒,以及吸引社会责任投资等。

1.3 如何评估企业社会责任

◇ **本节目标**
运用企业社会责任评估标准,对相应企业进行评估。

参照联合国全球契约组织、美国《商业道德》(Business Ethics)和加拿大《企业爵士》杂志(Corporate Knights)关于企业社会责任的研究成果,以及崇德评级(RepuTex)发布的首部针对企业社会责任的基准《崇德企业社会责任标准与指标:中国》等研究成果,从非法用工及侵犯员工合法权益、产品质量、违规经营、诚信缺失、重特大安全生产或环境污染事故、恶劣影响力六个方面认定责任缺失。

在打分操作的时候,某企业只要有1~5项中任何一项违犯企业社会责任的案例发生,就可以认定该企业已责任缺失。那么再拿该项与第6项结合,综合考评其责任缺失的程度。此责任缺失认定标准由《中国企业报》中国企业CSR研究中心秘书长刘传伦研究完成,所以简称"LCL5+1评价体系"(见表1-1)。

表1-1　　　　　　　　　　　LCL5+1评价体系

序号	一级指标	二级指标
1	非法用工及侵犯员工合法权益	不平等劳动合同,违犯《劳动合同法》
		非法雇佣童工、性别歧视等
		恶意拖欠工资
		劳动保护措施不力、消防安全不合格
		缴纳强制性保险不到位
		以上问题受到有关部门处罚或造成恶劣社会影响
2	产品质量问题	产品质量出现问题,侵犯了消费者合法权益
		产品设计采用双重标准,存在歧视嫌疑
		消极应对投诉问题,蔑视中国消费者
		质量问题出现后,售后服务不力
3	违规经营问题	非法集资
		商业贿赂
		偷税漏税、转移利润
		不正当竞争
		不公平交易

(续表)

序号	一级指标	二级指标
4	诚信缺失问题	恶意拖欠各项货款
		拒不执行法院判决
		隐瞒产品设计缺陷
		虚假广告宣传
5	重特大安全生产或环境污染事故	出现重特大安全生产事故
		发生环境污染违法事件
		发生特大安全生产事故或环境污染违法事件后没有采取积极应对措施或塞责、拖延
6	恶劣影响力	以上社会责任缺失的案例发生后，在社会上造成的恶劣影响程度
		对受害人造成的伤害程度
		对公众造成的负影响力程度
专家评语：		
得分：		

资料来源：http://money.163.com/10/0511/17/66E00ITI00254CJS.html.

以上的"LCL5＋1评价体系"对各个行业的企业普遍适用，不具有针对性，若创业者们想了解关于自己行业或企业所在地区特定的社会责任标准，查看对比行业、地区的社会责任指数，以及参考自己行业标杆企业的社会责任报告，可前往中国企业社会责任监测和评价系统[①]、社责观察网[②]和中国企业社会责任网[③]搜索相应资料。

要点回顾

➢ 创业者履行企业社会责任的原因主要有：提高利润，加强品牌建设，提高创新能力和员工幸福感，以及降低运营成本。

➢ 企业社会责任包括经济责任、法律责任、道德责任和慈善责任。其中，经济责任是基础，法律责任是前提，道德责任是必要，而慈善责任则是一种扩展和升华。

➢ 企业社会责任评估有其标准，最普遍适用的是"LCL5＋1评价体系"，创业者若有了解特定行业或地区企业社会责任的需要，可前往章末提到的网站搜索相关资料。

[①] http://www.siccsr.org.
[②] http://www.chinacsr.net.cn.
[③] http://www.chinacsr.cn/index.asp.

案例体验

百度是否应该担责?
——青年魏则西之死

魏则西事件始末

西安电子科技大学学生魏则西罹患滑膜肉瘤,辗转多家医院,病情不见好转,通过百度搜索找到武警北京总队第二医院,医生称从国外引进的疗法可"保20年"。在接受4次治疗、花费20余万元后,仍没有明显效果,魏则西于2016年4月12日去世。网友认为百度推荐医院延误病情,百度表示正向涉事医院的主管部门申请审查。

百度回应的"魏则西事件"起于问答社区知乎。知乎网友魏则西是西安电子科技大学计算机系学生,于2年前体检后得知罹患滑膜肉瘤晚期。据魏则西生前描述,该疾病为"一种很恐怖的软组织肿瘤,目前除了最新研发和正在做临床实验的技术,没有有效的治疗手段"。

得知病情后,魏则西父母先后带着魏则西前往北京、上海、天津和广州多地求诊,但最后均被告知希望不大。

不过魏则西父母并未就此放弃,在通过百度搜索和央视得知"武警北京总队第二医院"后,魏则西父母先行前往考察,并被该医院李姓医生告知可治疗,于是魏则西开始了在武警北京总队第二医院先后4次的治疗。

据魏则西母亲回忆:"当时都说没办法,我们也没有放弃。在百度上搜,看到武警北京二院,然后又在央视上看到,就和魏则西的爸爸先去北京考察了一次。发现这医院人很多,全国各地哪儿都有人来治疗。而且医生告诉我们他们这儿有美国斯坦福引进的生物免疫疗法,保10年、20年没有问题。于是我们决定在这里治疗,虽然费用不菲。"

魏则西母亲说:"我们就四处借钱凑钱,决定花多少都要把孩子的病治好,最后总共治疗4次、花费20多万元,没有明显效果,医生也开始改口称,治好是概率事件。"

从2015年9月份开始,魏则西在父母的带领下先后从陕西咸阳4次前往北京治疗,最后未见具体疗效。2016年4月12日,在一则"魏则西怎么样了?"的知乎帖下,魏则西父亲用魏则西的知乎账号回复:"我是魏则西的父亲魏海全,则西今天早上8点17分去世,我和他妈妈谢谢广大知友对则西的关爱,希望大家关爱生命、热爱生活。"

百度搜索陷入质疑

2016年4月12日,魏则西去世。但魏则西事件并未就此结束,网友找出魏则西在2016年2月26日一则题为"你认为人性最大的恶是什么?"的回答,将百度搜索和百度推广推上风口浪尖。

魏则西在该帖中写道：

"……后来我知道了我的病情，在知乎上也认识了非常多的朋友，其中有一个在美国的留学生，他在 Google 帮我查了，又联系了很多美国的医院，才把问题弄明白。事实是这样的，这项技术在国外因为有效率太低，在临床阶段就被淘汰了，现在美国根本就没有医院用这种技术，可到了国内，却成了最新技术，然后各种欺骗。

写这么多，就是希望大家不要再受骗了。"

魏则西的回答在其去世后引发了网络热议，网友在转载评论中称："要百度给合理说法。"

百度回应：医院资质齐全

4月28日，百度在其"百度推广"微博账号中对此事做出回应：对于则西生前通过电视媒体报道和百度搜索选择的武警北京总队第二医院，我们第一时间进行了搜索结果审查，该医院是一家公立三甲医院，资质齐全。

国家网信办牵头成立联合调查组进驻百度

国家互联网信息办公室发言人姜军5月2日发表谈话指出，近日"魏则西事件"受到网民广泛关注。根据网民举报，国家网信办会同国家工商总局、国家卫生计生委成立联合调查组进驻百度公司，对此事件及互联网企业依法经营事项进行调查并依法处理。

联合调查组由国家网信办网络综合协调管理和执法督查局局长范力任组长，国家工商总局广告监管司、国家卫生计生委医政医管局及北京市网信办、工商局、卫生计生委等相关部门共同参加。联合调查组认为，百度搜索相关关键词竞价排名结果客观上对魏则西选择就医产生了影响，百度竞价排名机制存在付费竞价权重过高、商业推广标识不清等问题，影响了搜索结果的公正性和客观性，容易误导网民，必须立即整改。

资料来源：http://www.mnw.cn/news/shehui/1171740.html.

思考题

了解了魏则西事件始末，请结合本章内容，谈谈你认为百度是否应该对此事件负责。若是，请回答应负哪些责任。若否，请说明理由。

游戏仿真

创业的阴暗面

一些创业计划乍一看似乎完全符合社会责任的要求，本练习意在让你思考这些计划带来的与道德相关的后果。首先考虑一个假设的案例，即刚刚研制出一种救命药的一家新创生物科技公司，然后想出能说明难以预测与处理长期后果的类似案例。

第一步(5分钟)

想象以下场景：一家新创的制药公司，它决定在发展中国家以成本价或低于成本价的价格销售一种救命药(如控制艾滋病毒感染的抗逆转录病毒药物)。亏本出售是为了赢得更多的赞誉、提高公司声誉并吸引对企业公民意识感兴趣的新投资者。假定不涉及《专利法》的任何问题并且药物是有效的,可以延长和挽救很多因无力支付高昂药物成本而将过早逝去的生命。公司在发达国家出售此药物的价格要相对高一些,其研发资金充裕,而且有能力提供竞争性工资。另外,公司在社会责任方面的全新表现吸引了新人才,在冒着风险打破专注于利益最大化的惯例时也赢得了不少尊重。公司的首席执行官宣称:"在21世纪,公司需要考虑所有利益相关者,而不仅仅是股东,社会责任是用全新方式经营公司的一部分。"

第二步(15分钟)

- 列出对这种态度尤其是公司削减药价这一决策的赞成或反对意见。
- 解释这种方法是否利大于弊。

对这些问题的回答可能会全部或部分涉及下列方面:

- 企业社会责任。你可能会非常赞成这种好公民的做法,也可能会觉得虚伪,对其嗤之以鼻。
- 股东价值。你可能会担心在发展中国家削减售价的决策不现实或很天真,因为公司最终都会倾向于利益最大化;你也可能认为公众舆论和名声极其重要,即便从股东的角度考虑,降价也是值得的。
- 分销。公司如何才能确定其药物到达了正确的人的手上?如何才能确定有现成的基础设施来销售药物?如何才能确定发达国家的人不会在黑市上廉价购买药物?等等。
- 政府角色。为了让公司蓬勃发展,政府应该制定什么样的法规?

第三步(5分钟)

考虑另外一个密切相关但不太明显的问题:人口过剩。花几分钟时间思考为什么这个问题与讨论相关,并将自己的想法写在一张纸上。

第四步(10分钟)

分享自己写下的观点并得出自己(暂时)的结论,然后再对该问题进行如下总结:

- 如果药物确实有效(我们有充分的理由相信它有效),那么与没有该药物时相比,更多的人能活得更久。
- 更多的人能活得更久意味着人口增长,尤其是如果(这样预期是合理的)更少的孩子在出生或小时候死亡。
- 在资源有限的国家(请记住,尤其是发展中国家),人口增长将会导致资源稀缺性的加剧。
- 从上述观点中引申出极端(但不是不可能)的结论:由于会出现饥饿、其他疾病,甚至内战,与从未引进该药物相比,更多的生命最终会因廉价药物而逝去。

注意,在这里至关重要的是一个简单(但骇人)的计算:如果有更多的人活着,那么当人们生病或死亡时,苦难的总和会大于一开始就没有如此多人口时的情形。

第五步(10分钟)

应该如何对这样的观点做出适当的回应呢?考虑这种极其严峻的情境的解决方案。可能最显而易见的建议是控制生育:不仅分销药物,而且分销避孕套并提供正确使用的说明。但如果存在禁止控制生育的文化和宗教因素呢?应该由创业者充当关心或处理当地习俗和信仰的角色并承担责任吗？我们应该如何避免无力应对自身行为带来的长期后果？我们有理由忽略这一争论吗？如果有，为什么？

第六步(15 分钟)

提出这些问题后，想出类似的例子并提出自己的解决方案，这会很有帮助。你自己的公司有哪些阴暗面？你见过其他初创公司苦于应对（无法预见的）长期后果吗？应该反复询问这样一个问题：我们选择忽略这些后果，是因为它们可能真的不会发生，或因为我们已经采取措施防止其发生，还是仅仅因为它们太难、太恼人或太让人心碎，所以我们不想考虑呢？

➤ 结合本章的案例阅读与百度"魏则西事件"，谈谈你认为不履行企业社会责任会带来哪些恶果。

不履行企业社会责任会带来哪些恶果？

➤ 列举初创企业有哪些资源局限，结合卡罗尔企业社会责任金字塔模型谈谈作为创业者，具体说说你的企业可以履行哪些社会责任。

局限：	可履行的社会责任：

➤ 参照"LCL5+1 评价体系"，搜索你所处行业及地区企业社会责任标准和指数，对比你所处行业标杆企业的社会责任报告，对你企业的社会责任履行情况进行评估。

参照"LCL5+1评价体系"的结果：
....
....
....
....

所处行业及地区企业的社会责任标准：
....
....
....
....

所处行业及地区企业社会责任指数：
....
....
....
....

标杆企业履行了哪些社会责任？我们应如何借鉴？
....
....
....
....

2 创业动机提升和能力评估

本章精要

本章从创业者的动机、素质和能力三个方面探讨了一个人是否适合创业以及是否能够成功创业的问题。第一部分围绕创业动机这一概念,对中外不同的创业者进行了比较,详述了创业动机的影响因素,并结合案例提供具体的训练;第二部分引入创业者的素质与能力,区分了二者的不同,通过一系列测试帮助创业者了解自己是否适合创业。

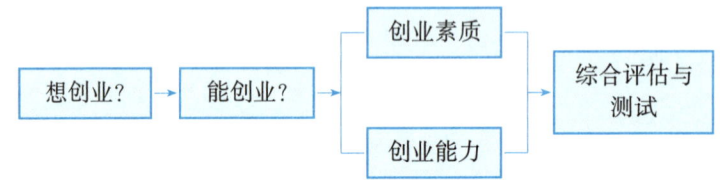

1. 了解创业者的创业动机有哪些。
2. 了解影响创业动机的因素有哪些。
3. 从心理、行为和知识三个方面理解创业者的素质。
4. 创业者应具备的六大能力有哪些。

创业者,请首先反省你的创业动机

一、动机是创业力量的源泉

你为什么创业?你的创业动机是什么?这个问题是想创业的人在创业伊始必须要想清楚、必须要回答的问题。调查发现,不少创业者是因为没有实现就业愿望,或者工作岗位不理想,而被动选择创业的。被动创业是最危险的,因为你是被逼无奈,抱着试试看或者赌一把的态度,这是创业者的大忌。如果你试试看不如再找一份工作试试看,千万别拿创业试试看;如果真想赌一把,把自己关在屋子里,炒股是最能下注的,最好不要去兴师动众地创业赌一把。

当年,马云的领导说,"马云,好好干。再过一年你就有煤气瓶可以发了,再过两三年你就可能有房子了,再过五年你就能评副教授了",于是,马云在领导的身上看见了自己以后的样子——每天骑着自行车,去拿牛奶、买菜。"我当然不是说这种生活不好,只是希望换一种方式。等到在创业的路上越走越远的时候,我发现自己的梦想越来越大,也越来越现实。每个人都有梦想,梦想未必要很大,但一定要真实。"一眼看到了自己的人生尽头之后,马云出来创业了。你为什么要创业呢?

二、为赚更多钱而创业容易失败

为什么创业?人人网对 90 后大学生创业者的一份调查显示,50.3%的 90 后创业者创业的动机是希望发家致富,仅有 6.7%的 90 后表示,创业是为积累实际经验,即使创业失败,也是一种难得的经历。

为什么要创业?为了积累财富让家人过得好一些。好!这是主动创业,有动机,有刚需,很好!马云也是这么想的,马云说,很多人创业的目的不同,而我创业的目的就是为了让自己的生活有所改变。

当然,这是个比较实际的理由。但到一家靠谱的公司,做到高管或者成为技术大拿,一样可以挣到不错的收入,而且十分稳定和保险,而不是需要自己去成立一家公司。事实证明,靠创业赚钱多多少少有点不靠谱,十有八九还可能把你原来的那点儿老本给搭进去。因为创业就是要把所有赚来的钱再投回去,除非你能把企业做到万人皆知,不然肯定还不如去大公司当个领导来得多。如果你是一个够聪明、动力强、能力好的人,应该好好地找份工作,脚踏实地稳当赚钱,例如从事金融业或是当顾问,这样赚的钱会比开一家公司要稳当。

如果你创业仅仅是为了赚钱,让自己的生活过得更好些,这样的创业可能经受不住严峻的考验,也可能不会持久。一旦你有了钱之后,或者一旦你赚不到钱之后,可能就会任性,会令你功亏一篑。艰难时刻考验的就是创业者最根本的创业动机和理念。纯粹为赚钱的,会及时止损并拂袖而去,更高创业理想的人才能坚持忍耐并修正方向直至成功。

今日资本总裁徐新认为,为赚钱而创业最容易失败。创业非常艰辛,失败是必然的,成功是偶然的。在美国硅谷,100 万个创业想法,只有 6 个能成功上市。不少人选择创业,可能是一时冲动,可能想赚钱改善生活。但成功的人,往往都非常热爱他的事业,一心想把事业做大。

徐新认为,创业之路是5年、10年,漫长而又艰苦,如果没有事业心,创业者很难坚持,也难以感染团队。如果老板只想着赚点钱,团队也是短期考虑,赚一票就走,他们的行为方式就变了,不会有长期发展的胸怀,可能连游戏规则也不遵守了。所以单纯为赚钱,趁早打消创业念头,还不如去炒房产、卖保险。

三、什么事让你欲罢不能?

真正的创业,是在一片陌生的、既成事实的、险象环生的丛林中从零开始,异军突起。创业存在极大的不确定性,你不知道自己的脚下是泥土还是沼泽,你不知道前面的鸟叫是成功的呼唤还是致命的诱惑,只有"事后诸葛亮"最容易做到成功,但是在所有看起来"胜者为王,败者为寇"的案例中,在那些看起来充满变数的背后,有其规律可循,而这一切都要从你想创业的那颗嫩芽开始,从你那颗不安分但却万分珍贵的初心开始。那么,什么才是最靠谱的创业动机呢?

脸书创始人的答案是:只有"这个产品不得不做"的冲动,才是真正的创业理由。你能感受到这股冲动,并且认为世界上需要这么一款产品,它非得由你来完成不可。你的热情能感染合伙人和跟随者,你自己的潜意识里也能认识到,自己真的非常非常热爱这件事。如果是这样,这事就能干了。"The best reason is you can't not do it!"——最好的理由就是,你不能忍受自己不去做这件事!

说到底,怎么样才算是对的创业?那就是:选择一个问题去解决,这个世界需要你去做,你是解决这个问题的最佳人选。你对一个创意充满了热情,无论发生什么你都要把它变成产品,只有创立公司才能找到实现它的途径,才能了解你的心愿与心结。有了这样的创业动机,你才会有归属感,才有激情去面对困难,无论如何你都会想办法完成,这样你才能坚持5年、10年乃至15年,熬出一个伟大的企业。

当想到一个项目的时候,真正的创业者会认为只有自己才是解决这个问题的不二人选,非我莫属!如果不从事这个项目,那么在短期内,将不会有人拿出类似的产品,换句话说,这个问题将无法彻底解决。这样的创业者对产品保持着持续不减的热情,而对创意与产品的热情非常重要,因为只有热情,才能排除创业路上的各种艰难险阻,让创业者支撑下去。同时,创业者的热情也会感染、激励、感召周围的人,吸引他人心甘情愿地加入创业团队,这是创业成功的关键要素。

四、什么事让你夜不能寐?

到底什么样的人适合创业呢?关于这个问题,天使湾创始人庞小伟认为,创业不是一份不一样的工作,不是一个更风光的职位。创业其实是一种生活状态。这么解释吧,当你在半夜睡不着的时候,你是在想着自己的项目更多一些还是女朋友更多一些?如果你是前者,那么也许你就具备了创业者的基本素质——创业是需要一些狂热的。

所有的创业都是从一颗好奇的、不安分的初心开始的,而且正是这颗初心让你彻夜难眠,让你如醉如痴,让你热血沸腾,让你闻鸡起舞,让你欲罢不能!也只有这颗初心,将伴随你走过创业路上的坎坷与坦途,让你无畏无惧,勇往直前,栉风沐雨,走向成功。它是你的灯塔,是你的罗盘。

每个人要发现心灵深处的那个强大的自己：到底我要干什么？我擅长干什么？我做什么事情最有激情？甚至有一种不吃不喝不睡觉也要把它干出来的渴望。所以创业者一定要有这样的精神，对你要做的事情充满了期待，进而发展到为其废寝忘食的地步，在完成它之前无法进行其他的工作。

只有一小部分人想明白了他们真的想要做什么，大部分人只是为创业而创业、为机会而创业，这样的创业多数难以成功。要想创业成功，靠的是你那份发自内心的、对挖掘和实现产品价值的兴奋和喜悦。

一个选择自己创业方向或者职业方向的好方法可以一试：

找到忠于自己内心的一个问题、一件事情、一个梦想，找个安静的地方，拿出几张白纸，逐条写下自己想做的事情，就这么一直写一直写一直写，坚持写下去，什么时候写到你突然泪流满面，那么就去做这件事。

资料来源：http://www.managershare.com/post/203633.

2.1 创业动机

> ◇ **本节目标**
> 了解创业者的创业动机和影响创业动机的因素。

2.1.1 创业动机有哪些？

创业者在创业之初一定会思考这样一个问题：我为什么要创业？这涉及了创业动机的内容，因此，创业评估的第一个问题就是动机分析。人们选择创业的动机多种多样，调查发现，基本的创业动机有三个：

一是做自己的老板，这是最常见的原因。然而，这并不意味着创业者与他人难以共同工作，或他们难以接受领导权威。实际上，许多创业者具有强烈的创业欲望，想成为自己的老板，或是因为他们怀有要拥有一家自己的企业的恒久梦想，或是因为他们在传统的工作中变得很沮丧，对目前的工作现状极端不满，想要另谋出路。

二是追求自己的创意。有些人天生机敏，当他们认识到新产品或服务创意时，就渴望看到这些创意得以实现。在现存企业环境下进行创新的公司创业者，常常具有使创意变成现实的意念。然而，已建企业经常阻碍创新。当这种情况发生时，雇员常带着未实现的创意离开企业。因为他们对创意的激情和承诺，一些雇员会决定离开雇佣他们的企业，开创他们自己的公司并将其作为开发自己创意的途径。这种时间发展过程也可能发生在企业以外的背景条件下。例如，有些人通过爱好、休闲活动或日常生活，认识到市场中有未被提供的产品或服务需求。如果创意非常可行且能够支撑一个企业，他们就会付出大量时间和精力去将创意转变成一家兼职经营或全职经营的企业。

三是创造财富。创业者将主要精力投入他们希望能够生存并且盈利的企业中。创业者拥有其创业的企业并享有企业赚取的盈利。所有权是财富的关键。创业者的目标是创建一个有着持续盈利能力的企业。最终，创业者可能以数倍于这些盈利的价格卖掉企业。这就是创业者创造财富的过程。当然赚钱的欲望不是创立企业的唯一原因。拥有自己的企业所带来的财务回报可能只有经过多年的辛勤工作才能获得。仅仅靠赚钱的欲望可能不足以让创业者在创业早期的艰难岁月中坚持下来。大多数的成功企业最先都是由一位具有坚定且催人上进的理想的创业者创建的。这些创业者也经常强调金钱并非他们的主要动机。

四是改变社会。 如今很多创业者不再受到生存压力的影响,有了更高层次的追求,他们不仅追求物质层面的满足,更追求精神层面的满足,因此希望通过创建能够盈利又有益的企业,达成帮助大众、改变社会的伟大目标。

以上的创业动机主要来自中国的创业者,其实不同国家创业者的创业动机存在差异,具体可见表2-1。

表2-1　　　　　　　　　　　　中、美、日三国的创业动机差异

创业动机	中国	美国	日本
社会导向:			
创办公众认可的企业	1.428	2.441	3.285
为公众和社会创造财富	1.539	2.472	2.532
开发新技术或新产品	1.579	2.576	2.642
个人成就:			
改善个人和家庭的生活质量	3.039	4.039	3.247
挣更多的钱	3.587	3.541	3.031
争取更高的社会地位	3.198	2.500	2.194
追求人生的挑战性	2.691	3.751	3.795
提高自身的能力	2.317	3.668	3.570
资源驱动:			
利用可利用的创业资本	1.246	2.085	1.842
减轻税收负担	1.016	1.678	1.708

注:表中数字是各国样本调查问卷数据的平均值,在问卷中采用利克特五级量表,1表示非常符合,3表示一般符合,5表示极不符合。全球创业观察(GEM)也普遍采用相同的项目,具有较强的可比性。

资料来源:贾生华、邬爱其,《中美日三国不同文化背景下的创业特征比较》,《外国经济与管理》2006年第10期。

从表中可以看出,日本创业具有强烈的社会导向动机,其中尤以创办公众认可的企业为最,学者发现日本具有很强的团队精神这一社会特征,因此日本的创业比其他国家更具团队或社会导向性,朋友和家庭成员的意见对个人创业起到非常重要的作用;美国和中国则具有浓厚的个人成就色彩,但美国人创业更多是为了改善个人和家庭的生活质量以及完善和提高自身的能力,通过创业来实现自我价值是美国人追求的终极目标,也是美国社会价值体系的精髓——"先锋精神"(pioneer mentality)的最好体现;中国人创业更多是为了挣更多的钱和争取更高的社会地位,这可能是因为中国人经济收入水平还普遍不高,创业往往是由贫困推动的。此外,追求人生的挑战性和减轻税收负担也是日本人创业的重要原因,而丰富、易得的创业资本则是美国人频繁开展创业活动的重要原因。

2.1.2　哪些因素影响创业动机?

从短期看,创业者的需求层次以及影响因素的共同作用形成了创业者不同的创业动机,不同的创业动机导致创业者创业行为过程与行为结果的差异;同时,创业者的创业活

动导致创业者的现实需求得到满足。而从长期看,由于需求在时间上的连续性,已有需求的满足又会导致新需求的产生,从而形成一个循环,最终表现为创业精神对经济增长的贡献与经济的繁荣。由此可见,决定创业者行为差异的深层次原因是创业者的需求层次及其影响因素。

创业的决定是各种因素共同作用的结果。一方面,包括创业者的个性特点、个人背景、相关的商业环境、个人目标和可行的商业计划;另一方面,创业者将预期的结果同自己的心理预期相比较。此外,创业者还关心创业中付出的努力与可能的收获之间的关系。图 2-1 是一个反映分析创业动机形成过程及其影响要素的模型。

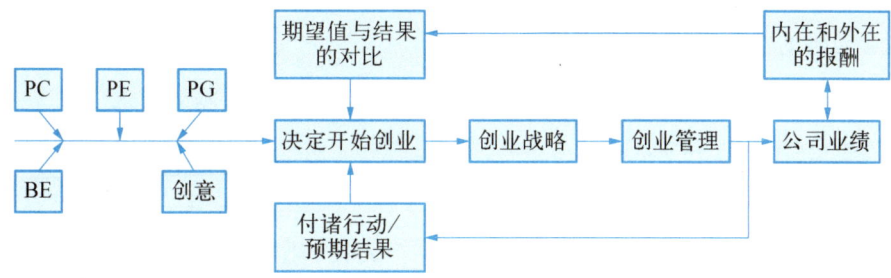

注:PC=个性特征;PE=个人背景;PG=个人目标;BE=商业环境。
资料来源:Naffziger, D. W., Hornsby, J. S., Kurato, D. E. A Proposed Research Model of Entrepreneurship Motivation. *Entrepreneurship Theory and Practice*,1994,18(3):33.

图 2-1 创业动机模型

创业者最初的期望和最终的结果会极大地影响他们创立和维持一个企业的动力。当企业的经营业绩达到或超出期望时,创业行为就会被正面加强,创业者将有动力继续创业。到底是留在现在的企业,还是创建另一家新企业就依他们的创业目标而定。当实际结果难以达到预期时,创业者的动力就会下降并相应地影响是否继续创业的决定。这些对未来的预期同样会影响到后面的公司战略、战略的实施和公司的管理。

从直接影响创业动机形成的原因看,依据马斯洛的需求层次理论,当人的某一层次需求得到相对满足后,较高层次的需求才会成为主导需求,并最终形成优势动机,成为推动行为的主要动力。创业者的需求层次不同,由此产生的创业动机也存在差异。机会拉动型创业者的需求层次比生存推动型创业者高,机会拉动型创业者的创业动机受自我实现需求的推动,因为机会拉动型创业者大多没有生活压力,具备一定的知识、经验和能力,敢于承担风险,并相信能通过创业活动来实现自己的价值。生存推动型创业者则处于生理需求或安全需求等较低的需求层次,生活压力是生存推动型创业者创业的根本原因。由此可见,不同的需求层次决定了不同的创业动机,从而影响了创业者的行为过程与行为结果。机会型拉动创业的出发点并非谋生,而是为了抓住、利用市场机遇。它以新市场、大市场为目标,因此能创造出新的需要,或满足潜在的需求。机会型拉动创业会带动新的产业发展,而不是加剧市场竞争。而生存型推动创业的目的在于谋生,为了谋生自觉地或被迫地走上创业之路。在我国由于劳动力众多,自谋职业的生存型创业占有较大比例,这种创业是以生存为基础的,创业的主要资源是创业者的内生性资源如体力、简单的脑力以及手艺和经验,创业活动简单,所需创业资源少,较难做大做强。

从间接影响创业动机形成的原因看,创业者的需求层次还受诸多具有长远意义的宏观因素的影响。一是社会保障。高水平的社会保障可以提高人们的需求层次,由于需求层次决定创业动机,从而可以得出:社会保障越高,机会拉动型创业精神指数就越高;社会保障越低,生存推动型创业精神指数就越高。二是收入水平。创业者作为理性个体,短期内的收入变化不会对创业者需求层次产生显著作用,长期内收入变化必然导致创业者需求层次的变化,长期内收入水平提高有利于创业者需求层次的提升,反之下降。三是人口统计特征。人口统计特征是创业者自身特点的整体体现,主要表现为创业者群体的受教育水平、经验和经历等因素。由于人口统计特征的差异,相同的外部要素对创业者个体的作用产生不同的结果,从而形成了同一国家或同一地区创业者需求层次的多样性和创业者创业动机的差异。

2.2 创业者素质与能力

◇ **本节目标**
从心理、行为和知识三方面理解创业者和素质。学习创业者应具备的六大能力。

创业是一个异常艰辛和需要付出的过程,一个人只是拥有创业动机是远远不够的,是否适合创业和能否成功创业在很大程度上还取决于其素质与能力。美国著名心理学家、哈佛大学心理系教授麦克利兰博士基于素质能力提出了"冰山"模型,如图 2-2 所示。

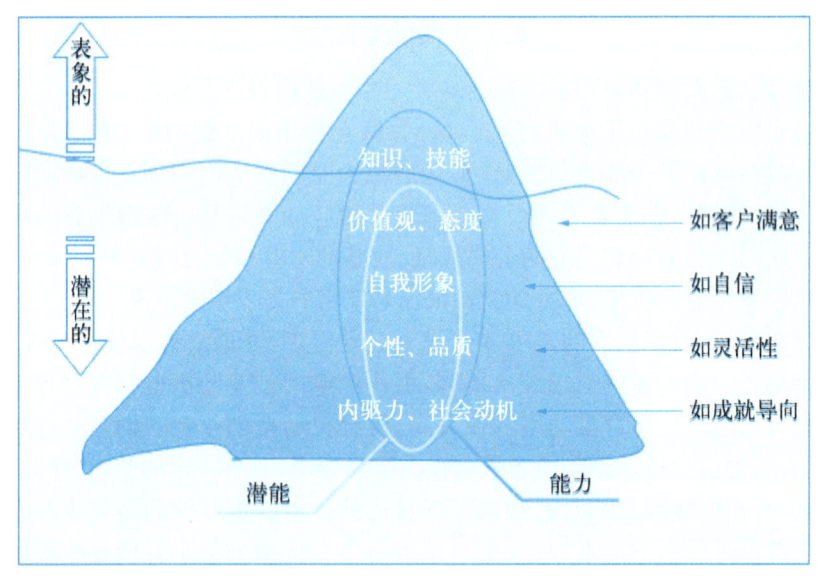

资料来源:Mcclelland D. C., Testing for Competence Rather Than Intelligence. *American Psychologist*,1973,28(1):1-14.

图 2-2 "冰山"模型

其中,"冰山以上部分"包括基本知识、基本技能,是外在表现,是容易了解与测量的部分,相对而言也比较容易通过培训来改变和发展。

而"冰山以下部分"包括社会角色、自我形象、特质和动机,是人内在的、难以测量的部分。它们不太容易通过外界的影响而得到改变,却对人员的行为与表现起着关键性的作用。

结合"冰山"模型，对创业者的素质与能力做一个总结和归纳。创业者素质就如同是冰山以下的部分，体积很大却隐蔽在海洋深处，一个人的素质反映的是其内在的、本质的心理特征、个性和意识，它不会直接作用于客观事物，却对是否要着手一件事和这件事的完成起到一定的作用。而创业者能力则与冰山以上部分相似，它是显现的，是以一定的生理和心理素质为基础，通过后天的学习和实践所形成的一种能动力量，在解决问题中起到决定性作用。例如，脸书的创始人扎克伯格是一个非常坚定又具有冒险精神的人，这是他所具备的素质；在创业过程中，他整日整夜地写代码，毫不犹豫地将同事关到一起直到工作结束，不畏 MySpace 和其他类似网站的威胁，制定脸书特有的发展模式等做法则是他在实践中所表现出的能力。二者有机的结合促成了脸书以及扎克伯格的成功。因此，虽然一个人的素质和能力并不具有匹配的关系，能力强的人未必具有良好的素质，反之亦然，但若能通过良好的后天训练将二者完美结合，起到相辅相成的作用，对创业者而言是巨大的帮助。

2.2.1 创业者的素质有哪些？

我们主要从心理、行为和知识三方面来概括创业者的素质[①]。

▶ **心理素质**

作为成功的创业者，一般具备以下六个心理素质：成就需要、控制欲、自信、开放的心态、风险承担倾向、创业精神。他们有明确的目标，能全身心地投入事业发展中。

- 成就需要

创业者总是希望能把事情做好，这主要不是为了获得社会的承认或声望，而是为了达到个人内在自我实现感的满足。创业者希望承担决策的个人责任，在解决问题、确立目标、通过个人的能力达到这些目标时，个人对此承担责任；喜欢具有一定风险的决策；对决策结果感兴趣，不喜欢单调的重复性工作。

- 控制欲

控制欲是指人们相信他们自己能够控制自己人生的程度。研究表明，创业者相信通过自己而不是他人来决定自己的命运，他们经常有很高的控制欲，总是希望把命运掌握在自己手中。与控制欲相关的是创业者的个人独立性。创业者往往喜欢独立思考和行动，渴望独立自主。

- 自信

创业者不仅相信自己，而且相信他们正在追求的事业，不仅能在失败之后振作起来，而且还能从失败中吸取教训，以增加下一次成功的机会。坚信自己的创业团队有能力在激烈的竞争中获得胜利，以坚韧不拔的毅力和满腔的热情去争取成功。成功的创业者普遍都有很强的自信心，有时表现出咄咄逼人的气势。他们相信自己的判断，相信自己的决定。创业者以积极的心态充满活力地不断创新。自信对创业者非常重要，因为他们走的是其他人不敢走或者没有走过的路，只有自信才能顶住压力，坚持自己的目标，最终取得

---

① 陶莉：《创业企业组织设计和人力资源管理》，清华大学出版社 2005 年版。

创业的成功。

- 敏感好奇

创业者需要敏锐的直觉和洞察力,能在被一般人忽视的日常生活中找寻机会。机会识别是创业的起点,创业过程本质就是围绕着机会进行识别、开发、利用的过程。创业的机会很多,但是奇迹往往隐没于平凡之中,所有想创业的人都关心:为什么是他而不是别人看到了创业机会?答案就是创业者的敏感性和好奇心,时刻保持对外界的观察和洞察,在别人充耳不闻、视而不见、习而不察的时候,敏锐地发现和把握机会。许多好的商业机会并不是突然出现的,而是对于"一个时刻有准备的敏感头脑和好奇眼光"的一种"回报"。北极光创投公司创始人邓峰就说过:"做企业,技术创新固然很重要,但商业的敏感度更重要。而且,越到后来,越发现对市场和客户理解的重要。"

创业的机会往往来自对现有不足和问题的解决。一般人会将事情分为好事和坏事,视这些不足和问题是坏事,是一种困难和障碍,在行动上通常抱怨和回避,而创业者把所有事都看作机遇和挑战,他们会去思考如何处理好、解决好这个问题,以及解决问题过程中的商业机会,甚至主动去寻找问题和不足,旧的社会难点解决了,新的社会难点还会出现。围绕这些难点问题,找到一种解决方案,就是一种商机,就看能不能保持足够的敏感和好奇,不断探索和发现。

- 风险承担倾向

由于创业者希望在同行业中脱颖而出,很多工作是自己以前没有经历过或者没有完全经历过的,创业征途中充满了各种风险。创业者要有冒险精神,要能承受风险和失败。只有敢于承担风险,创业者才能大胆创新,"铤而走险",实现自己的创业梦想。创业需要冒险,但冒险有别于冒进。无知的冒进只会使事情变得更糟糕,而且会浪费时间和财力。

▶ 行为素质

创业者在行为上需要具备勤学好问、执着、灵活应变、吃苦耐劳、脚踏实地、雷厉风行、有良好的商业道德和责任感等素质。

- 勤学好问

创业者不满足于现状,经常意识到他们能将事情做得更好,渴望并从不放弃学习和改进的机会。现代社会需要学习型的企业,创业团队在创业初期更需要学习行业内的领先企业、龙头企业。创业团队成员也需要学习精神。学习是保持先进性的重要手段,学习为企业的发展提供了源源不断的智力源泉,只有不断地学习才不会落后于社会。

- 执着

执着是指对自己的创业目标和信念坚持不懈、永不放弃。因为在创业的领域没有捷径可走,只有专心致志、锲而不舍,才能克服在通往成功道路上的危机和障碍。著名的发明家爱迪生指出,成功等于99%的努力加上1%的灵感。他认为,连续的失败是不断尝试错误的探索性实验,是成功的创新的过程之一。

创业者的目标明确、定位清晰。对自己所选的行业,所提供的核心产品或服务有明确的定位,所以在创业之初一定要选好自己的目标,做到心中有数。对于认准的目标,能够百折不挠、坚忍不拔、锲而不舍,调动一切有利资源去实现目标。正所谓"锲而不舍,金石可镂;锲而舍之,朽木不折"。创业者的坚定还表现在抵制诱惑。创业过程中会有不同的变化和诱惑,也会有很多的插入选择,比如在与客户的接触中,如果对方提供很好的职位,是否要放弃创业历程;当创业渐进佳境,有大公司提出收购,是接受大公司的好意,还是继续坚持自己的创业。以上时刻,都是对创业者的考验,需要坚定执着,忠诚于自己的人生计划。

- 灵活应变

灵活应变指的是创业者对创业方法和路径的选择,要一切从实际出发,根据环境的变化对创业活动做出相应的调整。

创业者需要及时、不断地调整创业战略,但必须围绕主线,不要迷失方向。特别是创业企业资源有限,务必要做得精而深,忌讳摊子铺得太大、业务分散。比如,不要这山望着那山高,原本准备定位为高档奢侈品的经营,发现另一个竞争者的批发生意做得不错,也立即跟进。很多成功的公司也走过弯路,比如联想,曾进军互联网行业,却因背离企业主线而失败。

- 吃苦耐劳

创业的成功需要坚忍不拔、顽强的毅力、吃苦耐劳的执着精神、甘于奉献的献身精神。只有具备吃苦的精神,创业者才能挺过创业的艰辛,取得创业的成功;否则,很容易就会半途而废。

- 脚踏实地、雷厉风行

创业者有好的创业念头,但只有通过实际的行动才能变成现实。巴顿将军曾经说过:"一个好的计划现在就去执行要比下周执行一个完美的计划好得多。"[1]如果只有好的创业点子,没有行动,一切就是空中楼阁。

1949年的一天,井深大到日本广播公司办事,偶然看到一台美国制造的磁带录音机,当时这东西在日本还不普及,但井深大和盛田昭夫马上意识到这种产品巨大的潜在市场,就立即买下了产品专利。对他们来说,录音机的电子技术并不复杂,但磁带需要自己制造。经过他们的勤奋努力,仅仅用了一年的时间,他们就推出了自己的新产品。然而,起初的市场销售状况并不好。但井深大和盛田昭夫在困难面前继续改进产品,并积极推销。他们走遍了日本的各所中小学,耐心向老师讲解录音机的使用方法和好处,最后功夫不负有心人,录音机成了人们生活中重要的一部分,井深大和盛田昭夫也获得了创业的成功。脚踏实地、雷厉风行的作风使他们获得了创业的成功。

▶ 知识素质

创业者进行投资创业就是希望在某一行业中脱颖而出,这就需要有厚实的知识基础。所以,创业者应该具备相应的基础知识和专业知识[2]。

- 创业者应具备坚实的基础知识

创业者的知识层面关系到创业者分析问题、判断问题、解决问题的能力大小和将来企

---

[1] 陈德智:《创业管理》,清华大学出版社2001年版。
[2] 陶莉:《创业企业组织设计和人力资源管理》,清华大学出版社2005年版。

业的发展前途。知识贫乏的创业者往往心胸狭窄、目光短浅,没有渊博的知识,不能适应时代新潮流的长期需要。创业者应该通晓的基础知识主要有政治学、人才学、组织学、行为科学、经济学、计算机应用、逻辑学、法学、会计学、统计学以及心理学等。这些基本知识为创业者正确分析企业内外的环境和自己的优势、劣势,预测行业的发展趋势奠定了基础,是创业活动开展的必备智力条件。

- 创业者应具备广博的专业知识

要想取得创业的成功,把企业做大做强,创业者还应具备人力资源管理、市场营销管理、财务管理、战略管理、生产管理、物资管理、技术设备管理、质量管理、经济核算、系统工程、领导科学及决策论等专业知识。如果缺乏战略管理知识,创业者在企业发展到一定规模后,就不能正确处理企业短期目标和长期目标的关系、核心竞争力和多元化的关系,盲目进行多角化、扩张,进入很多自己陌生的行业,而自身资金、人力资源等方面又缺乏支撑,最终迷失了发展的方向。例如,掌握了人力资源管理方面的知识,创业者就知道如何有效地激励员工、管理员工,帮助他们成长,让员工在实现企业发展的同时实现自我的成长和发展。而具备了财务管理知识,创业者就能正确地了解企业的盈利能力、负债情况、还债能力和融资能力,在创业过程中,就能管理好企业的资本运作。市场营销管理知识能使创业者正确分析产品的行业特征,细分市场,对产品正确定位,找到产品的目标市场,利用产品的生命周期不断推陈出新,为企业创造现金流。总之,专业知识为创业企业正常运转、赚取利润、获得长远发展提供保障。

- 创业者知识的更新与完善

上面列举了很多方面的知识,一个人不可能具备所有的这些知识,这就需要创业者通过组建优势互补的创业团队来实现。另一方面,创业者可以通过学习来弥补自己缺乏的知识。学习知识的主要途径有:(1)大量阅读。书籍是先行者智慧的结晶。通过大量阅读可以迅速地扩大自己的知识面,减少摸索的时间。创业者可以根据自己工作中发现缺乏的知识来选择阅读的素材。(2)参加学习班。目前社会上有很多种学习班,创业者可以通过参加学习班迅速弥补知识上的缺陷,特别是参加高水平的培训班。(3)与成功创业人士交流,比如参加各种形式的俱乐部,从他们那里学到经验教训,让自己少走弯路。这些成功人士在某些方面比较优秀,创业者可以从他们身上学到很多有益的东西,他们成功的事例能不断地激励创业者前进。另一方面,他们的某些失误又可以为创业者提供反面教材,在以后的创业中可以避免犯同样的错误。(4)实践。实践出真知,通过实践可以增强自己对事物的感性认识,并在实践中检验理论,提高自己的实际操作能力。在实践中,最好将自己的体会与他人交流,因为这样既可以加深印象,又可以得到他人的指教。

2.2.2 创业者需要什么样的能力?

创业,仅有优秀的创业者特质还不够,要真正实现创业目标还要有过硬的本领,也就是创业的能力。如果说创业者的特质或潜质还或多或少有些先天因素,需要认识自己,激发自己,判断自己是否适合创业,那么创业能力则与其他专业技能一样,完全可以通过有意识的学习和训练加以掌握。

创业能力是一种多方面的综合能力，直接关系到创业的成败。创业能力不仅可以帮助创业者把握创业机遇，进行有效的创业决策，实施创业计划，而且有助于创业者在创业过程中克服各种困难、战胜各种挫折、解决各种问题、增强心理素质。

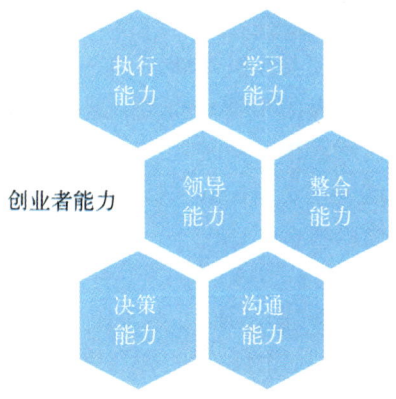

▶ 领导能力

领导能力是创业者最重要的技能。创业和就业的重要差别之一就是对领导力的更高要求。创业是开创全新的事业，作为一个新组织，大部分事情没有成熟的办法和方案，也没有以往的资料可以参考，所有的事情都要自己开拓创新，所有的管理制度等均需要重新建立，几乎每件事情都要通过自己的思考制定计划，努力执行。更大的难度还在于，创业者不仅要在无人指导的情况下管好自己，做好自己的事情，还要同时带好团队，带领、指导、激励团队成员为达成目标而共同努力。这也是创业者，特别是青年创业者最大的挑战。

▶ 学习能力

快速的学习能力是创业者必备的重要技能。对创业者而言，学习能力中包括一种极为重要的形式——失败学习能力。俗话说"失败是成功之母"，但是，如何失败不会自动变成成功，如何把失败经验变成迈向成功的基石，只有勇于挑战、不畏失败的特质和心态是不够的，还需要从失败中学习的能力和方法。

▶ 沟通能力

沟通能力包含表达能力和交际能力两个方面。创业是一个交流的过程，需要与团队、与投资人、客户、与供应商等各个团体沟通。"君子欲讷于言而敏于行"，但对创业者而言，既要敏于行，又要敏于言。对客户，需要简洁明了地介绍自己的产品或者服务，对团队成员，需要准确表达自己的想法和指示，能够让团队及时准确、清晰地了解自己的意图，词不达意，不利于创业项目的执行。

▶ 整合能力

整合能力是创业的本质属性，也是创业者必备的核心能力之一。创业过程就是资源聚集与整合的过程——整合创业资金，整合优质产品，整合推广渠道，整合各类人才，整合社会各类资源。在创业的进程中，资源整合的能力要比个人的专业知识、素质都重要。比如马云和刘强东均是文科背景出身，就不是电子商务或者互联网方面的专家，但两人最大的长处就是整合资源，挖掘最能胜任的人和团队去争取最大成功。

▶ 决策能力

创业过程中有很多选择，需要做出很多决策。特别是创业决策，往往缺乏成熟企业的决策条件,如充分的信息、严格的调查、严谨的过程,创业很多时候需要在危机时刻或紧要关头当机立断,决策的风险性在创业过程中体现得尤为突出。从一定意义上讲,创业的风险和收益的大小是成正比的,风险大,成功了,得到的利益也越大,收益就是对人们所承担风险的补偿。一点风险都不敢冒的决策,绝不能算高明的、卓有成效的决策。这也正是创业的独特魅力和吸引力所在,也是为什么创业投资又被称作"风险投资"的原因所在。

▶ 执行能力

创业不仅需要"想",更要"做",创业不仅要有梦想、有计划,更要有行动、付诸实践。在创业执行中,尤其需要克服拖拉作风,这是创业的大敌。做事拖拉好像是人类的共性,美国有心理学研究表明,90%的美国大学生有做事拖拉的倾向,总喜欢把事情拖到最后,非到最后一刻才拼命抱佛脚,仓促赶工。创业的机会往往十分宝贵、稍纵即逝,拖拉的做事风格往往导致低质量的工作效果,甚至因为无法在最后的期限完成指定的任务而一次次失去成功机会。

已经了解了创业者所需具备的素质与能力,那么想要创业的你可能会想:创业能力是否可以提升呢?答案当然是肯定的。具体方法如下:

学生期间的创业实践是提高创业素质与创业能力的重要途径。实践能力是创业者创业的最重要的能力,特别是准备创业的大学生,在学习到一定知识的同时,进行创业实践能力的锻炼对走向社会进行创业活动具有重要意义。

1. **参与创业计划竞赛**

创业计划竞赛是由参赛者组成优势互补的竞赛小组,提出一项具有市场前景的技术产品或者服务。围绕这一产品或服务,以描述公司的创业机会,阐述创业公司把握这一机会的进程,说明所需要的资源,揭示风险和预期回报,并提出行动建议,以获得风险投资家的投资为目的,完成一项完整、具体、深入的商业计划,并通过书面和口头答辩接受来自银行、风险投资咨询公司以及会计师、律师等专业人士的严格评估,从中选出具有市场前景的项目,由投资家进行投资的比赛。

积极组织学生参加校园创业构思及校内外创业计划大赛活动,这是创业构思和创业项目的重要来源,也是争取项目投资的重要机会。现阶段许多机构都在举行创业计划大赛,这不但有利于激发他们的创业意识、培养他们的创新能力,还会促进一些创业构思的诞生,有利于创业计划的实施。

2. **校园练摊,为自主创业积累核心能力**

良好的专业技术能力和较高的人文素质往往构成所创办企业的核心能力。在校学习期间,当你掌握了一定的专业技术能力之后,可以小试锋芒,在校园进行创业的实践锻炼。这样既可以锻炼专业技术能力,又可以发现不足,促进和改进自己的学习。例如,学习经营管理的学生可以开一个服务型的贸易公司;学习广告、传媒专业的学生可以开网络广告公司。只要有了经验，毕业后很快就会打开局面。

3. 有偿性和见习性的创业实践

大学生可以利用假期时间和家人、朋友或同学合伙创业，也可以独立投入一点小资本进行经营活动、参与家庭或他人的创业活动、到小企业从事有偿性创业实践等。这是丰富大学生创业经验和提高创业能力的重要途径。

4. 模拟性创业实践

在校生由于时间、精力、资本的有限性，为了培养创业意识和提高创业能力，可以参加创业实践情景模拟，进行有关创业活动的情景体验。如应聘雇员的面试、产品推销等实践活动；参加 ERP 企业经营沙盘模拟竞赛，通过在模拟企业中担任角色，体验企业经营与团队合作。

5. 参与大学生科技比赛

大学生可以参与大学生科技比赛等创新实践活动，这是大学生创业实践活动的重要组成部分。参与此类活动有助于学生增强科研创新意识、提高科研创新能力，为大学生创业奠定良好的技术基础，并且通过参加竞赛的系列培训和相关活动环节深化创新认识，挖掘创新潜能，培养创新能力，提高创新素质。

6. "创业周末"限时特训

创业是个实践性、操作性极强的行为，如同在水中才能学会游泳，创业不能只满足于课堂学习创业知识、参加创业大赛模拟等，更要能够投入真正的"商战"中，在创业实践过程中学会创业。执行力的关键是对任务的限时完成，"创业周末"训练有创业意愿的同学在 48 小时或者 72 小时内组成自己的团队，就某个创业主题开展封闭式、爆发式的讨论，在专门导师的指导下最终使自己的创业想法变为现实。实践表明，这种在一定时间限定内迅速激活创意想法并马上落实的形式，对训练创业者的执行能力、克服拖拉习惯有显著成效。

7. 电梯演讲

假设有一天创业者在乘坐电梯时遇见了重要客户或者投资人，在电梯运行的短短几十秒时间里，创业者能否抓住这个宝贵的时机，在最短的时间里言简意赅地讲述清楚自己的创业计划，引起客户或者投资人的浓厚兴趣和高度重视呢？源于这样的情景假设，诞生了电梯演讲这个训练形式。电梯演讲的参与者进行 60 秒的演讲，锻炼参与者抓住重点、善于归纳、直击主题、直奔结果，极大地提高口头表达能力，同时现场嘉宾、观察员、观众与参赛选手互动，相互启迪，打通从创意、创新到创业的思维通道。

2.3 创业评估

尽管以上详述了创业动机、创业者素质和能力的内容，想要创业的你还是会疑惑：我究竟适合不适合创业呢？没关系，本章【创业修炼】部分的三个测试能够帮助你做出决定。

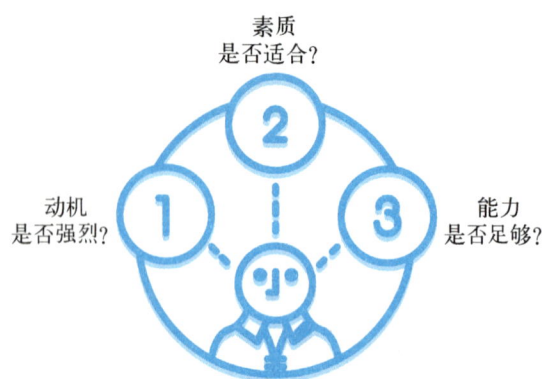

 要点回顾

➤ 通常的创业动机有：做自己的老板、渴望实现自己的创意、渴望获得经济回报以及希望改变社会。

➤ 创业者一般的素质可以从心理、行为和知识三方面进行概括。其中，心理方面包括成就需要、控制欲、自信、敏感好奇、风险承担倾向；行为方面包括勤学好问、执着、灵活应变、吃苦耐劳、脚踏实地与雷厉风行；同时，创业者需要具备坚实的基础知识、广博的专业知识以及对知识进行更新与完备。

➤ 创业者需要具备六大能力，分别是领导能力、学习能力、沟通能力、整合能力、决策能力和执行能力。

案例体验

这部分对应"2.2 创业者素质与能力"部分。

马云取得成功的 7 种方式

马云的成功之路，就像是一部童话。虽然在语言学习方面有着异常的天赋，但是他在数学方面糟糕的表现让他付出了很大的代价。由于数学考试的超低分，他连续两年高考失利。他曾经报考志愿，希望成为一名警察，但是最终以失败结尾；他曾经报考过哈佛大学，依然失败；他还曾经去肯德基申请过工作，不出所料，还是失败。

正是这许多失败的经历，让马云做好了准备，并且最终成为这个时代最成功的创业者之一。如今马云的电商企业已经在纽约证交所完成了IPO，募资250亿美元，该公司的估值也接近了2 000亿美元。福布斯的数据显示，马云的个人资产已经接近了200亿美元。

在最近的一次采访中，马云分享了他取得成功的7种方式：

1. 多次失败后仍然不放弃

大学刚毕业，我申请了30份工作，但是都被拒绝了。我曾经想过当警察，但是面试者说我不够优秀,那时一共5个人面试,他们录取了4个人,我是唯一一个被拒绝的。当肯德基刚进中国的时候,我去面试,一共有24个人参加面试,他们录取了23个,我又是唯一一个被拒绝的。我还曾经10次申请过哈佛大学,但是都被拒了。

2. 用颠覆传统的方式学习新技能

在我12岁的时候,我爱上了学习语言。那个时候我找不到太多学习英语的书籍,于是就经常去杭州的香格里拉酒店,那里有很多外国客人。我每天早上都会为这些外国人提供免费的导游服务,并且让他们教我说英语,这样的日子我坚持了9年。我是一个100%的中国人,但是那些外国游客打开了我的思想,他们跟我说的一切都与我在中国的学校以及我父母那里学到的有很大的不同。

3. 相信信任重于一切

在过去的14年间,我们所做的一切都来源于信任系统。今天的人们彼此之间缺少信任感,每个人都想着:"这个人在撒谎。"然而如今我们每天的电子商务交易次数达到了6 000万次。电子商务平台上的人们彼此并不认识,但是他们之间去进行商品和货款上的往来,完全是出于信任。每天,信任都在发挥6 000万次的作用。

4. 承担起了领导者的责任

我曾经与银行进行过协商,但是没有任何一家银行想要这样做。如果我推出一个支付系统,那么它会打破现有的财政法律,除非你先获得执照。而如果我不这么做,电子商务又无法继续发展。如果政府不喜欢这个东西,而要把某人送进监狱,那就把马云送到监狱里吧。因为网上支付系统对于中国乃至世界来说都如此重要,它将会建立起一个信任系统。很多人都曾经对我说,支付宝是我听过最愚蠢的东西。但是我并不在乎它是否愚蠢,只要有人用就行。如今有8亿人在使用支付宝。

5. 即使被称为疯子,依然继续前行

在1999年和2000年的雅虎时期,人们说马云是个疯子。他在做的是别人不理解的事情。很多人说风投给我钱就是因为我奉行的是美国模式。然而在阿里巴巴内部,我们并不是这样。我记得《时代》杂志第一次报道我的时候,他们将我称为疯狂马云(Crazy Jack)。但是我觉得疯狂挺好,我们很疯狂,但是并不愚蠢。话说回来,如果当时有人认同我们,相信我们的创意很优秀,也许我们就没有机会取得今天的成就了。

6. 相信平衡是美德

太极是一种哲学,由一阴一阳构成,它的主旨就是平衡。人们说我在与eBay竞争,而我不这样认为。我并不是在与他们竞争,而是在将太极这种哲学用在商业上:冷静,你总能够找到出口。保持自己的平衡,竞争很有趣,商场其实并不完全等同于战场。就算把你打死,我也不一定能够获得胜利。太极给了我许多的启示。

7. 雇用了许多女性员工

阿里巴巴成功的秘诀之一,就是我们有许多女性员工,大约占全部员工总数的47%。所有高级管理人员中,33%为女性;绝对高层中,24%为女性。在与她们一起工作的过程中,我感到非常舒服。在这个世界上,如果你想在21世纪获得成功,女性将会发挥非常重要的作用。我发现女性相比于关心自己,她们更愿意为他人着想,对用户也更友好。

资料来源:创业邦,《马云取得成功的7种方式》,《商》,2015(26)。

思考题

1. 对照案例中马云所提出的创业成功的 7 种方式,分析其在创业过程中的重要性。
2. 通过案例,反思自己在个人素质和能力方面的弱点。填写下表,并努力做到。

填写规则:参考范例,在左边一栏写出你认为自己在个人素质和能力方面的弱点,右边一栏写出克服弱点的方法。

表 2-2　　　　　　　　　　　弱点与改变

弱　　点	改　变　办　法
不善交际	每天尝试与一个陌生人沟通
不敢冒险	谨慎是优点,只是我们什么也没有
不自信	相信自己,相信别人

自我评估

这部分对应"2.3 创业评估"部分。创业者在进行创业评估时,应以个人经历的评估和自我评估为基础,对其创业倾向进行测试评估。因此自我评估包括以下三个方面:

- 创业者个人经历评估
- 创业者自我评估
- 创业倾向测试

◇ **创业者个人经历评估**

下面的练习将帮助你对自己进行评估,制定出个人创业战略。练习者应该积极思考,以挖掘其所包含的价值。[①]

步骤一:检验你的个人偏好

有什么事情让你精神振奋?为什么?这些因素可以是学习上的,也可以是学习之余的。(请完成下列表格)

力量的源泉	原　　因

---

① 李文忠主编:《创业管理——案例分析·经验借鉴·自我评估》,化学工业出版社 2011 年版。

有什么事情让你精神不振(个人不满足感、焦虑、不满)？为什么？(请完成下列表格)

力量的源泉	原　　因

将上面列的各项排序(从最重要到最不重要)。(请完成下列表格)

精神倍增	打不起精神

在今后的20~30年，你想过的理想生活是怎样的？请讲述你理想的生活方式、工作方式、收入、朋友等，并说出有哪些方面吸引你，有哪些使你厌恶。

列出3个你最想进入的业务领域的共同属性和3个最不想进入的业务领域的共同属性。(请完成下列表格)

属性(打起精神干的业务)	属性(厌烦的业务)
理由	理由

请将这句话补充完整："我有朝一日/永远不想创办/收购一家自己的企业，因为……"并就已经出现的任何问题、见解和结论进行讨论。

步骤二： 考察你的个人历史

列出以下活动：
- ➢ 过去曾给你提供资金支持的活动(兼职、全职工作、财路)；
- ➢ 有利于你积累财富的活动(如为你的教育或兴趣爱好投资)；
- ➢ 你自己做过的事情(如动手建造什么东西)。
- • 讨论你为什么从事这些活动，影响你各项决策的具体因素是什么？

- 讨论你从中获得的对自己的了解,包括做自由职业者、管理他人和赚钱。
- 列出你负责过的具体任务、应用过的具体技能、领导过的人员数目。
- 列出参加过的运动,就每项运动列明是个人项目还是团队项目。
- 你从中得出什么教训和见解,这些对创业生涯会产生什么影响?
- 在做兼职工作中是否被解雇过或自己辞职过,列出原因,总结教训。
- 对你影响较大的那些人中,有哪些是自己做老板?有哪些独立从事某项专业工作(会计师等)?
- 从上述人员中你学到什么教训?他们面临的风险和回报是什么?
- 如果在公司工作过,列出你最喜欢的事和最不喜欢的事,说明原因。(请完成下列表格)

最喜欢的	原　因	最不喜欢的	原　因

从你的个人历史回顾中归纳出你认为属于创业者优势和劣势的各项因素。(请完成下列表格)

优　势	劣　势

◇ **创业者自我评估表**

下面将从 10 个方面对你进行测评:

每个方面会有若干测试项目,每个项目分 A、B 两栏;

如果 A 栏里的表述更符合你的情况,请在 A 栏相应项目左侧的空格里填写 2;

如果 B 栏里的表述更符合你的情况,请在 B 栏相应项目右侧的空格里填写 2。

自我测评要诚实:

本测评只针对你自己,测评结果可以不告诉别人;

本测评是为了展示真实的你,帮助你认识自己,因此要诚实。

1. 创办企业的动机

	A　栏	B　栏	
	我有一份工作	我没有工作	
	在决定创办自己的企业之前,我有一份好工作	在决定创办自己的企业之前,我没有一份好工作	

(续表)

	A 栏	B 栏	
	我从自己干过的每一份工作中都学到了一些东西,我发现工作很有意思	我工作只为挣钱,工作没有什么乐趣,我对工作兴趣不大	
	我想让我的企业成为我终生的事业	我想创业,是因为没有其他选择	
	我想拥有一家企业,这样能够为我的家庭提供更好的生活方式	我想创办企业是因为想取得成功,富人都有自己的企业	
	我坚信,我的成功与否更多地取决于自己的努力	我觉得一个人不论做什么,要想成功,都需要其他人的许多帮助	
	总 计		

2. 风险承受能力

	A 栏	B 栏	
	我坚信,要在生活中前进必须冒风险	我不喜欢冒风险,即便有机会得到很大的回报也是这样	
	我认为风险中也蕴含机会	如果可以选择,我愿意以最稳妥的方式做事	
	我只有在权衡了利弊之后才会冒风险	如果我喜欢一个想法,我会不计利弊地去冒险	
	即使投资于自己企业的资金亏掉了,我也愿意接受这样的现实	投资于自己企业的资金可能会亏掉,我难以接受这样的现实	
	不论做任何事,就算我对这件事有足够的控制权,我也不会总是期待	我喜欢完全控制自己所做的事情	
	总 计		

3. 坚韧不拔和处理危机的能力

	A 栏	B 栏	
	即使面对极大的困难,我也不会轻易放弃	如果存在很多困难,真的不值得为某些事去奋斗	
	我不会为挫折和失败沮丧太久	挫折和失败对我的影响很大	
	我相信自己有能力扭转局势	一个人能自己做的事情是有限的,命运和运气起很大的作用	
	如果有人对我说不,我会泰然处之,并会尽最大的努力改变他们的看法	如果有人对我说不,我会感觉很糟,并会放弃这件事	
	在危机情况下,我能保持冷静并找出最佳的应对办法	当危机升级时,我会感到慌乱和紧张	
	总 计		

4. 家庭支持

	A 栏	B 栏	
	我会让家人参与对他们产生影响的企业决定	我不会让家人参与对他们有影响的企业决定	
	因为对企业的全心投入,使我不能花很多时间和家人在一起,他们会多理解我	因为对企业的全心投入,使我不能花时间和家人在一起,他们会感到不快	
	如果我的企业最初不是很成功,并且给家人带来经济上的困难,他们愿意忍受	如果我的企业最初不是很成功,并且给家人带来经济上的困难,他们会很生气	
	家人愿意帮助我克服企业遇到的困难	家人可能不愿意或没有能力帮助我克服企业遇到的困难	
	家人认为我创办企业是个好主意	家人对我创办企业感到担心	
	总 计		

5. 主动性

	A 栏	B 栏	
	我不惧怕问题,因为问题是生活的组成部分,我会想办法解决每一个问题	我发现解决问题很难,我害怕这些问题,或者干脆不想它们	
	当我遇到困难时,我会尽全力去克服困难。困难是对我的挑战,我喜欢挑战	当我遇到困难,我试图忘掉它们,或等待其自行消失	
	我不会等待事情发生,而是努力促使事情发生	我喜欢随波逐流并等待好事降临	
	我总是尝试做一些与众不同的事	我只喜欢做我擅长做的事情	
	我认为所有的想法可能都会有用,因此,我会寻求尽可能多的想法,并看其是否可行	人会有很多想法,但是一个人不可能做所有的事情。我愿意坚持自己的想法	
	总 计		

6. 协调家庭、社会和企业的能力

	A 栏	B 栏	
	在企业能够承受的范围之内,我从企业拿出钱来供我和家人使用	我的家人需要多少钱,我就从企业拿出多少钱	
	如果我的朋友或家人有经济困难,我只会用预留给我个人的钱来帮助他们。我不会从我的企业拿钱	如果我的朋友或家人有经济困难,我将帮助他们,即使这样做可能会损害我的企业	
	我不能把大量的工作时间花在家人和社会关系上而忽略我的企业	我会优先考虑家人和社会关系,他们高于企业	
	家人和朋友必须像其他顾客一样,为使用我的产品、服务或企业的资产付钱	家人和朋友将从我的企业得到特殊的好处和服务	
	我不会因为顾客是我的朋友或家人就可以赊账	我会常常让我的朋友和家人赊账	
	总 计		

7. 决策能力

	A 栏	B 栏	
	我能够轻松地做决定，我喜欢做出决定	我发现做决定很难	
	我能独立做出艰难的决定	在我做出艰难的决定之前，我会征求很多人的意见	
	一旦需要做出决定，我常能尽快地决定做什么	我尽可能长地推迟做决定的时间	
	在做决定之前，我会认真思考并考虑所有可能的选择	我凭感觉和直觉做出决定，我只知道眼下要做什么	
	我不怕犯错误，因为我可以从错误当中吸取教训	我经常担心会犯错误	
	总 计		

8. 适应企业需要的能力

	A 栏	B 栏	
	我只提供顾客需要的产品或服务	我只提供自己喜欢的产品或服务	
	如果我的顾客想要更便宜的产品或服务，我将想办法满足他们的需求	如果我的顾客想要更便宜的产品或服务，他们只得找其他的企业	
	如果我的顾客想赊购，我会想办法用最低的风险为他们提供赊购服务	我不会向任何人赊销我的产品或服务	
	如果将企业迁到其他地方生意更好，我准备这样做	我不准备重新选择企业地点，我的企业在哪里，顾客和供货就必须到哪里	
	我将研究市场趋势，并力图改变工作态度和方法，以跟上时代的发展	最好按照我已经知道的方法去工作，跟上时代的发展太难了	
	总 计		

9. 对企业的承诺

	A 栏	B 栏	
	我善于在压力下工作，我喜欢挑战	我不善于在压力下工作，我喜欢平静和轻松	
	我喜欢每天工作很长时间，我不介意占用业余时间	我认为工作以外的时间很重要，人不能长时间工作	
	我愿意为自己的企业而减少与家人及朋友在一起的时间	我不愿意为自己的企业而减少与家人及朋友在一起的时间	
	如果必要，我可以把社交活动、休闲娱乐和业余爱好放在一边	我认为在社交活动、休闲娱乐和业余爱好上多花时间是很重要的	
	我愿意非常努力地工作	我愿意工作并做必须做的事情	
	总 计		

10. 谈判技巧

A 栏	B 栏	
我喜欢谈判,并且经常在不冒犯任何人的情况下达到目的	我不喜欢谈判,按照别人的建议去做更容易	
我与别人沟通得很好	我与别人沟通有困难	
我喜欢倾听别人的观点和选择	我对别人的观点和选择一般不感兴趣	
谈判时,我会考虑什么对自己有利,什么对别人有利	如果参加谈判,我更愿意作为一个听众并旁观事态的发展	
我认为,在谈判中达到目的最好的方法,是努力寻找一个使双方都受益的方案	因为企业是我的,所以我的意见最重要。谈判中总有一方会失败	
总 计		

表 2-3　　　　　　　　　　测评结果统计表

素质/能力	A 栏总分	B 栏总分
1. 创办企业的动机		
2. 风险承受能力		
3. 坚韧不拔和处理危机的能力		
4. 家庭支持		
5. 主动性		
6. 协调家庭、社会和企业的能力		
7. 决策能力		
8. 适应企业需要的能力		
9. 对企业的承诺		
10. 谈判技巧		
总 分		

测评结果说明:

- 对每个测评项目而言:

A 栏得分越高,表明你在这个方面能力越强。如果你的分数在 6～10 分,说明你在这个方面能力较强。

B 栏得分越高,表明你在这个方面能力越弱。如果你的分数在 6～10 分,说明你在这个方面能力较弱,应努力提高自己。

- 对总分而言：

A栏总分≥50分的，表明你越具备做一个好企业主所需的素质；分数越高，表明你的素质越强。

B栏总分≥50分的，表明你需要对自己进行提高；分数越高，表明你目前的素质越弱。

◇ **创业倾向测试**①

从下列32组句子中，选择最能反映你个人观点的表述：

1. （A）一定要完成工作。
   （B）我喜欢与优秀的朋友在一起，这样我能够获得他们对我工作的见解和建议。
2. （A）当我的责任增加时，我会感到更加快乐。
   （B）我喜欢把什么事情都事先安顿好。
3. （A）我绝不做任何可能使自己受损失的事情。
   （B）理解如何赚钱是创业的第一步。
4. （A）不管是多好的事情，如果这件事情的失败可能使我招致嘲笑，我就不会冒险去做。
   （B）除工作之外，我还记挂别人的安康。
5. （A）我会为自己开创的任何专业而努力。
   （B）我只会做那些使我开心并有安全感的事情。
6. （A）如果我失败了，别人会嘲笑我。
   （B）尽管我对自己很有信心，我还是需要别人的建议。
7. （A）在遇到困难时，我要找到解决的方法。
   （B）如果在新开创的事业中失败，我会继续目前的工作。
8. （A）如果我觉得这个想法是一个好主意，我就会去实践这个想法。
   （B）我能够比现在做得更好。
9. （A）工作时，我会注意维系良好的人际关系。
   （B）不管发生什么事，都是我从这些经历中学习的机会。
10. （A）即使我的努力失败了，也能从中学到东西。
    （B）我喜欢舒适的生活。
11. （A）我只会投资比赛或彩票，总有一天幸运会落在我头上。
    （B）如果我在工作中失利，我会努力找出原因。
12. （A）我会尊重我的员工，我对他们一视同仁。
    （B）如果能有更好的工作，我就会离开现在的工作。
13. （A）在实施一个新的想法之前，我会慎重考虑。
    （B）如果我的叔叔去世，我会先去参加葬礼，即便这会导致公司订单延误多天。
14. （A）只有当我拥有资本时，我才能够发展一个事业。
    （B）我希望我能够自己做出重要决定。

---

① 乔治·马努著：《大学生KAB创业基础》，高等教育出版社2007年版。

15. (A) 当别人的好意和信任被背叛时,我不会坐视不理。
    (B) 如果事情没有按照我的想法发展,我会寻求其他的替代机会。
16. (A) 我可以犯错误。
    (B) 我非常喜欢与朋友谈天。
17. (A) 我希望我的钱能够安全地存到银行里。
    (B) 我完全认可我的工作,同时我也了解它的劣势。
18. (A) 我希望能够拥有很多钱,从而过上舒适的生活。
    (B) 在做决定时,我希望能够得到别人的帮助。
19. (A) 人们应该首先照顾好自己的亲人和朋友。
    (B) 我喜欢解决难题。
20. (A) 即便可能损害自己,我也不会做让别人不开心的事情。
    (B) 钱是事业发展的必需品。
21. (A) 我希望我的事业能够很快地发展起来,这样就不会遭遇经济紧张的困境。
    (B) 不能因为不成功就去责备自己。
22. (A) 我应该能够独立地按照自己的想法做事。
    (B) 只有为自己的未来积累了一大笔钱后我才会幸福。
23. (A) 如果我失败了,那主要是由于别人的错误造成的。
    (B) 我只会做那些让我感觉舒服且令我满意的事情。
24. (A) 在开始一份工作之前,我会认真考虑它是否会对我的声誉造成不利的影响。
    (B) 我希望自己能和别人一样,也买得起昂贵的东西。
25. (A) 我希望能够有舒适的房子住。
    (B) 我会从失败中吸取教训。
26. (A) 在做任何工作之前,我都要考虑它的长期影响。
    (B) 我希望每件事情都能按照我的想法进行。
27. (A) 金钱能够带来舒适,所以我的主要目标在于赚钱。
    (B) 我希望在能够经常见到朋友的地方工作。
28. (A) 我了解自己正在做什么事,我不怕受到别人的批评。
    (B) 如果我失败了,我会觉得自己非常差劲。
29. (A) 碰到困难是常有的事,我应该尝试去做一些好的新工作。
    (B) 在开始新工作之前,我会采纳有经验的朋友们的建议。
30. (A) 我的所有经历都会激励我前进。
    (B) 我希望能有很多钱。
31. (A) 我喜欢每天从容不迫、万事顺利,没有任何烦恼。
    (B) 不管遇到多大的障碍,我将努力达到目标。
32. (A) 我不喜欢别人无故干涉我做事。
    (B) 为了赚钱,我可以做任何事情。

测验评分:在每组中选择"A"或"B",根据表 2-4 中所列的分数将每题所得分数相加,然后算出总分,对照结果。

表 2-4　　　　　　　　　　评 分 标 准

分　　数	分　　数	分　　数	分　　数
1. A=1　B=2	9. A=1　B=2	17. A=0　B=2	25. A=1　B=2
2. A=2　B=1	10. A=2　B=1	18. A=1　B=0	26. A=1　B=1
3. A=0　B=1	11. A=0　B=2	19. A=0　B=2	27. A=1　B=1
4. A=0　B=1	12. A=1　B=1	20. A=1　B=1	28. A=2　B=0
5. A=2　B=1	13. A=2　B=0	21. A=1　B=0	29. A=0　B=1
6. A=0　B=2	14. A=1　B=1	22. A=1　B=1	30. A=2　B=1
7. A=2　B=0	15. A=1　B=1	23. A=0　B=2	31. A=1　B=2
8. A=1　B=2	16. A=2　B=1	24. A=1　B=1	32. A=1　B=0
总　分：			

结果：0～25分＝不具有创业性；

　　　26～36分＝中立；

　　　37～47分＝具有一定的创业性；

　　　48分以上＝非常具备创业性。

➤ 将案例体验中的"弱点与改变"表格打印出来，每天坚持改变方法，尝试3周，说说你的改变。

➢ 说说你尝试了游戏仿真中的哪些活动,对自己有什么帮助?

参与的活动:

具体帮助:

➢ 认真参照每一个自我评估,看看自己是否适合创业,有哪些适合创业的优点,并尝试对自己做一个深度的分析。

3

机会识别能力

本章精要

　　本章以产生创意—形成机会—机会评估为主要思路阐述了创业中机会识别与测试的过程。第一部分解释了什么是机会以及机会的特征;第二部分结合案例和练习提出了三个创意产生的方法;第三部分说明了从创意到机会的过程;第四部分提供了机会评估的一些标准和方法,供大家参考。

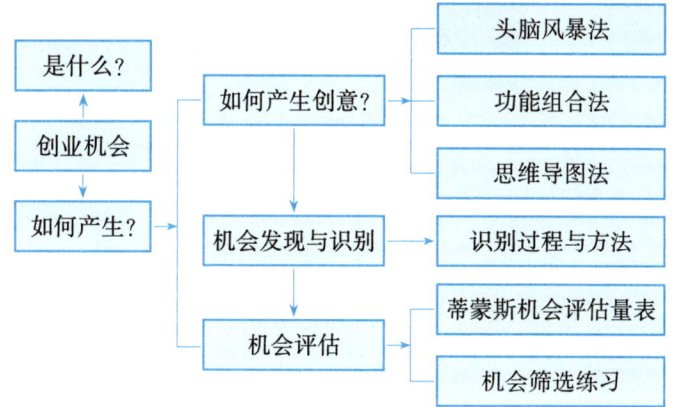

学习目标

1. 了解创业机会的含义和特征。
2. 了解创业机会的产生过程。
3. 掌握创意产生方法。

4. 掌握机会发现与识别的过程及方法。
5. 尝试根据蒂蒙斯机会评估量表对创业机会进行评价。

开篇阅读

北京巨鲸肚黑暗餐厅

巨鲸肚黑暗餐厅（The Dark Restaurant）的名字源于一部名为《巨鲸历险记》的童话故事,讲述的是一个不幸遭遇海难的小男孩,在海上飘荡时被一条巨鲸吞入腹中,并在巨鲸的肚子里生活的冒险经历。最早的黑暗餐厅由瑞士苏黎世的一位盲人牧师于1999年创办,创办的目的是为了替盲人同胞提供就业机会。

北京的"巨鲸肚黑暗餐厅"位于国贸建外 SOHO。这种黑暗餐厅开设的初衷是让顾客忽略食物的样子而专心体会食物的味道,但是从黑暗中走出的人们似乎没有谁把注意力放在食物的味道上,大家津津乐道的都是摸黑吃饭这种奇特的感受。

餐厅真容从不示人

餐厅外观为全黑色,内部几乎也没有光线。餐厅只在打扫卫生时亮灯,而且从不对外人开放。因为如果有外人知道餐厅里面的模样,那餐厅迟早会丧失它的神秘感。黑暗餐厅只有安全方面的投入大于普通餐厅。为了确保安全,黑暗餐厅内设有全方位的红外线录像检测仪、独特的照明应急设备和更便捷的紧急出口,而这些都需经政府监管部门严格审批。

闭着双眼享受黑暗美食

进入这家完全黑暗的餐厅内后,每个用餐的顾客都被要求戴上一个巨大的围兜,以防止食物和饮料溅洒在衣服上。他们首先来到唯一有光亮的位于餐厅中央的集体点餐柜前,在昏黄的灯光下点餐。点餐完毕后,客人须由佩戴夜视镜的侍应生引导,顾客们便将手搭在戴着军用夜视镜的服务人员肩膀上,经由盲道慢慢地踱步至大厅内,进入伸手不见五指的餐区,开始享受黑暗美食。

顾客都被禁止使用带有亮光的物品,包括手机、带有闪光灯的照相机、点燃的香烟和带有夜光功能的手表。而戴着沉重军

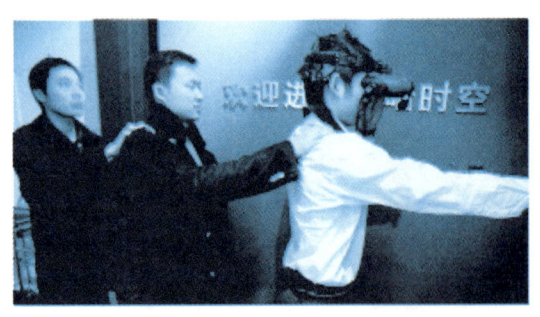

用夜视镜的侍者则恭敬地站在一旁,随时为身处黑暗的顾客提供服务。

资料来源:http://www.baike.com/wiki/巨鲸肚黑暗餐厅?prd=citiao_right_xiangguancitiao.

视频地址:http://v.youku.com/v_show/id_XMTAyMjg1NjQ=.html?from=s1.8-1-1.2.

也可扫下方二维码手机观看视频:

结合文字资料与视频,根据自己对"创业机会"的理解,判断巨鲸肚黑暗餐厅是否属于创业机会,并说明理由。(10分钟)

创业活动离不开机会,创业活动包含了机会识别和机会开发两大部分。识别机会是创业者启动创业活动并创造价值的前提。机会是创业的核心要素,创业离不开机会。机会是一种隐含的状态或情形,感知到机会会产生创意,但并不是所有的创意都适合创业而成为创业机会,不同的创业机会价值也不同。而且同样的机会,不同的人看到的会不同,让不同的创业者来开发,效果也会差异巨大。创业的实质是具有企业家精神的个体对具有价值的机会进行挖掘、开发、利用的过程。

3.1 什么是创业机会

◇ **本节目标**
了解创业机会的含义和特征。

所谓创业机会(或创业商机),是指有吸引力的、较为持久的和及时的一种商务活动的空间,是一种满足未满足的有效需求的可能性。它最终表现在能够为消费者或客户创造价值或增加价值的产品或服务之中。

奥地利经济学派认为创业机会与商业机会的根本区别在于利润或价值创造潜力的差异,创业机会具有创造超额经济利润的潜力,而其他商业机会只可能改善现有利润水平。

创业机会的特征有:

(1) **有吸引力**:它必须代表一种顾客渴望的未来状态。

(2) **可利用性**:依附于为买者或终端用户创造或增加价值的产品、服务或业务,即解决用户某个"痛点"。

(3) **及时性**:必须抓住机会。

(4) **持久性**:它必须处在一个持续放大的蓝色下。

▶ **小知识**

机会之窗:指商业想法推广到市场上去所花费的时间,若竞争者已经有了同样的思想,并把产品推向市场,那么机会窗口就关闭了。

3.2 创业机会如何产生

◇ **本节目标**
了解创业机会的产生过程。

图 3-1 描述了创业机会产生的典型过程。处于三角形最底端的是创意,创意是一种新的想法、新的意图,生活中只要是具有吸引力的事物,都能产生创意,因此创意的数量是最多的;同时,创业机会来源于创意,因此创意又是万万不可缺少的。当然,不是所有的创意都能转化为最终的创业机会,我们要根据可利用性、及时性和持久性这三方面的要求对创意进行筛选,选出潜在有用并能产生经济价值的创意,这是创业的潜在机会。最后,还要对内外部资源进行分析,确认个人的创业动机,以保证潜在机会能够为我所用,成为真正的创业机会。

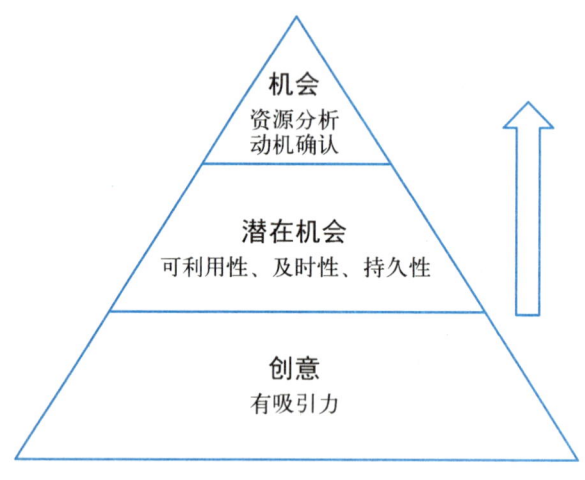

图 3-1 创业机会产生示意图

我们已经知道,虽然创意最终能否成为创业机会还要经过层层筛选,但没有创意是万万不可的。既然创意这么重要,那么我们该如何激发创意呢?这里我们将介绍四种创意产生的方法。

▶ **头脑风暴法**

头脑风暴法是一个非结构化的过程,在一个有限的时间内,通过小组成员的自发参与,针对某个问题产生几乎所有可能的创意,讨论一般没有明确限制集中的主题,而是只有一个大致的、较宽的领域,这将十分有利于参与者发挥他们的想象力。问题陈述准备好以后,就可以挑选 6~12 名具有不同知识背景的小组成员。头脑风暴法的运用一般应该遵循以下四个原则:

(1) 小组中的任何成员都不允许批评——讨论中没有负面评论;
(2) 鼓励随心所欲——越放任,构思越巧;
(3) 希望产生大量的构思——构思越多,好的构思出现的概率越大;

(4) 鼓励对构思进行组合和改进——其他人的创意可以被用来促进产生新的创意。

第一步：让同学拿出纸和笔，做好准备，到教室外。选择一个附近的地点，同学集合完毕后，让他们告诉老师他们看到了什么。他们一般会说"草""树""建筑""天空"之类的事物。

第二步：现在，让他们环顾四周，观察周围一切事物，并尝试想出尽可能多的相关公司。有时，给他们最初看到的事物相关的例子会很有帮助。例如，如果他们表示看到了树和草，你就可以暗示这涉及培养草籽的公司、割草的景观公司以及种植花草树木的苗圃等。

给同学们 5 分钟确定公司。老师可以告诉同学们他们应该至少想出 20 个、50 个甚至更多，以激发他们思考。同学们通常最多想出 40～50 个公司。

回到教室，让同学们数一数他们想出了多少公司。可以给想出最多公司的学生一个奖励。

第三步：选几个同学告诉班里其他人他们确定的公司，并把这些公司写在黑板上。老师可以让学生思考与此相关以及提供支持的其他公司，这样能进一步激发他们。

第四步：让同学们配对并从他们的公司清单中选出一家公司，要求他们想出能让该公司发展得更好或与众不同的方法。这时，重要的是鼓励学生不要受限于他们所认为的可能性，提醒他们可能有些技术他们并不了解，所以应该试着想出理想的方法。5 分钟后，选一组或两组同学分享他们的创意。

第五步：让同学们讨论其新概念对潜在顾客的价值，并想出确实能提供这种价值的方法，这有助于同学思考其顾客价值主张并回到现实中思考能提供这种价值的方法。举一个最初看起来不切实际的例子。例如，有的同学提出一个钥匙链创意，这种钥匙链可以让汽车消失然后重新出现，这样便不用找车位。你可以问他们这个新想法的价值是什么（减少找车位的时间），然后举例说明可以提供同样价值的众多方法（比如，可以展示日本停有几百辆车的自动车库的照片——车钥匙可以给车库发出取信号，并存储关于车位信息的信号）。此时，以技术上切实可行的方法提供价值的创造性思维——不一定要在财力上行得通。

第六步：让同学们整理他们的创意并思考这些创意是如何改善人们生活的。这有助于同学们理解他们能否真正提供顾客想要的价值并思考公司在社会中的作用。比如，老师可以说沃尔玛通过提供更多的可支配收入提高人们的生活质量，或者星巴克通过提供聚会场所鼓励社交互动。这里的重点是让同学们从能否给顾客和社会带来价值的角度思考他们的公司，对其中的一些内容进行讨论。

重点：在最初的头脑风暴环节通常需要鼓励同学们思考相关的公司。老师一般会告诉同学，他们应该有能力在 5 分钟内想出至少 30 个不同的公司。这能帮助同学们集中注意力。

有时让同学们试着想出荒谬的想法（如钥匙链），这些想法对推动同学在进行练习前思考其创意所带来的价值具有重要意义。可以给同学展示一个最初看起来不切实际的创意,然后说明是如何通过现实可行的方法实现其中价值的。

<small>资料来源:Heidi M. Neck, Patricia G. Greene, Candida G. Brush,《如何教创业:基于实践的百森教学法》,机械工业出版社2015年版。</small>

▶ **功能组合法**

功能组合法将使用范围相同但功能各异的两种或多种现有产品作为组合项,根据各组合项在结构上的可共用性,将其不同的功能赋予一种新的结构,从而创造多功能新技术、产品的方法。

功能组合可以通过以下3个方面实现:(1)功能引申,如收录机到随身听再发展到复读机;(2)功能渗透,通过功能渗透使产品更加适应市场的需求;(3)功能叠加,如白加黑就是通过功能叠加造就了市场的奇迹。

功能组合法的操作模式如下:(1)确定使用范围;(2)选择组合项;(3)分析各组合项的结构特征;(4)设计组合方式;(5)提出新技术、新产品设计方案。例如,海尔的氧吧空调在创意上就是普通空调与氧吧的组合,氧吧空调通过向室内补充氧气,解决人们在密闭房间因氧气浓度过低引起的疲劳、困倦、大脑供氧不足、皮肤缺氧老化等问题,创造了空调市场上差异化的竞争优势。

功能组合的形式包括同类组合、异类组合、重组组合、共享与补代组合、概念组合、综合。

(1) 同类组合:它是若干相同事物的组合。同类组合的创造目的是,在保持事物原有功能或原有意义的前提下,通过数量的增加来弥补功能的不足或获取新的功能、产生新的意义,而这种新功能或新意义是原有事物单独存在时所缺乏的。如礼品盒,两支钢笔、两块手表(象征着友谊与爱情),子母灯以及将几百个微型彩色小电灯并联在一起(烘托节日气氛),双向拉链,情侣装等。

(2) 异类组合:是两种或两种以上不同领域的技术思想组合、两种或两种以上不同功能物质产品的组合。如塑钢门窗、钢筋混凝土、香味橡皮、音乐贺卡等。

(3) 重组组合:就是在事物的不同层次分解原来的组合,然后再按新的目标重新安排的思维方式。重组组合一般是在一种事物上实施,在组合的过程中不增加新的东西,在重组的过程中主要按预定的目标改变事物各组成部分之间的相互关系。如变形金刚式的万能自行车,再如吸尘器可以有垂直式、手柄式、并列式等。

(4) 共享与补代组合:共享组合是指把某一事物中具有相同功能的要素组合到一起,达到共享的目的。例如,不同的生活用品都用干电池,半导体收音机、电动剃须刀、手电筒、石英表等。补代组合是通过对某一事物的要素进行摒弃、补充和替代形成一种在性能上更为先进、新颖、实用的新事物。例如,门锁从挂锁、暗锁、弹子门锁、单保险锁、双保险锁、声控锁到指纹锁等的演变。

(5) 概念组合:就是以词类或命题进行组合。

(6) 综合:是各类组合的集大成者,它具有系统性、完整性、全面性和严密性,如阿波罗登月计划。

功能组合的方法包括主体附加法、二元坐标法、焦点法、形态分析法、信息交合法。

(1) 主体附加法：又称添加法、主体内插式法。它是指以某一特定的对象为主体，通过置换或插入其他技术或增加新的附件而使发明或创新诞生的方法。它的实施过程是：有目的地选出一个主体，运用缺点列举法，全面分析主体的缺点。运用希望列举法，对主体提出各种希望。考虑能否在不变或略变主体的前提下，通过增加附属物以克服或弥补主体的缺陷。考虑能否利用或借助主体的某种功能，附加一种别的东西使其发挥作用。

例如，笔记本是最常用的文化用品，销路不大。可是，以此为基础，附加其他的功能后，成为"万用手册"，集记事本、备忘录、时间管理、皮夹与钥匙袋、工作情报手册(地图、常用电话号码、区号等)。

(2) 二元坐标法：就是利用平面直角坐标系在两条数轴上标点(元素)，按序轮番地进行两两组合，然后选出有意义的组合物的创新方法。其中在设标志时，又表示无意义的联想，圈表示已实现的联想，三角表示有意义的联想，空白表示有疑问的联想。图3-2是一个简单的例子。

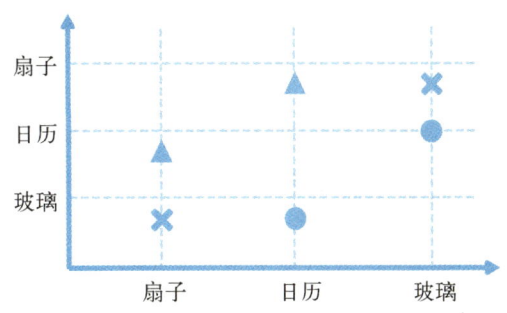

图3-2 二元坐标法示例

(3) 焦点法：是以一预定事物为中心、为焦点，依次与罗列的各元素一一构成联想点，寻求新产品、新技术、新思想的推广应用和对某一问题的解决途径。它的实施过程是：选择焦点，就是你所希望创新的事物，或者是准备推广的思想技术，将其填入中心圆圈内。列举与焦点无关的事物或技术；强行将中心圆与周围的小圆圈连接，得到多种组合方案；充分想象，对每种组合提出创造性的设想，最后筛选出新颖实用的最佳方案。

如玻璃纤维和塑料组合可以制成耐高温、高强度的玻璃钢，很多复合材料都是利用这种技法制成的。廉价餐厅、廉价打火机都是以薄利多销为焦点的[①]。

(4) 形态分析法：就是通过对研究对象相关形态要素的分列和重新组合，全面寻求各种解决问题方案的方法。

如为公园游人设计出新颖别致的小游船，首先分析独立要素——船的外形、动力、材料；找出每一独立要素的解决途径，材料可以选用木材、钢材、玻璃钢、塑料、水泥、铝合金、橡胶板等，动力可以采用划桨、脚踏螺旋桨、电动螺旋桨、明轮、喷水等，外形可以用鸳鸯、鹅、龙、画舫、鱼等，然后把这三种要素的各种再进行组合。

(5) 信息交合法：是根据课题的实际需要采用二元坐标法，母本轴、父本轴或以中心点按独立要素分别拉线，标出信息点进行组合，产生大量新观念、新方案、新技术、创造出更多新产品的方法。

如开发杯子新产品，确定本轴、父本轴。根据杯子新产品的要求，确定父本标X为杯

---

① http://leiv1115.blog.163.com/blog/static/92931224201212504914321.

子材质、确定母本标 Y 为杯子功能。分列信息，把材质分解为木质、陶瓷、玻璃、搪瓷、塑料、铜、银、金、钢、铝、水晶等，把功能分解为饮水、饮茶、饮酒、保温、量容积、看日历、净化、磁化、矿化、防毒、奏乐等。把 X 坐标上的每一个要素与 Y 坐标上的每一个信息交合，产生大量杯子新产品的组合方案。最后进行筛选，选出较优的方案有木质饮酒杯、防毒银质杯、奏乐水晶杯等。

雅客 V9 维生素糖果

维生素、糖果两者都是客观存在的事物（消费品），但是雅客 V9 将两者融合，摇身一变成为维生素糖果，创造了新的行业标准。那么由旧事物组合所产生出的新事物既然能成功——获得市场的认可，它就有一个深层次的指导规律：矛盾的统一。

(1) **商品消费情境的矛盾**

由于糖果和维生素本来是风马牛不相及的事物，因此消费者在使用其中之一时很少会在两者间产生联想。造成这种事实的原因就是消费情境的不同，具体体现在以下三个方面：

① 使用人群的区隔。维生素属于人体微量元素，谁都需要补充，谁都可以补充，因此这种产品几乎老少皆宜；糖果的受众一般是青少年（据传中老年人吃糖果会得糖尿病）。

② 使用目的的区隔。消费者使用维生素的目的很简单——补充人体必须的物质，保持健康；而青少年吃糖果则不同于前者，大部分人是爱上了它的口味。

③ 使用场合的区隔。虽然维生素和糖果都可以随时随地使用，但是由于 A 和 B 的存在（都是消费情境分解下的要素，并且三者都是相互联系的，存在一定的"决定"关系），因此使得二者的使用场合也具有了区隔性。

(2) **矛盾统一的原因**

无论是维生素还是糖果，都是用嘴吃的，因此统一上述矛盾的原因是源自人类自身的生理基础——消化道的存在。虽然维生素和糖果对消费者而言其使用的消化道部位不同——糖果使用舌头上的味觉，维生素使用大肠的吸收功能——但是不可否认，无论是维生素还是糖果，都是从"口"而入。

以上是对维生素和糖果组合出的新品类的分解，为了使上述分析能够进一步提炼成具有实践指导意义的理论思想，大家还必须清楚地认识矛盾统一后的实态"维生素糖果"的真正内涵。

维生素糖果既保留了维生素也保留了糖果，即将二者融合后并没有发生化学反应而使得维生素或糖果消失了。正由于"维生素糖果＝维生素＋糖果"，使得维生素糖果的消费情境，即使用人群、使用目的和使用场合分别是糖果和维生素的交集。

资料来源：http://www.795.com.cn/wz/61440_2.html。

表3-1列举了如何运用功能组合法强迫在纸张与肥皂之间建立联系。

表3-1　　　　　　　　　　功能组合法举例

元素：纸张和肥皂		
形式	关系/组合	构思/类型
形容词	像纸的肥皂	薄片
	像肥皂的纸	有助于旅行中的清洗和干燥
名词	纸肥皂	硬纸用肥皂浸渍，用来清洗外表
副词	上过肥皂的纸	订制成书册的肥皂
	肥皂湿纸	在涂抹和浸渍过程中
	肥皂清洁纸	墙纸清洁物

根据以上的例子，运用功能组合法建立书与茶叶之间的联系。

资料来源：郁义鸿、李志能、罗博特·D.希斯瑞克编著，《创业学》，复旦大学出版社2000年版。

▶ 思维导图法

思维导图是由世界著名的英国学者东尼·博赞发明的。思维导图又叫心智图，是把我们大脑中的想法用彩色的笔画在纸上。它把传统的语言智能、数字智能和创造智能结合起来，是表达发散性思维的有效图形思维工具[①]，也是创意产生的一种方法。使用思维导图时，我们以问题为核心，用简洁的词语或图片表达出来，再运用放射性思维，将所有有关问题的方面都囊括在内。

第1步，喷射式的发想

确定中心概念后，快速地在这个词四周的引线上写出前数个联想的单个关键词，不能停下来选词，要把进入脑海的第一个词写下来。这一点很重要，不要管这些词是否很荒诞，这往往是打破旧的限制习惯的关键。创造充分的"自由联想"的环境、过程。

第2步，深入联想

在写下的数个词当中的任何一个词中找到进一步的联想，把这个词作为卫星词，再做放射性联想。按照它放射的本质，每个加到思维导图上的关键词或图形都可以自成一体地产生无穷多的联想的可能性。常见的"联想"有逻辑联想和形象联想。

---

① http：//baike. baidu. com/link? url = cvbR3vyM6g _ P1YRMRpPmPiexK5phPUf5pK _ m2-WE2FecdM - GXlqR2qxTitxFSGCe_ xwKzvlwkud5VG2g57yIMwSlJ5eh - 12BlVUVquXriIpaAamy90M-DbZprumKBlGu.

第3步,寻找关联

暂停下来,仔细看所生成的众多想法,① 找出与众不同的新元素或令自己激动的亮点;② 在不同的枝节上,可能找到一定的联系,善于发现并把他们结合起来,可用不同颜色的笔标出来。

注意:

① 距离中心词越远的元素创新性越强;

② 两个元素的距离越远,一旦发生意义关联或形式关联,则创意越新。

第4步,提出方案,画草图

把有价值的想法提出来,结合、围绕要解决完成的题目做进一步联想、完善,提出创意方案,完成草图设计。

注意两个原则:

① 开发新元素原则(没被使用或没被引起注意的元素);

② 减法原则(用最少的元素、最简洁的方式表达创意)。

请以"手机"为中心词,根据以上四个步骤和提示,画出思维导图。

资料来源:http://wenku.baidu.com/view/8a4e12088e9951e79b8927be.html?from=search.

▶ 六顶帽思考法

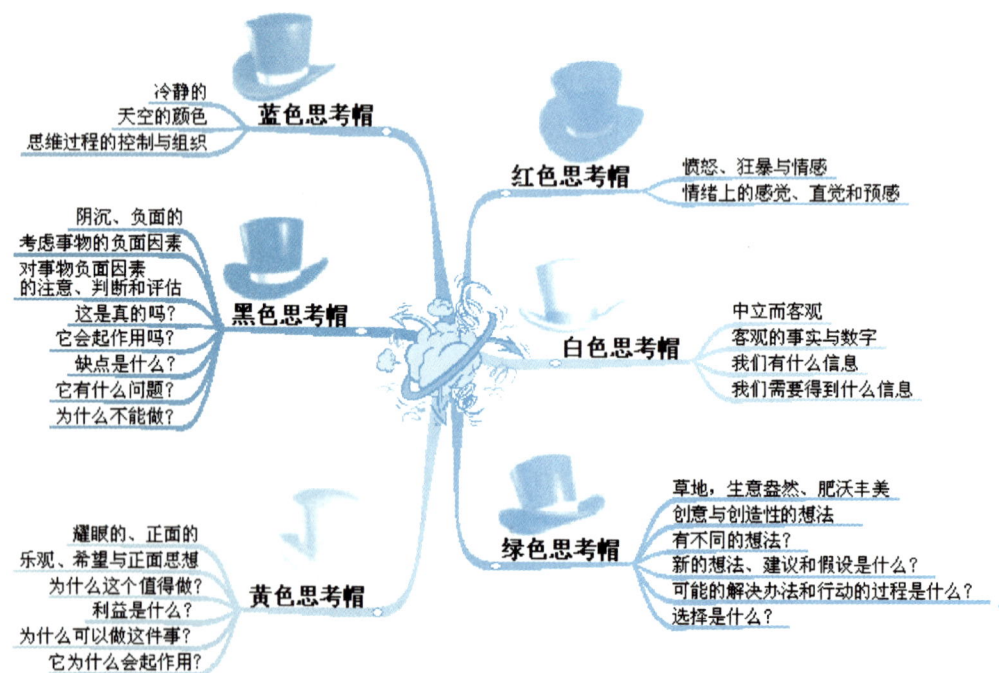

六顶思考帽是英国学者爱德华·德·波诺博士开发的一种思维训练模式,或者说是一个全面思考问题的模型。它提供了"平行思维"的工具,避免将时间浪费在互相争执上。强调的是"能够成为什么",而非"本身是什么",是寻求一条向前发展的路,而不是争论谁对谁错。运用波诺的六项思考帽,将会使混乱的思考变得更清晰,使团体中无意义的争论变成集思广益的创造,使每个人变得富有创造性。

在多数团队中,团队成员被迫接受团队既定的思维模式,限制了个人和团队的配合度,不能有效解决某些问题。运用六项思考帽模型,团队成员不再局限于某个单一的思维模式,而且思考帽代表的是角色分类,是一种思考要求,而不是代表扮演者本人。六项思考帽代表的六种思维角色,几乎涵盖了思维的整个过程,既可以有效地支持个人的行为,也可以支持团体讨论中的互相激发。

3.3 机会识别方法

◇ 本节目标
掌握机会发现与识别的过程及方法。

创业者常常会有这样一个疑问:明明我和他(其他某个成功的创业者)的创意是相似甚至相同的,为什么最终抓住创业机会并创业成功的人是他而不是我?这就涉及了机会发现与识别的问题。

创业机会是创业者与外部环境(机会来源)互动的过程,在这个过程中,创业者利用各种渠道和各种方式掌握并获取有关环境变化的信息,从而发现在现实世界中产品、服务、原材料和组织方式等方面存在的差距或缺陷,找出改进或创造目的—手段关系的可能性,最终识别出可能带来新产品、新服务、新原材料和新组织方式的创业机会。

3.3.1 机会识别过程

对个人而言,机会识别过程可分为5个阶段,如图3-3所示。垂直箭头表示,如果在某个阶段,某个人停顿下来或没有足够信息使识别过程继续下去,其最佳选择就是返回准备阶段,以便在继续前进之前获得更多知识和经验。

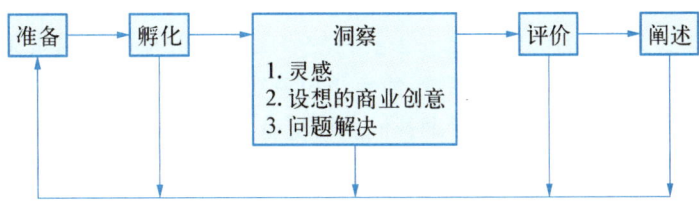

资料来源:布鲁斯·巴林格、杜安·爱尔兰等著,张玉利等译,《创业管理:成功创建新企业》,机械工业出版社2006年版。

图3-3 机会识别的5个阶段

① 准备:准备是指创业者在机会识别过程中的背景、经验和知识。研究表明,50%~90%的初创企业创意来自个人的先前工作经验。

② 孵化:孵化是个人仔细考虑创意或思考问题的阶段,它也是对事情进行深思熟虑的时期。有时候,孵化是有意识的行为;有时候,它是无意识行为并出现在人们从事其他活动的时候,谚语"思想徘徊在意识的门边"描述的就是这种现象的特点。

③ 洞察:洞察是识别闪现,此时问题的解决办法被发现或产生创意。有时候,它被称

为"灵感"体验。在商务环境中,这是创业者识别出机会的时刻。有时候,这种经验推动过程向前发展;有时候,它促进个人返回准备阶段。

④ 评价:评价是创造过程中仔细审查创意并分析其可行性的阶段。许多创业者错误地跳过这个阶段,他们在确定创意可行之前就去设法实现它。评价是创造过程中特别具有挑战性的阶段。

⑤ 阐述:将创意表达出来是人类的难题,很多人有创意却难以表达。正确表达是创意过程,也是商业化的起点,往往是因为有正确的表达而高效率地推动了创意转化为机会。也可以说,阐述是机会的再发现。

3.3.2 机会识别方法

明白了机会识别的过程,我们再来学习三种机会识别的具体方法。

▶ **信息发现和整理法**

机会的存在是由于像技术、产业结构、社会和人口趋势以及政治与制度等方面的信息发生了变化。因此,获取信息以及相应的信息处理能力是识别创业机会的关键所在。例如,有些人最早知道某项技术发明,可能是因为他们在产生这项发明的研究实验室里工作的缘故。在他人了解这项技术之前先行获得这些信息可以使人们在提供和销售新的产品方面比其他人做出更优的决策。为此,获取别人难以接触到的有价值信息与具备优越的信息处理能力共同构成创业者发现创业机会的前提条件。

而最明显的信息来源是已有数据或第二手资料。这些信息可以来自商业杂志、图书馆、政府机构、大学或专门的咨询机构。对于行业、竞争者、顾客偏好的趋向、产品创新、潜在的竞争者等信息,互联网也可以提供,甚至可以通过潜在消费者对某些问题的反应直接获得必要的信息。当然,有些需付费的成本会较高。创业者应尽其所能获取所有免费的第二手资料,或低成本(一般为公开发表的)的资料。在此基础上再决定是否花高成本获得更多的信息。此外,新的信息即第一手资料的收集也至关重要。收集第一手资料是一个数据收集过程,包括观察、上网、访谈、焦点小组或实验以及设计问卷等。访谈或调查是收集市场信息最常用的方法,能够帮助我们获得更有意义的信息。访谈可以通过面谈、电话或信件等不同途径进行。问卷是收集数据的一种手段,创业者在使用时应该针对研究目标来设计特别的问题。实验包括对研究过程中的特别变量的控制。这个过程需要设计一个实验室,使得实验者能够控制及调查所定义变量的影响。

▶ **趋势观察法**

趋势观察法分为两种。第一种方法是观察趋势并利用它创造机会。如何观察趋势?经济因素、社会因素、技术创新的因素与制度变革的因素是外界最能反映趋势的因素。具体的做法是观察这些因素中变化的地方,并且分析这些变化,哪些是有规律的,哪些是没有规律的,从中找到有规律的地方就可以发现趋势的征兆。

当然,发现征兆需要判断力,所以有些创业者比另一些创业者更擅长这种方式,因为他们具有产业经验、具有良好的社会网络、创造性的警觉,他们更善于发现趋势的征兆并解释它们。

第二种方法是从独立调查公司购买定制化的预测和市场分析。这可以使创业者有更多的参考,在一些复杂环境中,这种方法更有参考价值。

▶ 问题解决法

识别机会的另一种方法是寻找问题,从问题中找到解决方法。现实中,创业者会遇到许多问题,如何注意问题以及评论问题,可以看出创业者有没有商业意识和商业创意。所以有人说"每个问题都是一个被精巧掩饰的机会"。

大多数真正推动创业成功的问题都是创业者亲身经历的具体问题,感同身受才会有创造性地解决问题的冲动。而具有商业意识的人解决这个问题的同时会将其商业化,让更多的人享受解决方案得到的好处,同时也可以为创业者自己带来更多的利益。当然,创业者也可能只是注意到别人存在的问题,并认为解决问题的方法会表现出某种机会,但当创业者明白全部情况时,却发现是完全没有料想到的情况,而这种情况可能就是一个解决问题的更好途径。所以虽然解决方案不对路,但也有可能从中得到新的思路和机会。

案例阅读

摩拜单车是如何生存的?

首先,市场找对了。

- Mobike=mobile+bike

对于摩拜(mobike)的"共享自行车"模式,不禁让人想到了多年前很多地铁口、公交车站出现的由政府主导的共享自行车项目,但由于规划难度大、固定停车桩限制等问题,基本都没有被利用,处于废弃状态。

很多体验过政府共享自行车的用户都会抱怨,找不到停车桩,本来已经到了地铁口却发现停车桩已被停满车,还要再骑回去,完全起不到任何便利的作用。

摩拜没有固定停放点的方式就是其与政府共享停车项目最大的不同。用App定位的方式寻找自行车,随找随用,随停随锁,不仅省去了固定停放点环节,方便了用户就近取用自行车,更可以省去在一线城市设置固定停放点的高额成本。

王晓峰说,"Mobike=mobile+bike,意思就是要让这辆车自由移动。因此,大家就看到了没有固定桩又带着点儿随性气息的摩拜。而没有桩这件事儿,摩拜是世界上第一个干这个的。"

- 致力于最后1公里的出行问题

当然,现在做无桩共享单车的,早已不止摩拜一家。目前最常被拿来与摩拜比较的,就是北大起家的 ofo 了,亮点同样是没有固定桩,但产品的定位却大不相同。

ofo 主攻校园市场,而摩拜从一开始就明确地知道自己的产品痛点是解决最后1公里的出行问题。因此,校园之外,游玩出行者、白领上下班、临时出行者、城市观赏者都是摩拜的目标用户。

但一线城市庞大的城区面积,让摩拜想要完全覆盖一点都不简单。

为此,摩拜首先尝试先针对一些特定的小区域如创业园区、校园做高覆盖率。在进入北京后,为了在短期内达到一定密度的覆盖,摩拜先是将使用区域由北京全城缩小到了五环内,从而提升城区内的密度,之后再逐渐放开。

- 解决那些未被解决的难题

摩拜要做好"公共自行车的补充",但就目前来看,国内公共自行车的使用率并不高,究其原因无非是怕丢、怕偷、车丑、车贵、怕掉链子、怕生锈、怕经常要打气、上下车较为困难等。

为了解决这些问题,摩拜在自行车的重新设计和硬件上下了很大功夫,比如采用铝合金作为车身以防水防锈、采用实心轮胎以防爆胎免充气、借鉴汽车的轮毂技术来防冲击避免损坏等。

这不仅让摩拜的成本高达几千元,更导致车身重量翻倍,达到25千克,因此朋友圈便出现了"车身重,不好骑"的感慨。

其次,模式创新做对了。

学者波兹曼在《分享经济》一书里提出过分享经济的模式不止一种。

其一就是优步和滴滴的模式。

他们不拥有产品,没有车,也没有开车的人,就是牵线搭桥的一个平台,提供平台服务,赚的是平台的中介费。同样是这种模式发家的还有国外的租房平台"Airbnb"。

其二就是摩拜单车的模式。

摩拜的模式创新在于:自己制造自行车,有实实在在的制造业工厂。他们不直接卖自行车,而是卖自行车的服务。这种充分利用资源、做分时段租赁的方式被称为经济分享的第二种模式。曾经红极一时的共享办公室"Wework",可以说就是采用这样的模式。

摩拜单车的创始人胡玮炜和 CEO 王晓峰都是技术控,因此他们的自行车能够随停随取,不仅仅是靠一个手机 App 来控制,其中起决定作用的是他们对自己制造的自行车进行了重大改良和研发。

他们把很多技术创新用在了摩拜上,比如说,实心轮胎、无链条的设计,解决了公共自行车保养问题;铝质车身不怕日晒雨淋;车锁里集成了芯片、电路板、GPS 与 SM 卡模块等。

将这两种分享经济模式相比较,我们可以看出:

第一种虽说降低了自己生产产品的麻烦,但正是由于产品不是他们的,管理难度也会越来越大,且会冲击既有企业或群体,网约车新规正是在这种情况下应运而生的。

第二种则完全不同,摩拜模式是我的就是你的,东西是我的,但是你可以用。摩拜只是把自己的产品租给市场,并没有与既有主体发生直接冲突。

摩拜的这种分享模式虽说一直以来没有被市场关注,但谁能保证将来它不会越来越多呢?

最后,不急于求成。

流量—变现,是创业公司最常采用的商业模式。

但在共享单车领域,这似乎并不是一种很好的方式,目前还没有一个公共自行车项目能自己盈利。据公开资料,纽约公共自行车依靠花旗银行的赞助每年仍然亏损数百万美元;中国杭州公共自行车在当地极受欢迎,杭州市政府用8年时间,投入了3 000多个停车点、8万多辆车,补贴了数亿元。2015年是它最接近盈亏平衡点的一年,成本8 000万元,依靠广告和模式输出的收入,亏损500万元。

摩拜显然也"难逃此劫",因此,每每遇到盈利问题时,摩拜CEO王晓峰都会简单回复:"真的不知道该怎么赚钱,多给我们点时间,盈利模式自然会有,只是现在没找到。"

但网友对于摩拜之后的盈利之路却是信心满满:"299元的押金会给Mobike带来极好的现金流和资本沉淀","车身广告和App广告能挣钱",诸如此类的对话在摩拜用户之间不绝于耳。

尽管人们很难从摩拜半小时1元钱的收入和每辆车数千元的投入中清晰地看到盈利方向,但网友曾帮摩拜计算过:按照摩拜4年免维修的目标来算,如果一辆车一天之中被使用的有效时间是1小时,那么就是一天能够带来2元的收入,假设一年有300天有效使用天数,就是600元收入,4年就是2 400元,也就是说,如果一辆车的固定投放成本在2 400元以下(实际投入肯定远小于2 400,而实际使用时长相信也会高于1小时),在不考虑其他支出的前提下,这就是一个赚钱的好生意了。

再者就是上面提到的押金。摩拜要求每个用户交付299元的押金,而大多正常使用摩拜服务的用户是不会把押金取出的,这确实是摩拜极好的现金流和资本沉淀。

摩拜创始团队似乎对此并不着急,反复强调:"摩拜还是个新事物,只是一个刚刚上线6个月的产品而已,不会过早地去寻求盈利方式,更不会盲目融资。"

无论怎么避开不谈,摩拜这种共享单车的模式都已经迅速变成了"资本的宠儿"。面对这种极速膨胀的事物,无论是摩拜,还是日后极可能出现的其他参与者,都还面临着三大问题需要解决:

一是移动互联场景下的自由取停对人们道德文明的考验;

二是共享单车和自用单车比较,有哪些值得选择前者的超值体验;

三是真共享、伪共享的争论还会在共享单车这个领域继续下去。

因此,在这个微短途出行市场,也许还需要更多的玩法和投入去培育用户习惯和创新商业模式,从而在人们生活方式的变革中扮演重要的角色。

资料来源:http://business.sohu.com/20161014/n470281994.shtml.

3.4 创业机会评价

◇ **本节目标**
尝试根据蒂蒙斯机会评估量表对创业机会进行评价。

现实生活中的创业机会成百上千,对创业机会进行评价也是机会识别中十分重要的一个环节,前面提到的机会四个特征的描述较为粗略,通常适用于对初期创意的评估,本部分提供了蒂蒙斯(Timmons)的创业机会评价标准。与其他理论不同,蒂蒙斯更多的是从一个机构投资者或者从一个旁观者的角度来分析,结合机会本身的特点和企业(或企业家)的特质来综合考虑。他概括了一个筛选创业机会的框架,其中涉及8大类53项指标,针对不同指标做权衡打分。这些指标提供了一些量化的方式,使创业者可以对行业和市场问题、竞争优势问题、经济结构和收获问题、管理团队问题、致命缺陷问题做出判断,以及这些要素加起来是否组成一个有足够吸引力的商机。尽管蒂蒙斯也承认,现实中有成千上万适合创业者的特定机会,未必都能与这个筛选框架相契合。但他的这个框架是目前包含筛选指标比较完整的一个体系,在机会评估时被广泛使用。

表 3-2　　　　　　　　　　　蒂蒙斯创业机会评价标准

标　　准	最　高　潜　力	最　低　潜　力
(一) 行业与市场		
1. 市场		
(1) 需求	确定	不被注意
(2) 消费者	可以接受,愿意为此付费	不容易接受
(3) 对用户回报	小于一年的回收期	三年以上
(4) 附加值	产品的附加价值高	产品的附加价值低
(5) 产品生命周期	将要开发的产品生命长久	不经久
2. 市场结构	新兴行业或不完全竞争行业	完全竞争、高度集中或成熟与衰退行业
3. 市场规模	市场规模大,销售潜力达到 1 000 万美元到 10 亿美元	不明确或少于 1 000 万美元
4. 市场成长率	市场成长率在 30%~50% 甚至更高	很低或少于 10%
5. 市场容量	现有厂商的生产能力几乎完全饱和	容量不足
6. 可获得的市场份额	在 5 年内能占据市场的领导地位,达到 20% 以上	不到 5%
7. 成本结构	拥有低成本的供货商,具有成本优势	下降的成本
(二) 经济因素		
8. 达到盈亏平衡点所需要的时间	达到盈亏平衡点所需要的时间在 1.5~2 年以下	多于 4 年

(续表)

标　　准	最　高　潜　力	最　低　潜　力
9. 正现金流所需时间	盈亏平衡点不会逐渐提高	多于 4 年
10. 投资回报率	投资回报率在 25% 以上	少于 15%~20%
11. 资本要求	项目对资金的要求不是很大，能够获得融资	对资金要求高，没有投资基础
12. 内部收益率潜力	销售额的年增长率在 25% 以上	少于 15%
13. 自由现金流特征	有良好的现金流量，能占到销售额的 20%~30% 以上	低于销售额的 10%
(1) 销售额的成长	中等到高(15%~20%)	低于 10%
(2) 资产密集度	对于销售额的比例低	高
(3) 自发流动资本	运营资金不多，需求量是逐渐增加的	高要求
(4) 研发/资本开支	要求低	高
(5) 毛利率	能获得持久的毛利，毛利率要达到 40% 以上	低于 20%
(6) 税后利润	能获得持久的税后利润，税后利润率要超过 10%	低
(三) 获得回报的条件		
14. 增值潜力	高战略价值	低战略价值
15. 退出机制和战略	存在现有的或可预料的退出方式	尚未定义
16. 资本市场环境	环境有利，可以实现资本的流动	不利、信贷紧缩
(四) 竞争优势		
17. 固定成本和可变成本	固定成本和可变成本低	最高
18. 对成本、价格和分销控制	对成本、价格和销售的控制较高	弱
19. 进入壁垒		
(1) 所有权保护	已获得或可获得对专利的保护	没有
(2) 竞争者回应时间	竞争对手尚未觉醒，竞争较弱	无法获得优势
(3) 法律、合约优势	拥有专利或具有某种独占性	没有
(4) 关系和网络	拥有发展良好的网络关系	原始、有限
(5) 关键人员	拥有杰出关键人员和 A 等管理团队	B 等或 C 等的团队
(五) 管理团队		
20. 创业团队	优秀管理者的组合	弱的或单个创业者
21. 行业和技术经验	达到了本行业内的最高水平	未发展
22. 正直	正直廉洁程度能达到最高水准	可疑的

(续表)

标　　准	最　高　潜　力	最　低　潜　力
23. 认知诚实度	知道自己缺乏哪方面的知识	不想知道自己的不足
(六) 致命缺陷问题		
24. 致命缺陷问题	不存在	一个以上
(七) 创业者的个人标准		
25. 目标与匹配度	个人目标与创业活动相符合	往往出现让人惊讶的事情
26. 好/差的方面	可在有限的风险下实现成功	线性的
27. 机会成本	创业家能接受薪水减少等损失	满足于现状
28. 愿望	渴望创业,而不只是为了赚大钱	仅仅为了赚大钱
29. 风险/回报容许度	算计过风险	回避风险型或赌博型
30. 压力承受度	创业家在压力下状态依然良好	在压力下崩溃
(八) 创业企业理想和现实的战略性差异		
31. 匹配度	理想与现实情况相吻合	低
32. 团队	管理团队已经是最好的	B等团队
33. 服务管理	有很好的服务理念	认为不重要
34. 时机	所创办的事业顺应时代潮流	逆流而形
35. 技术	技术具有突破性,不存在竞争	有很多替代者或竞争者
36. 灵活性	具备适应能力,能快速取舍	缓慢、顽固
37. 商机导向	始终在寻找新的机会	不考虑环境、对商机木然
38. 定价	定价与市场领先者几乎持平	存在低价出售商品的竞争者
39. 分销渠道	可获得,或已经拥有现成的网络	未知或不可获得
40. 容错空间	能够允许失败	不宽容、刚性策略

资料来源:杰弗里·蒂蒙斯,《战略与商业机会》,华夏出版社2002年版。

姜彦福、邱琼(2004)采取问卷的方法,并通过对资深创业者和一般管理者进行比较研究,提出蒂蒙斯筛选框架在中国的应用,从单项指标序列的具体内容来看,资深创业者比管理者更重视创业团队的组成、经验和创业者个人承担压力的情况,更重视机会的经济价值(包括利润和成本情况)和战略意义,更重视机会不能存在任何致命的缺陷①。

➢ 所谓创业机会(或创业商机),是指有吸引力的、较为持久的和及时的一种商务活动的

---

① 姜彦福、邱琼:《创业机会评价重要指标序列的实证研究》,《科学学研究》2004年第1期。

空间,是一种满足未满足的有效需求的可能性。
- 创业机会产生的过程是创意——潜在机会——实际机会。它们的关系呈金字塔型,从下到上,自创意到实际机会,数量越来越少。创意产生的方法有头脑风暴法、功能组合法和思维导图法。
- 对个人而言,机会识别过程可分为准备、孵化、洞察、评价和阐述这五个阶段。机会识别的方法包括信息发现和整理法、趋势观察法和问题解决法。
- 蒂蒙斯提出创业机会评价框架包括行业和市场、经济性、收获问题、竞争优势、管理团队、个人标准和战略差异化七大类,评估标准比较全面,几乎涵盖了其他一些理论所涉及的全部内容,在机会评估时被广泛使用。

案例体验

大肚子太阳能压缩垃圾箱

这个名为大肚子(BigBelly)的垃圾筒集太阳能、物联网、高效压缩机为一体,通过垃圾筒顶部为垃圾筒提供电源,垃圾快倒满时,压缩机会在40秒内将垃圾的体积压缩至原来的1/5,等到垃圾箱快满时又会自动联网发送垃圾筒已满及地理位置等信息至垃圾处理中心。然后处理中心的系统会根据各个垃圾筒发回的数据进行分析,然后规划出最佳的回收路线和时间,再派车辆将垃圾清理走。

垃圾筒上有太阳能电池板,在室内可以插上直流电源进行供电,在室外则可以用太阳能电池提供电源,最大输出功率达到了30瓦。

BigBelly还有各种涂装各种颜色,要是在垃圾筒上装个显示屏,是不是就变成了可视窗口?人流量那么大,卖广告肯定也很挣钱。

这样一个智能垃圾筒的价格在8 000美元左右,真不便宜。但美国加州大学圣地亚哥分校使用这种智能垃圾筒之后大量降低垃圾回收频率,从而可以减少大量的垃圾回收车和工作人员及维护成本,让整体成本降低85%左右,并且一个垃圾筒还将由此减少52吨二氧化碳的排放。由于是封闭式垃圾筒,所以什么苍蝇蚊子到处飞、猫狗乱翻的情况也消失了,垃圾筒的臭味也没了。

仅在美国,每年有180 000辆垃圾卡车在工作,他们每年需要消耗超过10亿加仑的柴油燃料。一般的垃圾卡车消耗每加仑汽油工作不到3英里,并且每小时的操作费用超过100美元。

美国的企业每年花费120亿美元在废料桶上,每年还花费12亿美元在废料压实设备上。

不是借助电能而是使用太阳能的压实垃圾功能,商业邮箱大小的太阳能垃圾筒可以减少400%的回收力量。

很多远离电网且每天会产生大量垃圾的场所,如度假村、娱乐公园和海滩,这些地方每天需要动用多种垃圾回收措施。

资料来源:http://www.h2o-china.com/news/238208.html.

思考题

1. 结合案例体验,在蒂蒙斯创业机会筛选表上打勾,并判断是否是创业机会?
2. 如果是你,你会对这一创业想法进行首次市场检验吗?

游戏仿真

机会检核表

并非所有创意都有极高价值的商业机会。学生如何考察哪些创意更具有潜力呢?一种方法是运用机会检核表(见表3-3)来评估多个创意。机会检核表提供了一组涵盖各种类型的指标,潜力大的机会要比潜力小的机会在更多指标上有吸引力。

表3-3　　　　　　　　　　　机会检核表

	较好的机会	较差的机会
顾客:		
可识别性	核心顾客明确	核心顾客不明确
人口统计特征	清晰界定并聚焦	界定模糊,不够聚焦
心理特征	清晰界定并聚焦	界定模糊,不够聚焦
趋势:		
宏观市场	多重,趋同	非常少,分散
目标市场	多重,趋同	非常少,分散

(续表)

	较好的机会	较差的机会
机会窗口	打开	关闭
市场结构	新兴的或支离破碎的	成熟的,衰退的
市场规模:		
数量	大量的核心顾客群体	少量的、不清晰的顾客群体
需求	需求大于供给	供给大于需求
市场成长性:		
速度	大于20%	小于20%
价格、购买频率、价值:		
价格	毛利率大于40%	毛利率小于40%
购买频率	经常性,重复性	一次性
价值	充分反映在价格中	渗透性定价
营业费用	较多且固定	较低且不稳定
净利润率	大于10%	小于10%
总量	非常高	一般
分销:		
处于价值链的什么环节	高边际利润,高影响力	低边际利润,低影响力
竞争:		
市场结构	新兴的	成熟的
直接竞争者数量	很少	很多
间接竞争者数量	很少	很多
替代品	很少	很多
潜在新进入者	可能性很低	可能性很高
竞争者优势	弱	强
关键的成功要素:		
相对地位	强	弱
供应商:		
相对地位	弱	强
价值链上控制的毛利率	低	高
政府:		
管制	低	高
税	低	高

(续表)

	较好的机会	较差的机会
全球环境：		
顾客	感兴趣，易接近	缺乏兴趣，难以接近
竞争	不存在或者程度低	已经存在且程度高
供应商	合作意愿强烈	很难获得合作

资料来源：Bygrave, W., & Zacharakis, A. (2011), *Entrepreneurship*. New York: Wiley.

第一步：

- 将上课地点安排在创客空间，邀请新创企业的创始人来讲述他们的案例，让学生们基于他们所完成的机会检核表，投票决定这个机会是否具有吸引力。在机会检核表中的每一行，学生需要在"较好的机会"和"较差的机会"两列的相应位置画圈标注。
- 学生应该分别计算出"较好的机会"和"较差的机会"这两列的标注数量。作为对机会的快速筛选，标注最多的那一列决定了在当前阶段上机会的价值是高还是低。
- 要提醒学生，没有任何机会在所有指标上都是高水平的，这一点非常重要。关键在于评估哪些是表现相对微弱的方面，思考自己能否调整商业模式来优化这些指标，从而符合"较好的机会"那一列标准，或者设法制定一个战略，在保持机会优势的前提下，将机会的不足或缺陷最小化。

第二步：

全班一起讨论影响机会的因素都有哪些：

- 具有吸引力；
- 不具有吸引力。

尽可能激发学生的讨论。虽然学生都拿着相同的指标来检核机会，但是，不同的学生在评价机会时很可能大相径庭。例如，一个学生可能认为美国人口的老龄化趋势是一种威胁，而另一个学生则可能将此趋势视为一种机会。让学生深入探讨一下感知是如何驱动人们做出决策并采取行动的。

第三步：

向全班同学说明该工具的不足，鼓励学生进一步进行研究。机会检核表经常被用于同时评估多个创意，并且可以在非常有限的信息条件下完成快速的评价。因此，在这个过程中很可能遇到不少问题，学生应该思考需要哪些信息才能顺利地到后续的新企业创建阶段。

重点：每个人在认知上都有偏差或偏见。创业者都很钟爱自己的创意，通常会带着偏见来进行评判，以证实他们先入为主的一些观念。为了克服这种自然产生的偏见，一种有效的方法是让学生或者学生团队用机会检核表对彼此的机会进行互评。两个团队之间存在的评价差异可以作为一个起点，引导学生围绕商业模式开展进一步的研究和开发。[1]

---

[1] Heidi M. Neck, Patricia G. Greene, Candida G. Brush：《如何教创业：基于实践的百森教学法》，机械工业出版社 2015 年版。

 反思与改进

以身边某一概念(如"电脑""节约""共享经济"……)进行发散性的创意产生过程,根据创业机会的四个特征对创意进行筛选,最后对留下的创业机会进行评估,说明其可行的理由,并列出对该机会进行测试的计划。

提示:可将该三角形在白板上画出来,用便利贴的方式增加创意并筛选,一步一步到达创业机会。

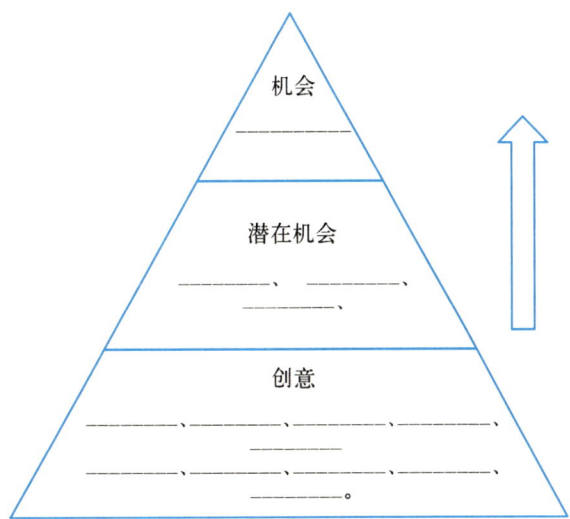

4

资源整合能力

　　创业者在创业过程中如果自身并没有拥有相应的资源,应该如何应对? 创业资源整合是创业过程中可能碰到的难题。本章第一部分首先对创业资源进行了分类;其次,在第二部分提出了整合资源的方法;最后,第三部分重点描述了与风险投资人打交道的办法。

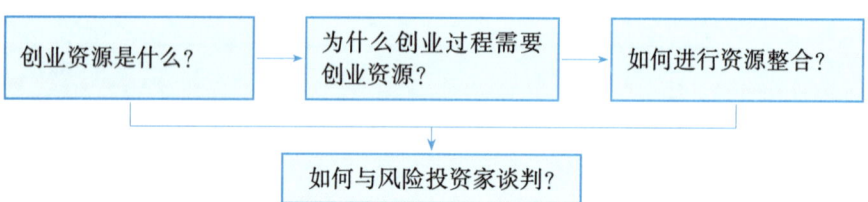

1. 了解什么是创业资源、创业资源有哪些种类。
2. 认识创业资源对创业过程所起的作用。
3. 掌握创业过程中资源整合的三种方法。
4. 了解与风险投资者打交道的方法,运用企业估值原则对企业进行估值。

罗永浩：锤子科技的创业故事

罗永浩最为人熟知的身份是英语培训从业者，他讲课的视频在互联网上的点击率一度可以达到上千万。2011年底，罗永浩开始正式考虑转型做电子产品，创立了锤子科技公司。

以下是他的演讲中描述自己寻找与整合创业资源过程的片段选取：

刚开始的时候，因为我完全没有技术圈儿的人脉和资源，所以第一个技术方面的合伙人是特别难找的。我们是先做ROM后做硬件。我先找软件方面的头儿，出去见了一圈儿，看完之后都觉得不靠谱。我发现最难的就是我搞不定工程师。你给他讲一个热血沸腾的创业故事，他不激动，还觉得你挺怪的。你给他看你产品的设计稿——我准备了很多那时候还没有做出来的设计，我的很多朋友听了都很激动，说这样能做出来可太好用了——但是你给他讲他无感，他觉得这不都一样吗？然后你一看，他用一个特别可怕的安卓，比如说联想。他也不觉得苹果有什么好，他也用过苹果，就是对产品完全无感。那这怎么办？然后我就想理性么，工程师都理性。我就跟他们谈薪水，说加30%、50%，甚至70%，他说涨50%以上就挺有竞争力的了，但我在大企业现在图个稳定。你就感觉这帮人刀枪不入怎么都不行，谈到十个八个我就特别灰心。我们最后是从800份简历里非常艰难地挑出了7个，大部分是听着我的录音长大的工程师，但依然还是不错的，名校名企，看着倒还比较靠谱一些，因为理工科自学成才太难了。设计，我们是国内一流的。我们UI（用户界面）设计总监叫方池，到我这儿上班不到一个月，美国苹果的人力资源总监就天天来邮件来电话找他，把我吓坏了。因为他非常强，大部分UI设计师都以为苹果打工为荣，他要走很正常。他也不是我粉丝，不是冲我来的，我当时就很紧张，怕他走，天天哄着他。

非说有大的意外，就是我们在ROM的研发进度上，由于找错了人，并且也缺人，导致耽误了半年。当时的主管也不懂，认为六七个人就能做一个ROM。做着做着，三四个月以后他们都觉着不对劲儿，因为进度太慢了。然后他们来找我谈，说你知不知道咱们是绝无可能这几个人完成这些东西的？我说为什么绝无可能？他们回答，你现在是让我们一个人干十个人的活儿，你给我们打海洛因也没用，这是绝对完不成的。我们硬着头皮往下走，拿着一个千疮百孔成熟度极差的ROM开了一个发布会，然后就被一片嘲弄。发布会以后就劝退了那个主管，开始招人。我们从50个人招到270个人，用了10个月，基本上每天一个人，如果不算周末的话。这在过去我自己去办的时候是不可想象的。大概又过了三四个月吧，我们终于从台湾仁宝科技挖了一个台湾的主管，软件的头儿，叫Steven Cai。他是带过100多人团队的，知道怎么分工、怎么安排架构。之后就进入了一个正常的发展。

第二个困难就是融资。我其实是很笨拙的，搞不定那些VC。我在2011年底打算做锤子科技的时候，花了三四个月的时间谈了很多投资人，他们都不看好，认为我拿不到钱，他们自己也不会投钱。当时去见了一个天使投资人，他给了我一个商业网站的项目。我基本都答应了准备做的时候，找唐岩聊了一下，想问一下大型网站的运作经验。聊完了下楼的时候我跟他说起来，其实想做手机。他说那干吗不做想做的？我说问题是搞不定钱。他说你必须一次到位吗？我说可以分。他说那就好办了，先给你找1 000万元人民币你就做吧。当时说就是做这个ROM，做的时候尽可能弄出点动静来，引起媒体关注、业界关注，等做到差不多了，后边融资就好谈了，如果黄了就算了。他说你ROM做得好还可以卖了。

我们就按照这个往下走，结果做了10个月开了(ROM)发布会之后，唐岩就推荐了他的投资人，是上海紫辉基金的老板，叫郑刚。郑刚投陌陌是最成功的一次投资，赚了好几十倍。他自己喜欢数码产品，我给他讲了讲，他又看了下我们这个ROM，觉得这是有特色的东西，有可能成事儿。他领投，我们又找了两个朋友一起，凑了7 000万元就投了A轮。到了B轮呢，我们上一轮有个投资人是和君咨询投资部的，他就给我推荐了一个金融顾问，帮我们约见投资。然后我浪费了将近两个月时间见了50多家，这次我想把投资圈彻底趟一遍，也为后面的投资做一个规划。没想到见了50多家，90%我都搞不定，我能搞定的那么几家，内部打架打得很凶。有几家是跟到最后阶段了，真的特别有诚意，是内部投票失败了。郑刚说他们几个股东凑一凑钱。我们上一轮的三个股东就凑了9 000万元，之后郑刚又加投了。我们原来是要1.5亿元，先有9 000万元就先开工，有多少是多少。结果这个9 000万元一确定，前一轮本来有些犹犹豫豫的又都开始来劲儿了，都冲过来，所以我们最后还回掉了两三家。反正凑了1.8亿元还是2亿元我也忘了，最后2 000万元进没进来我也不知道，生产上是足够了。整个过程特别疲劳、特别吃力，最后靠上一轮几个老投资人解决了。

资料来源：锤子科技创始人罗永浩口述，柯实整理，《创业家》2014年6月。

对于创业者而言，资源就像画家的颜料和画笔，只有当他们具有了创作的灵感才会在画布上挥毫泼墨。成功的创业者需要运用特殊的态度、策略和技术，才能以较小的把握商机所必需的资源来获得对企业的控制力。创业者必须识别和找出自己所拥有的资源，并根据自身的资源特点来确定创业企业的经营方向。

罗永浩创立锤子科技时的创业资源未必自己拥有，但是他有资源整合能力，知道自己想要的是什么资源，包括最重要的核心团队和资金资源，然后去找到相应的资源。

4.1 什么是创业资源

◇ **本节目标**
了解什么是创业资源，创业资源有哪些种类。

创业资源是企业创立以及成长过程中所需要的各种生产要素和支撑条件。因此，在创业过程中，应当积极拓展创业资源获取渠道，并且创业资源对于创业的重要意义不仅仅局限于单纯的量的积累，应当看到创业过程还是各类创业资源重新整合、获取竞争优势的过程。因此在创业过程中，不仅要广泛获取创业资源，更要懂得如何使用这些资源。创业之初，创业所需的各项资源往往只能依靠创业者通过自身努力获取，由于新创企业的高度成长性，在其迅速成长扩张的过程中，组织规模很快就发展到一定规模之上，创业者很快就会发现，通过自身努力获取的资源远远不能支持企业的发展。为了使企业能够继续发展，创业资源，也就是外部机构给予企业的资源是相当必要的。

为了进一步分析创业资源的特征，这里将创业资源按照不同的视角进行划分。

(1) 按照资源在创业规划过程中的参与程度划分

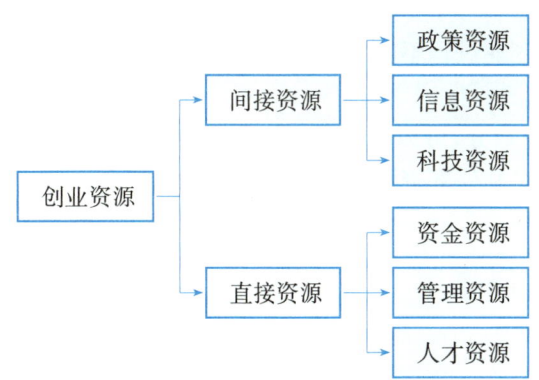

图 4-1 创业资源的 6 个维度

- 政策资源：从中国的创业环境看，创业活动需要相应的政策扶持，只有在政策允许和鼓励的条件下，企业才能获得更多的国内外人才、贷款和投资、各种服务与优惠等。
- 信息资源：对于新创企业来说，竞争十分激烈，就更加需要丰富、及时、准确的信息，以争取到更多的生产要素资源。专业机构提供的信息资源可以为创业者制定研发、采购、生产和销售的决策提供指导和参考。创业者的社会网络也是创业者获取信息资源的重要途径。
- 资金资源：资金资源对于每个企业都非常重要，对于新创企业，无论是进行产品研发还是生产销售，都需要大量的资金，如何有效地吸引资金资源是每个创业者都极为关注的问题。
- 人才资源：高素质人才的获取和开发，是现代企业可持续发展的关键。特别是高科技创业企业，因为其知识比重更大，人才资源更为重要。
- 管理资源：一些新创企业的管理者大多是科技人员出身，他们本身具备较强的科研能力，但是在企业管理知识方面往往有所欠缺，很多企业都失败于管理不善，这意味着拥有一套完整而高效的管理制度是新创企业宝贵的资源。

- 科技资源：对于新创企业来说，积极寻找有商业价值的科技成果，加强和高校科研院所的产学研合作，将有助于加快产品研发速度，为企业在市场上的竞争提供有力的优势。

(2) 按照资源在创业过程中的重要性划分

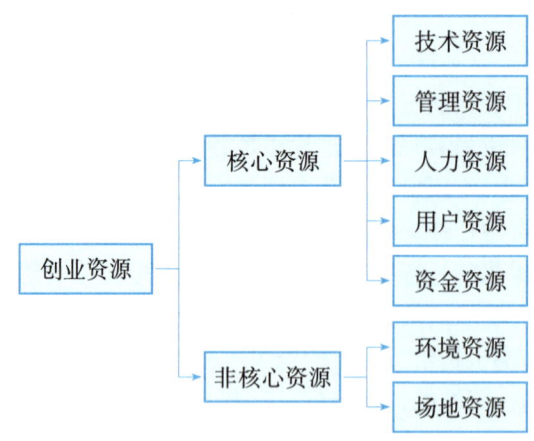

图 4-2　创业资源框架

其中，不同资源在创业过程不同阶段和不同行业其重要性是不同的。

(3) 按照资源的来源划分

创业资源按其来源划分，可以分为自有资源（来自内部机会积累，是创业者自身所拥有的可用于创业的资源）和外部资源（来自外部）。

4.2　创业资源有何作用

◇ **本节目标**
认识创业资源对创业过程所起的作用。

创业资源对于创业过程的促进作用，首先是通过创业战略的制定和实施来实现的。对于创业企业来说，战略定位不清晰、核心竞争力不明确是其发展的主要障碍，所以有效的资源整合能够帮助创业者重新认识企业的竞争优势，制定切实可行的战略规划，为新创企业的成长打下良好的基础。一方面，战略的制定和实施需要一定的资源予以支持，只有拥有充分的资源，战略才有制定和实施的基础，因此新创企业所拥有的创业资源越丰富，创业战略也越有保障；创业资源还可以适当校正企业的战略方向，帮助新创企业选择正确的创业战略。二是有利于形成企业的核心能力，精明的创业者不仅能对其创业资源进行有效整合，而且还能借用别人的力量为己所用。三是有利于提高创业者的能力。创业需要战略策划、技术开发、人员管理等多种能力，资源整合能力即可以通过综合利用各方面的资源，在实现公司正常运行的过程中，提高了创业者自身的能力。

根据上述分析，我们把创业资源与创业过程之间的关系做成图 4-3。

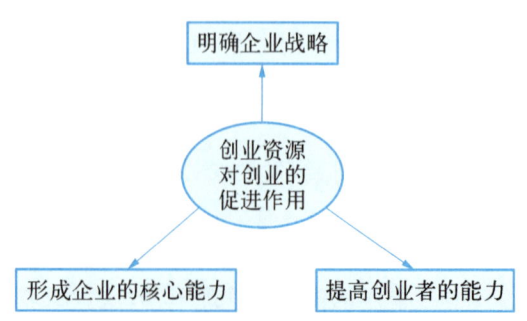

图 4-3　资源整合对创业的促进作用

4.3 如何整合资源

◇ **本节目标**
掌握创业过程中资源整合的三种方法。

如果资源是有价值的、稀缺的和难以模仿的,那么它就能成为竞争优势的来源。新企业启动时一般只有很少的资源,这些资源来自创业团队与一般性的人力资本和社会资本。此时,创业团队需要识别、获取和整合那些杠杆性、组合式、交易性的资源,以便为新创企业建立竞争优势打下基础。资源整合是按照一定规则使相关资源有机组合起来形成一定的生产力,从而激活和放大企业的资源潜力。其核心是要确定企业资源之间的各种动态配合关系,包括物质资源之间的配合关系(如厂房、生产线以及机器设备之间、固定投入与原材料之间的配比安排等)、人力资源与物质资源之间的配合关系(即一定量的劳动所能推动的物质生产资料的量)。

创业者在企业成长的各个阶段都应该努力争取用尽量少的资源来推动企业的发展,使手头控制的资源能充分发挥作用。

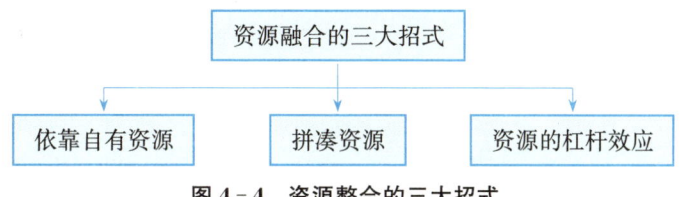

图 4-4 资源整合的三大招式

▶ **第一招:创业者应依靠自有资源**

多数创业者由于受到可用资源的限制,而寻找创造性的方式开发机会创建企业,并促使企业成长。创业者在资源受限的情况下寻找实现企业理想目的和目标的途径,然后最大限度地降低对外部融资的需要,最大限度地发挥创业者投在企业内部资金的作用,同时实现现金流的最佳使用。具体表现为结合具体阶段的目标,设法降低资源的使用量,降低管理成本。比如,为了降低运营成本,创业者可以采取外包的策略,让其他人承担运营和库存的开支,减少固定成本的投资,防止沉没成本过高而降低了自身的灵活性,利用外包伙伴已形成的规模效益和剩余能力为自己降低成本,有时甚至可以利用外国的低成本优势。为了降低管理费用,创业者可以到孵化器或创业服务中心,享受那里提供的廉价办公场所,与别的创业者共享传真和复印设备,同时结交更多的创业者。

创业期的公司最好要避开非常需要市场资源的项目。因为这样的项目对资金的需求是巨大的,还要求你要有非常稳定的投资。一个创业者,应该从开发市场资源开始做起,在自己的开发领域里保持领先地位,这样就可以获得丰厚的利润。但是,能找到这个市场的空白也是非常难的。这就需要你具备战略的眼光和创新的思维。也只有这样,你才能占得先机。没有先机的创业,已经失败了一半。这也意味着,你占据着先机就可以成功,这一路上,你需要走的其实还是非常遥远的。

▶ 第二招：创业者可以采取拼凑法

许多创业者都是在资源匮乏的制约下白手起家、因地制宜发展起来的。创业者通常利用手边能够找到的一切资源去构建企业梦想帝国。面对资源约束，创业者往往忽视正常情况下被普遍接受的关于物质投入、惯例、定义、标准的限制，利用手头已经存在的资源，创造出独特的服务和价值。

▶ 第三招：发挥资源的杠杆效应

杠杆效应意味着以尽可能少的付出获取尽可能多的收获。创业者要能在创业的过程中形成杠杆资源效应的能力，要能识别一种没有被完全利用的资源，能看到一种资源怎样被运用于特殊的方面，说服那些拥有资源的人让渡使用权。这意味着创业者并不能被他们当前控制的或支配的资源所限制，用大量创造性的方式杠杆撬动资源。

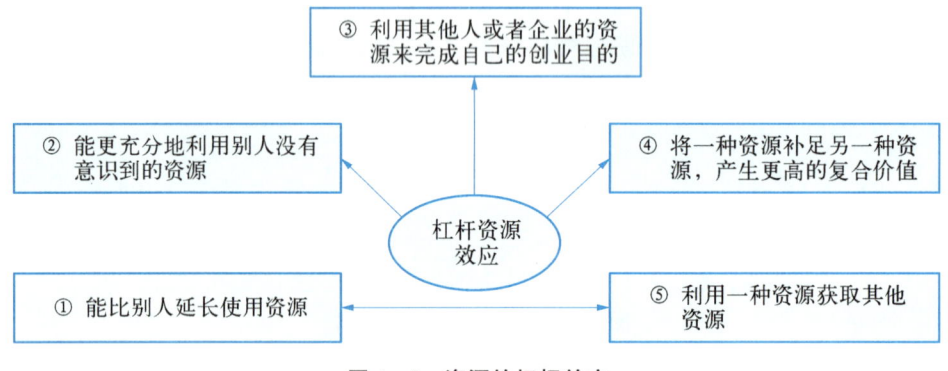

图 4-5 资源的杠杆效应

而在整合外部资源的过程中，创业者首先要尽可能多地搜寻出利益相关者，识别利益相关者的利益所在，寻找共同利益。其次是构建共赢的机制，共同利益的实现需要共赢的利益机制做保证，共赢多数情况下难以同时赢，更多是先后赢，创业者要设计出让利益相关者感觉到赢而且是优先赢的机制，同时还要维持信任以保持长期合作。沟通是创业者与利益相关者之间相互了解的重要手段，信任关系的建立有助于资源整合、降低风险、扩大收益。

4.4 如何与创业投资打交道

◇ 本节目标
了解与风险投资者打交道的方法，运用企业估值原则对企业进行估值。

在资源整合方面，大部分创业者都坦承，创业最难的地方就是缺乏资金，创办新企业最关键的是"筹资"。没有资金，新创企业就无法运行。新企业创建伊始，资金需求巨大。企业研发、制造某种新产品或新服务，或者通过一系列的营销努力扩大市场规模，均需要大量的资金支持。在某种意义上说，筹资关系到新创企业的生死存亡。筹资成功的企业得以发展，筹资不成功的企业连生存的机会都没有。因此创业者应该学习和掌握筹集创业资金的渠道、技巧和具体要求，尽量少走弯路。总体来说，创业者可以通过自我融资、亲朋好友融资、合同贷款、政府援助、风险投资等方式进行筹资。

风险投资作为创业者初创期最终的金融资源,在中国越来越受关注,成为一个重要的融资渠道。风险投资也叫"创业投资",是指由专业投资者提供的投资于极具增长潜力的创业企业并参与其管理的权益资本。

在与风险投资的接触过程中:

第一,创业者要了解风险投资者的用意。

任何风险投资者都不会选择那些不具备成功条件的企业进行投资,他们会考察创业者或创业团队素质,仔细审查创业计划,尽可能了解市场需求,以及其他资金来源情况。

第二,在与风险投资者洽谈前,最好准备投资建议书、创业计划书、尽职调查报告、营销材料等。

- 投资建议书,对创业企业的管理状况、利润情况、战略地位等做出概要描述;
- 创业计划书,对创业企业的业务发展战略、市场推广计划、财务状况和竞争地位等做出详细描述;
- 尽职调查报告,对创业企业的背景情况和财务稳健程度、管理队伍和行业做出深入细致调研后形成的书面文件;
- 营销材料,这是任何直接或间接与创业企业产品或服务销售有关的文件材料。

第三,要充分考虑区域因素,包括技术区域和地理区域。

风险投资公司通常只投资熟悉的行业,或自己了解的技术领域内的企业,所资助的企业大多分布在公司所在地附近,以便风险投资公司进行控制,及时掌握新创企业的基本情况。

第四,要摸清投资者偏好。

大多数风险投资者更偏爱小公司。因为小公司技术创新效率高,有更多的活力,更能适应市场变化;小公司规模小,需要资金量也小,风险投资公司所冒风险也就有限;同时也正因为规模小,其发展余地也更大,同样的投资额可以获得更多的收益。

第五,事先积累一些企业管理经验,或者聘用有经验的人来参与创业项目的管理。

一般来说,投资者都会要求风险企业创立者有从事该行业工作的经历或成功经验。

第六,要有重点地选好风险投资,而不是多多益善,不宜把项目介绍给太多的风险投资家。

最可靠的方法是先选定 8~10 位风险投资家作为目标,然后再开始跟他们接触。

第七,要有足够的耐心和毅力。

由于寻求资金的人很多,风险投资需要一个筛选的过程,因此在寻找并接触风险投资的过程中,创业者还要有一种坚忍顽强的精神。

在与风险投资者的谈判时,首先要突出价值点。对于自身良好的价值把握,不仅有助于保护自身的利益,也可以切实地得到投资者的尊重。特别要注重企业无形资产的价值评估,核心技术在得到权威部门的鉴定后,要请专业评估机构评估,实事求是地把企业的价值挖掘出来。在此基础上,要客观直接地提出创业所需要的融资金额,确定欲吸纳资金比例与可出让股份比例;希望的境外或境内架构等。其次要强调团队特色。创始人的履历对引进风险资本是很重要的。创始人如果是一个非常成功的经理,同时又试图创立各种不同的生意,这就证明了他不仅具有管理企业的经验,同时还有企业家的精神,既能够自己有所发明,同时又能承受个人破产的心理创伤,因而他无疑能够集中去做成一件事,这与风险投资家投"人"的理念是相吻合的。同时，要展现未来前景。在市场与产品方面，风险投资公司通常要求企业能在世界范围内或者大的区域内最终拥有足够大的市场，这样它才会认真考虑其投资的可能性。

> 融资谈判重点
> - 谈判重点一公司估值：估值区间的合理化
> - 谈判重点二团队期权计划及创始人股份的行权计划：各让一步的心法
> - 谈判重点三跟卖权：保障团队利益
> - 谈判重点四保护性条款：不束手束脚

▶ 估值的基本原则

- 第一个，金融资产的价值来自未来能享受的自由现金流，实际上，一个企业价值多少，是由获取未来现金流的能力决定的，未来所能获取的自由现金流决定了这个企业到底应该值什么样的价值。
- 第二个，了解投资标的的价值来源。我们在估值的时候，一定要搞清楚企业价值的来源在哪，找到投资标的价值来源，才能对项目有个合理的估值。
- 第三个，估值的逻辑和思维是动态的，不要固守常规。"When the facts change, I change my mind"，凯恩斯的这句话告诉我们，一旦市场因素在发生变化，你的估值逻辑和思维也要跟着发生变化。估值没有一成不变的，你的估值模型再精确，但是由于行业不一样，市场环境的变化不一样，估值也在动态发生变化。

▶ 初创期企业的估值问题

初创期的企业，估值的参与者只有两类——创业家和天使投资人。其面临的问题是非常多的：

- 第一，初创期的企业收入是没有的，或者是低收入的，或者是负现金流的。
- 第二，在经营数据上很有问题，因为它没有经营史，也没有历史数据，也没有更多的财务数据，你很难去给它做一个非常精准的估值模型。
- 第三，生存问题，你也不知道这个企业会行进到什么阶段就没了，如果没了的话，你说的估值还有什么意义？

在估值中首先必须要清楚地了解估值的价值来源和估值要素。一般标的的价值来源于5个部分：

- 潜在的目标市场是什么？
- 产品/服务能售出吗？你的产品和服务有能力获取用户吗？有没有需求？人家愿不愿意买？你能不能卖出去？
- 有什么样的定价？会以什么价格出售？
- 预期利润率是多少？
- 核心创始团队的价值是多少？

这是价值来源的5个基础,在此基础上,投资人可能还要判断一个企业,当它没有融资的时候有没有生存下来的能力。投资永远是锦上添花,不是雪中送炭。天使投资是最接近于雪中送炭的,但是从某种意义上讲也不是完全的雪中送炭,也是有很多的价值判断的维度。

在这个过程中,还要判断这个企业到底有没有自我循环和自我生存活下去的能力。如果该企业今天拿不到投资明天就死亡了,投资人不会投。投资人还要算,未来增长能带来多大的价值,这是估值非常重要的体系。投资人投资的时候投的不是当下,而是未来,他们会有一个清晰的期望,甚至有一套工具去计算,才能知道折现回来,当期应该是什么价格投进去才能不赔。

投资估值有很多非常经典的估值的工具、模型和算法,但是以下介绍工具具有普适意义,无论是初创期的企业还是成长期的企业,甚至扩张期的企业都可以用,叫作终值评估法。

用复利法计算的一定金额的初始投资在未来某一时点的本利和公式为:

$$FV = PV(1+Er)n$$

其中,FV表示终值,PV表示现值,Er表示预期回报率,n表示退出周期。

终值(future value),又称将来值或本利和,是指现在一定量的资金在未来某一时点上的价值,通常记作FV。

现值(present value),是指未来某一时点上的一定量现金折合到现在的价值,通常记作PV。

预期回报率(expected rate of return),也称为期望收益率,是指如果没有意外事件发生的话可以预计到的收益率。

> 例如:
> 1. 甲基金投资了100万元给A公司,希望5年后能够退出,IRR不低于50%,则甲基金5年后的投资终值为:FV=PV(1+Er)n=100万×(1+50%)5=760万元。
> 2. 用倍数法(市盈率或市销率)估算出A公司未来一段时间的价值。如5年后价值2.5亿元。现在用你投资的终值除以A公司5年后的价值就得到你所应该拥有的A公司的股份,如760万÷25 000万=3.04%。
> 3. 甲基金决定投资A公司,希望5年后能够退出,IRR不低于50%,预计A公司5年后价值为2.5亿元,则PV=FV/(1+Er)n=2.5亿/(1+50%)5=3 290万元。

所以如果A基金投进去的价格高于3 290万元就无法实现基金预期的投资收益率,这个时候投资人同创始人谈判时,或者是沟通估值的时候就很清楚地知道,在一个什么样的估值区间能投这个案子,超过什么样的估值区间不能投。不要认为天使投资就只是投人,人是基础,但是在人的基础之上,如果有些工具、模型作为投资决策辅助,会让一个投资行为变得更精确。

▶ **估值谈判中重要的三个维度**

在早期投资的时候,因为投资人和创业者要谈到估值,要讨论什么样的估值是合理的,这个时候除了用刚才介绍的工具指导估值的逻辑之外,还有几个维度是很重要的:

第一,资金用途和使用的规划。 一个创业者找投资人融资,他必须回答投资人想要多少钱,拿这些钱干什么用,能达到什么目标。很多时候,创业者在找投资的时候说要融资500万元或者是100万元是拍脑袋的,他只是觉得市场里大概是怎么样的情况,所以就应该融多少资。融资应同企业的目标和运营匹配起来,这样才有意义。融少了钱,满足不了经营,企业也走不下去;抬升估值融多了钱,对企业将来也未必有益。

第二,常规的持股比例。 一般在初创阶段,投资人在种子和天使阶段,通常持股的比例上限不高于30%,但均值基本在20%~25%,这都是合适的持股比例。因为投资人要算一个企业在成长过程中,也许不是经过一两轮融资,可能平均下来是三四轮融资。在三四轮融资的情况下,天使投资人得保证在三四轮融资后稀释完剩下的持股能够达到每年50%以上的IRR,只有这样的持股比例才有价值,才能够赚到超额回报,才是一个有意义的天使投资。

第三,初创期企业的行业估值区间。 投资人要看整个市场的大环境下,初创期企业的行业估值区间,比如游戏的、电商的、视频的,可能行业的数值都不一样,但是稍微看一下上市公司的财务报告和行业的平均情况,基本上就能够知道这个行业初创期的估值区间。所以在早期投资的时候,成本控制得越好,风险就会越低,收益就会更好。但这并不是说,越便宜的企业就越值得投。便宜的企业和好企业之间没有必然联系。投资人要搞清楚自己的投资逻辑,当然在投资优秀企业的过程当中,确实需要控制投资成本,但是并不代表越便宜的企业是越值得投资的企业。

所以,当一个企业寻找投资人融资时,投资人经过这几个维度的考量以后,便能给出一个估值区间和大概的持股比例。在这个阶段,因为无法有一个极为精准和量化的估值模型,投资人和创业者双方都觉得相对公平,都能接受就可以了。早期投资的估值过程需要有一些经验值。

此外,在初创企业估值的时候需要考虑的因素很多,比如要考虑这个模式的将来用户和早期客户会是什么样的类型,团队是怎么样的,甚至一个初创的公司有无期权估值也会不一样。

要点回顾

➢ 按照创业资源在创业规划过程的参与程度可以分为直接资源和间接资源,也可以按照创业资源在创业过程中的重要性将创业资源分为核心资源和非核心资源。

➢ 创业资源在创业过程中有利于明确企业战略,有利于形成企业的核心能力,有利于提高创业者的能力。

➢ 创业者要学会如何整合创业资源,整合方式包括依靠自有资源、拼凑资源和利用资源的杠杆效应三种方式。

➢ 与风险投资者沟通时需要关注的点包括了解风险投资者的用意、准备投资建议书、创业计划书、尽职调查报告和营销材料等,要摸清投资者偏好等要点,同时要掌握企业的估值原则和融资要点。

 创业修炼

案例体验

姚劲波:如何与投资人沟通?

2006年的分类信息网站像极了2011年的团购网站,数千家网站在一夜间出现,几个拿到投资的活了下来,最终市场仅剩下两三家。

在58同城的股东名单中,三家机构投资者风格迥异:赛富主要关注成长期投资,DCM主要投资科技创业企业,华平投资是大型PE机构。谈及与投资机构的关系,按照姚劲波自己的总结:"我们和VC的关系是非常融洽的,荣辱与共。"甚至很多投资人在看项目的时候会听一听姚劲波的投资建议。

作为连续创业者的姚劲波在与资本交流的过程中,有何特别的经验?在总计过亿美元的多轮融资中,姚劲波如何持续获得投资人的信赖?

《21世纪》:58同城的几轮融资情况是怎样的?

姚劲波:58能够发展起来肯定离不开资本的支持,我们是典型的由资本扶持起来的企业。58成立的前八年一直是亏损的。这种大规模的市场、大规模的研发、打造平台的模式,是特别耗时间耗钱的事情,没有基金的支持不可能发展。

58在2005年底成立,2006年初拿到赛富的投资。赛富主要做中后期的投资,我们是他们不多的早期投资之一。第二轮是DCM,2009年经济危机之后,58基本上是DCM在经济危机之后投的第一个案子。最近一轮是华平,几百亿美元的基金。

《21世纪》:资本对58同城最大的价值在哪里?

姚劲波:资金对我们最最明显的作用是我们能够活着。分类信息网站和后来的团购一模一样,一开始有几千家,之后有几个拿到投资了、活了下来,最后市场就剩下了两三家。

我们和VC的关系非常好,他们会问我有什么困难没有。我也一直把他们当家人,不论好消息、坏消息,都会同他们分享。比如,我们的CFO就是华平帮我们找的。不只是CFO,还有我们负责HR的段冬、负责信息系统的人,都是我们的VC帮我们介绍的。

《21世纪》:58同城如何处理与投资机构之间的关系?

姚劲波:三家的风格完全不一样,但同我们的关系都无一例外地非常好。甚至他们在投项目的时候都会拿给我来看一看,问我该不该投。

我和VC处理关系的方式是经常见面。有时候一起吃饭,有时候一起运动,我们家人的关系也非常好。就是平时多沟通,无论好消息还是坏消息,决定做市场、决定招人。比如我们流量超过100万,收入了一个大客户,我就会发邮件告诉所有的VC。他们会为你的一点进步感到高兴。不断分享信息、非正式沟通,这就是和基金处理好关系很重要的技巧。

平时我们就像兄弟一样。比如我们到郊区去做团队建设,就会叫上他们。平时在网上、微信群里面、邮件里面沟通特别密集。我首先让他们喜欢上58这个公司和我们的团队,他们同我们的高管关系也特别好。

《21世纪》:同VC相处应该注意什么?

姚劲波:从整个资本市场来看,VC比较容易走极端。好的时候特别乐观,不好的时候特别悲观。其实公司增长往往是波动上涨的。很多想法你要懂得尊重,要听投资人的看法,但作为管理层和创始人,一定要有自己的判断,要反过来去影响他们。乐观的时候,告诉他们以后有可能会不好;悲观的时候,告诉他们会好起来。

58大的决策都是我们自己拿的。比如2010年扩充团队,我们扩到了27个城市,招了几千人;2011年投入市场、教育市场。这几个决策都不是来自董事会,而是管理团队有一个提议,来寻求VC的支持。这取决于你平时和VC的关系好不好,他对你的信任程度高不高,你的说服能力、铺垫能力怎么样。

《21世纪》:58在过去这些年走过哪些弯路?如何调整方向?

姚劲波:我们走了很多弯路,但一旦尝试不通,换方向的时候砍得是非常快的。我们曾经尝试做DM,一个月几百万的收入,几百人的团队,之后一夜之间全部转了。我们最开始也尝试过走纯在线,但决定往线下走的时候,27个分公司几千号人,差不多一年之内做完。我们的产品、价格,是一路试下来,没有太多可以参考的。如果你说有什么模式在中国是完全创新的,那我们一定是其中的一个。

58在过去每年都是翻倍增长,希望未来也能够保持翻倍或者接近翻倍的增长。我希望一直把58往快车道引。不只是我,要影响整个团队始终往快车道跑,始终看机会在哪里。如果你一直在现在的地方,可能更安全,但也就没有增长的机会了。

《21世纪》:两次申请上市的情形?

姚劲波:上一轮资本的泡沫,我们是能上的。但后来还是决定不考虑,因为那些公司上去之后表现都不太好。2011年已经交表,就差媒体公布了。

上市之后的表现非常好,超乎想象。当时我们是比较早的一家,也是很冒险的,因为没有人知道好不好,但是去路演之后发现,受欢迎程度超乎寻常。

去年,当时我们肯定是觉得市场还可以,要不不会去上,但要说没有担心也是不可能的。我都曾经想过,如果这次上市没有成功,那回来之后我应该给员工写一封什么样的信,发表一个什么样的演讲,这都想好了。直到离开香港的一刻,我才觉得这个事儿成了。我们路演是从新加坡开始的,第二天在香港,之后是美国。新加坡就超额认购了,离开香港就已经10倍了。

《21世纪》:您认为58同城在上市之后最大的挑战是什么?

姚劲波:从我们内部来看,很多事情还没有做,很多事情还可以做得更好,到处是漏洞,到处是机会。执行不到位的地方到处都是,这几年肯定有的忙。能看到的、肯定要做的还有很多很多。

我们现在的市值是40亿美元,在中国互联网企业里面排名前10,超过了很多老牌互联网公司。我认为将来中国真正伟大公司的标志,如果从市值来看,应该是百亿美元的。要成为一个好的公司,一个伟大的公司,其实我们还差得很远。

资料来源:赵娜,《专访姚劲波:如何与投资人沟通?》,《21世纪经济报道》2014年4月14日。

思考题

（1）如果你是创业企业家或者核心管理层,会如何处理与VC在公司决策上的分歧?

（2）面对公司不同融资阶段进入的投资者,如果你是公司创始人会如何整合他们手上的资源并且权衡他们的不同诉求?

（3）你认为公司确定上市的时点和地点需要考虑什么?

自我测评

> 我们从创投机构的立场出发,认为如果创业者都考虑并回答了以下表格的问题,事情会变得容易得多(即便创业者不是向创投机构融资,在向其他人融资时,思考一下这些问题也是有意义的)。

- 创业者的愿景是什么?

创业者的最终目标是什么?你要为哪些人解决什么问题?你打算将来成为什么样的人?

_____

_____

- 创业者的市场机会是什么?市场有多大?

创业者的目标市场有多大?成长的速度有多快?这个市场的成熟程度如何?是不是新生市场?是否有信心成为该市场的前三名?

_____

_____

- 创业者的产品或服务是什么样的?

创业者的产品或服务是什么?它们能为顾客解决什么问题?它们具有什么特色?

_____

_____

- 创业者的顾客是谁?

目前的顾客是哪些人?目标顾客是哪些人?你是怎么界定你理想的顾客的?谁为创业者的产品或服务付费?请介绍一下一个可能的具体顾客。

_____

_____

- 产品或服务的价值所在是什么?

你为顾客提供了什么价值？顾客购买创业者的产品或服务，会得到什么利益？你解决了什么问题？

- 你如何进行销售？

销售过程是什么样的？周期有多长？产品或服务是如何到达目标顾客的？到达一个顾客的费用是多少？你采用什么样的营销和渠道战略？目前的销售途径是什么？

- 你是怎么吸引顾客的？

赢得一个顾客的费用是多少？这个费用是否有变化？为什么？如何界定顾客的终身价值？

- 创业者的管理团队怎么样？

管理团队有哪些人？他们有什么经验？管理团队存在哪些不足？你打算如何去弥补？

- 创业者的盈利模式是什么？

如何获得收益？需要怎样才能盈利？

- 现在的进展情况如何？

现在进展到哪个阶段(包括技术、产品、团队、资金、收益等各个方面)？马上就有新进展的有哪些方面(很快就能实现，或者前景变得更清晰)？你认为未来的发展取决于哪些重要方面？

- 创业者的融资情况怎么样？

已经获得了哪些资金？希望得到多少投资？比例如何？如何使用这些资金？这些资金可以维持多久？到那时，公司是否能够取得重大进展？你预计以后还需要筹集多少资金？在什么时候？

- 竞争对手是什么情况？

目前和可能的竞争对手有哪些？谁有可能进入创业者的目标市场？他们是和你竞争，还是有可能和你合作？他们有什么优势和劣势？创业者的优势在哪里？为什么？

_____

_____

- 创业者的合作伙伴是什么情况？

谁是你目前和将来重要的营销和技术伙伴？你对这些合作伙伴的依赖程度如何？

_____

_____

- 与预期的投资人的适配情况是怎么样的？

创业者的创业项目与投资人的投资方向和经验匹配吗？与投资人现有的投资方向有没有竞争或互补的地方？

_____

_____

- 其他

你认为企业要获得成功需要哪些关键的条件？哪些因素有可能在一夜之间让企业发生巨变（如新的技术，新的市场进入者，管制或标准的变化）？企业的薄弱环节是什么？

_____

_____

游戏仿真

资源获取游戏

(1) 材料清单

➢ 资源清单讲义；

- 每种资源可以按照类型(人力、社会、技术、财务、组织、物质等资源)以及价值性、有用性、稀缺性或易于模仿的程度进行描述。

(2) 游戏(5分钟)

学生们首先需要写下他们开创新企业时所需的两种最重要的资源,并讨论:
- 当他们谈论资源时,指的是什么?
- 如何定义资源?

接下来是资源练习指导(分发资源清单讲义)(5分钟)
- 在教室里找到一个拥有清单上某种资源的人。
- 让那个人把他的名字写在资源清单上他所有的资源名称旁边。
- 不能让同一个人在你的表单上拥有多种资源,但是同一个人可以在多张表单上就同一种资源签名。
- 你可以将自己作为一种资源。
- 你有3分钟的时间。

在练习期间,要求一个人一直安静地坐着,不要站起来。这个人一直参与其中,但不能在教室里走动。

(3) 汇报(15分钟)

- 练习期间发生了什么?
- 是不是有些资源更易于获得?有的则更难?
  - 哪些资源更难获得?为什么?
  - 最易获得的是否是那些最普通的资源?
  - 最难获得的是否是那些有专长、有文化重要性、最有价值的资源?
- 哪些资源是有价值的或者稀缺的?是否明显?
- 你的资源获取战略是什么?
  - 先易?先难?还是采取混合战略?
  - 去找哪些你所知晓的拥有资源的人?
  - 你是否交换签名?
  - 广告——通过高声喊叫?
  - 听别人喊?
  - 你将自己置于教室中的哪个位置?
  - 本练习是否有病毒性特征(人们来回走动时,信息就传播开了?)
  - 时间——3分钟时间限制影响了你的资源获取方法吗?
- 资源类型:
  - 在资源清单所有的名目中,哪些类型的资源是有代表性的?
  - 你最先获取哪种类型的资源?最想获取哪种类型?
- 获取的全部资源:
  - 你共获取多少资源?
  - 如果这些资源都有标价,会有什么差异吗?
  - 如果一个人被要求一直静坐,他获得了多少资源?

> 资源开发战略。

(4) 总结

后续涉及评估团队所拥有的与创业相关的资源、哪些资源是他们需要的及其来源。学生可以起草一份资源获取战略和资源获取时间表，应当考虑是借用、交易还是组合型资源战略。创业者应当清晰地明白这些资源中哪些对自己是最重要的、一般性的以及最不重要的资源。

资料来源：海迪·M. 内克、帕特里夏·G. 格林、坎迪达·G. 布拉什著，薛红志、李华晶等译，《如何教创业：基于实践的百森教学法》，机械工业出版社 2015 年版。

反思与改进

(1) 如果你打算或者已经正在创业，你认为什么创业资源的缺乏会对你创业成功构成阻碍？如何去获得这些资源？

(2) 你身边有创业孵化基地吗？你认为创业孵化基地或者众创空间能够给创业者提供什么样独特的资源？

（3）结合自我测评的问题，你认为自己最熟悉或者清楚的是哪些问题？哪些问题之前从来没有认真思考过？问题重要吗？

5 精益创业方法

精益创业是新时代创业者应该掌握的基本方法。本章的第一部分引入了精益创业的理念,介绍了精益创业的内涵和适用范围;第二部分介绍了精益创业的两个阶段和四个过程,核心包括最小化可行产品原型、听取顾客反馈以及产品快速迭代三方面。最后,第三部分介绍了创新思维设计的5个步骤。

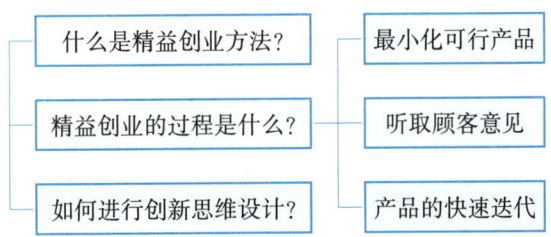

1. 了解精益创业的内涵、知道精益创业的五个原则和适用范围。
2. 了解精益创业的四个步骤,熟悉最小化可行产品含义及设计步骤。
3. 知道思维设计五步法的内涵并学会运用。

微信产品的迭代开发

微信,这款用户数超过 6 亿、月活跃用户数超过 2.7 亿的产品已经融入了我们的生活并逐步影响着我们的生活方式。

微信是从最小化可行性产品 MVP 一步一步改进而来,微信 1.0 版是一个非常经典的 MVP。当时微信针对传统运营商短信很贵,且短信群发不容易这一痛点,推出只有免费短信和短信群发功能的 1.0 版。在第二版中,微信才加入了照片分享功能。之后,微信才逐渐加入摇一摇、语音、录音以及其他一些功能。微信产品从 MVP 开始的迭代过程如下:

微信 1.0 时代

2011 年 1 月 14 日,微信 1.0 安卓测试版上线运营。1.0 版界面非常简洁,功能也非常简单,主要包括文字信息交流、照片分享、个性化用户头像三个方面,但是,跨平台交流、极速轻快的楼层式对话和便捷的图片分享功能给用户带来了非常良好的体验。之后的产品更新迭代,微信在信息交流方面加入了多人会话与插入表情功能,从而方便了用户在手机上开展群体讨论,丰富了用户的表达方式。在用户入口方面,微信与腾讯微博私信互通,建立了微信与微博的联系,同时微信支持通过验证工作邮箱自动找到验证过相同工作邮箱的同事,通过这两个功能,把更多的用户导入微信。其他方面,微信增加了通讯录的分组功能,支持联系人与聊天记录快速查找,支持好友备注,方便用户快速识别好友,同时,添加了黑名单功能,防止用户被骚扰。

微信 2.0 时代

2011 年 5 月 18 日,微信发布 2.0 安卓版。该版本的重头戏在于语言对讲功能,只要你轻轻按住说话,松开后对方就能收到你的声音,同时还支持多人对讲。与传统输入相比,语音输入在方便性与可玩性方面更具优势。为了促进用户的快速增长,微信首先是开启了用户手机的通讯录,寻找到用户通讯录里面的好友。其次是绑定 QQ 号,把 QQ 用户导入微信用户中。最后是通过查找附近的人,使用户轻松找到身边其他正在使用微信的人。由于开通了更多的用户接口,2.0 版在用户隐私方面做出了不少的改进,比如开发出好友验证功能以及诸如"是否将我推荐给 QQ 好友"及"是否可以通过 QQ 号找到我"的设置功能。除此之外，该版本还增加了通讯录安全助手、个性签名修改、听筒切换，进一步提升用户体验。

微信 3.0 时代

2011 年 10 月 18 日，微信发布 3.0 安卓版。3.0 版的亮点在于摇一摇和漂流瓶两个功能。之前无论是从手机通讯录导入用户，还是从 QQ 或者邮件导入用户，其导入的用户和你多少是存在一点关系的。而通过摇一摇和漂流瓶两个功能，增加了陌生人交友的功能，添加了新的交友方式，使产品具备了有趣、好玩的特性，增加了用户互动，保持了用户黏性。首先来看摇一摇这个功能。它是一个以自然为目标的设计，抓握和摇晃是人在远古时代没有工具时必须具备的本能。通过手机的移动特性，加以视觉（屏幕裂开并合上）、听觉（男性是来福枪的声音，女性则是铃铛声音）的引导以及人们对跨空间群体的好奇心理，很容易激发人类的这项本能。在现有产品中，几乎没有比这更简单的交互体验，所以摇一摇这项功能很难被超越。其次是漂流瓶的功能。倾诉是人的原始性需求，匿名则是这一需求的催化剂，微信的漂流瓶功能使人们可以随时随地倾诉，满足了现代人对倾诉和匿名社交的需求，给人们带来了群体性的互动，增加了产品的有趣性和影响力，从而进一步增加用户的活跃度和黏性。

除了摇一摇和漂流瓶这两个功能外，微信 3.0 时代的产品对其他功能也进行了改进，比如从纯发图片到图片与视频并举，从邮件提醒到邮件收发，从简单表情到动画表情、emoji 表情、自定义表情，从消息点对点发送到消息点对面发送等。同时微信也集成了语音记事本、微博精选、腾讯新闻、专属二维码分享等功能。微信功能是越来越强大，但一些不必要的功能加入也让微信显得臃肿，比如微博精选和腾讯新闻，这两个模块的加入对提升用户体验未必能够起到积极作用。

微信 4.0 时代

2012 年 5 月 24 日，微信发布 4.0 安卓版。该版本的重大改进之处在于新增朋友圈和开放 API 接口两个方面。通过此次升级，我们可以看出微信从一个移动在线 IM 工具逐步转变为移动社交类产品。首先看朋友圈。朋友圈一切围绕着图片展开——拍摄图片、上传图片、分享图片、探讨图片，并试图让每个用户都参与到自己和他人的"图片塑造生活"的设计初衷上去。朋友圈是吸引熟悉朋友之间互动的卖点，通过朋友之间的 UGC 与频繁互动来增加用户的活跃度，保持产品的黏性。其次是开放 API 接口。API 接口开放后，微信支持从第三方应用向微信通讯录里的朋友分享音乐、新闻、美食、摄影等消息内容，从而进一步增加用户之间的互动，同时 API 接口的开放有可能使得微信在将来成为一个强大的移动应用平台。

除了朋友圈和开放 API 两大特点外，微信 4.0 时代的产品还对以下方面进行了改进：视频聊天，图片、视频转发，摇一摇传图以及传送歌曲，扫描二维码，位置导航，聊天置顶，星标分组，名片设计，语音搜索，实时对讲，公众号等。

微信 5.0 时代

2013 年 8 月 9 日，微信发布 5.0 安卓版。5.0 版的特色在于增加了表情商店、扫一扫、游戏中心、绑定银行卡等功能。从这次版本升级中，我们可以看出，微信在经历了两年多时间的用户积累,网聚了五六亿的用户后,它要开始收网营利了。首先看游戏中心,在这里你可以和朋友们一起玩游戏。打飞机,再普通不过的一款游戏,由于朋友排行榜的存在,使这款游戏在上线第一天就像病毒一样疯狂传播。其次是扫一扫功能,你可以扫条码、图书和CD封面、街景,还可以翻译英文单词。扫条码、扫图书和CD封面成为用户查看购买商品的入口,扫街景增加了产品的趣味性。再次是表情商店,在这里有各式各样的表情供用户选择,能够满足用户的视觉化的沟通需求。而最后的绑定银行卡功能,满足了用户快速便捷安全的移动支付需求。这一支付方式的出现使得微信游戏平台的游戏付费下载、移动购物分成、购买收费表情等营利方式变得清晰可见。当然更值得一提的是订阅号消息的折叠,折叠后我们的消息列表更干净,我们可以看出微信在弱化其媒体属性、强化其社交功能。

备注:本文的分析基于微信安卓版。微信1.0时代的产品包括微信1.0、微信1.1、微信1.2。微信2.0时代的产品包括微信2.0、微信2.1、微信2.3、微信2.4。微信3.0时代的产品包括微信3.0、微信3.1、微信3.5、微信3.6。微信4.0时代的产品包括微信4.0、微信4.2、微信4.3、微信4.5。微信5.0时代的产品包括微信5.0、微信5.1、微信5.2、微信5.3。

资料来源:付贵锋,《从微信产品的功能变迁看其发展战略》,互联分析沙龙。

5.1 什么是精益创业方法

◇ **本节目标**
了解精益创业的内涵、知道精益创业的五个原则和适用范围。

▶ 精益创业内涵

精益创业(Lean Startup)概念由硅谷创业家埃里克·里斯(Eric Rise) 2012年在其著作《精益创业:新创企业的成长思维》一书中提出。但其核心思想受到了另一位硅谷创业专家史蒂夫·布兰克(Steve Blank)的《四步创业法》中"客户开发"方式的很大影响,后者也为精益创业提供了很多精彩指点和案例。

精益创业(Lean Startup)
《精益创业:新创企业的成长思维》

客户开发(Customer Development)
《四步创业法》

精益创业的核心思想是,开发产品时先做出一个简单的原型——最小化可行产品

(minimum viable product,MVP),然后通过不断学习和有价值的客户反馈,对产品进行快速迭代优化,以期适应市场。其理念可以追溯到软件行业的敏捷开发管理。精益创业可以理解为敏捷开发模式的一种延续。

精益创业是从行动开始,是行动导向而非计划导向,用科学试错的方式来获取认知,由行而知,完成学习的第一循环。同时,将所收获的认知转向行动,由知而行,完成学习的第二循环。再不断地重复这个过程,最终形成认知的不断更迭与行动的不断调整,这是精益创业在思维上的一个基本模式。精益创业体现了以下基本原则:

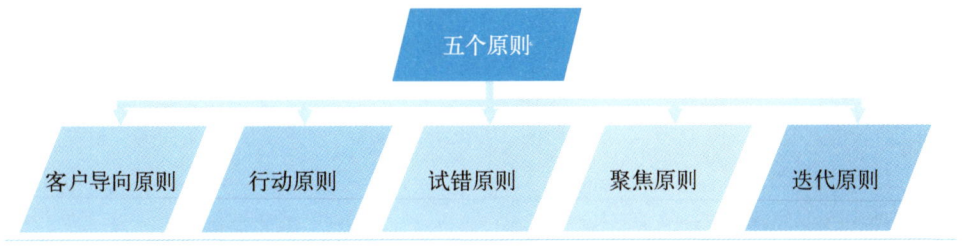

图 5-1 精益创业的五个原则

(1) 客户导向原则

精益创业的核心是围绕客户,所有的认知、所有的迭代都是围绕客户展开的;而火箭发射式创业则是自我导向——从初创公司或者创始人本身导入创业过程。

(2) 行动原则

行先于知,而不是用知来引导行,从计划导向转为行动导向。

(3) 试错原则

从完美预测转向科学试错,后边要提到的 MVP 就是试错过程中非常重要的一个工具。

(4) 聚焦原则

初创企业最好首先聚焦在最关键的天使客户上。

(5) 迭代原则

从火箭发射式创业中的完美计划、完美执行转换到精益创业的高速迭代,迭代和速度都是非常关键的。

▶ 精益创业适用范围

看过美剧的读者们一定都知道,美剧往往都会先拍摄一部几十分钟的先导片,交代主要的人物关系、矛盾冲突、故事背景,然后邀请几十位观众参加小规模试映会,再根据观众的反馈来决定剧情要做哪些修改,是否需要调整演员,以及决定是否投拍。在每一季结束时,制作方又会根据收视率和观众意见决策是砍掉该剧还是订购新一季内容。这种周拍季播的模式,把所有的决策权交给观众,让制作方的投资以及失败成本降到最低,是一种典型的精益创业方式。

以此为例,我们可以总结出精益创业的适用范围:

精益创业适合客户需求变化快但开发难度不高的领域,比如软件、电影电视、金融服务等。在国内,大众点评网等就采用这种小步试错的方式进行开发,一些传统企业如中信银行信用卡中心利用精益创业进行信用卡产品及客户服务的创新,并把三大法宝固化到项目管理机制中。

而精益创业的不适用范围是:

由于精益创业需要经常进行客户验证,因此对于一些客户验证成本较高或者技术实现难度较大的工作并不适合。比如大型赛事,服务客户是全体运动员,但想要获得他们的频繁反馈是比较困难的。又比如航天工程,客户需求是比较明确、清晰的,主要难点在于飞行器的技术实现和对接控制。

5.2 精益创业内容是什么

◇ **本节目标**
了解精益创业的四个步骤,理解最小化可行产品含义及设计步骤。

▶ 精益创业过程

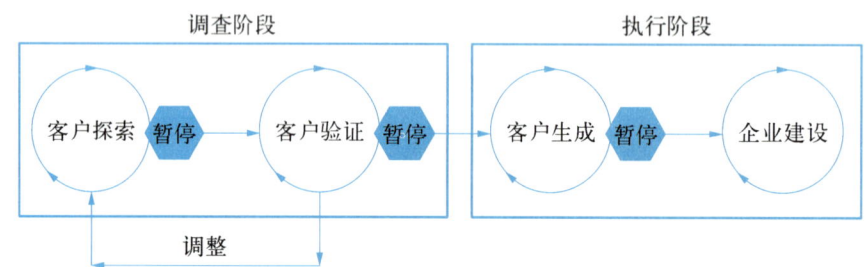

资料来源:史蒂夫·布兰克,《创业者手册》,机械工业出版社2014年版。

图 5-2 精益创业两个阶段与客户开发流程图

(1) 最小化可行产品(MVP)

在精益创业四阶段中,我们可以看到第二阶段客户验证需要开发 MVP 产品。MVP 即最小化可行产品,是精益创业的核心思想。一个最小化可行产品(MVP)有助于创业者尽早开启学习认知的历程。它不一定是想象中的最小型产品,它是用最快的方式、以最少精力完成"开发—测量—认知"的反馈循环。最小化可行产品的目的则是开启学习认知的流程,而不是结束这个流程。与原型或概念测试不同的是,最小化可行产品并非用于回答产品设计或技术方面的问题,而是以验证基本的商业假设为目标。

设计 MVP 一般要确定两件事:第一件是确定天使用户,第二件是确定最核心功能集。

① 客户数量由 A 到 E 递减,最核心的天使客户是痛点迫切,愿意尝试不完美产品且积极提供反馈并愿意推广的客户。

② 确定最核心功能首先要从最重要痛点或功能开始,然后提出可有可无功能,反复几次,最后才确定,如图所示:

然而,即使是最小化可行产品,如何有效地获取用户的反馈也是一门复杂的学问。如果一开始就先开发产品再来验证顾客对产品的反应,有可能造成时间和金钱上的浪费。以下是几种避免这种无谓消耗的可行途径:

① 用户访谈

在创业过程中,没有严格的定理,只有各种不同的意见和假设。而验证各种观点是否正确的重要途径就是与早期真实的用户进行沟通,向用户解释你的产品能解决他的什么需求,然后询问他们对于你产品不同部分的重要性是如何排序的。根据收集到的信息再对产品进行调整。需要注意的是,用户访谈应该着眼于发现问题和解决问题,而非向受访者推销产品。

② 视频式 MVP

如果说一张好的产品图片胜过千言万语,那么一段高质量介绍视频的价值则不可估量。最著名的例子就是 Dropbox 验证 MVP 时所发布的视频。这段视频介绍了 Dropbox 的各项功能,注册用户一夜之间从 5 000 人暴增到 75 000 人,当时的 Dropbox 甚至连实际的产品都没有。当你开发的产品解决的是一个用户自己都没有发现的问题时,你很难接触到目标消费群体。Dropbox 的介绍视频起到了良好的效果,假如 Dropbox 在介绍时只是说"无缝的文件同步软件",绝对不可能达到同样的效果。视频让潜在消费者充分了解到这款产品将如何帮到他们,最终触发消费者付费的意愿。

③ 碎片化的 MVP

所谓碎片化的 MVP 是指利用现成的工具和服务做产品的功能演示,而不要完全自己开发。在团购网站 Groupon 的早期,创始人使用 Wordpress, Apple Mail 和 AppleScript 等工具,将网站收到的订单手动生成 PDF 发给用户,自己花时间和金钱搭建各种基础设施,远不如利用现成的服务和平台,通过这种方式,开发者可以更高效地利用有限的资源。

④ 虚构的 MVP

在产品的早期,除了制作视频和搭建代码框架,你还可以利用虚构的 MVP 在产品开发出来之前人工模拟真实的产品或服务,让消费者感觉他们在体验真实的产品,但是实际上产品背后的工作都是手工完成的。鞋类电商 Zappos 刚刚起步时,创始人尼克·斯威姆(Nick Swinmurn)把本地商店鞋子的照片放在网站上,来衡量人们在线购买鞋子的需求。当有人下单时,他再去把鞋买回来。这种方法虽然规模很小,但是能让你能够在产品设计的关键阶段同消费者保持良好的交流,了解消费者使用网站时的一手信息,更快捷地发现和解决现实交易中消费者遇到的问题。

⑤ 单一功能的 MVP

在做最小化可行产品时,专注某个单一功能会更加节约开发时间和精力,避免用户的注意力被分散,让他们关注到产品的主要功能。Foursquare 在上线之初只是为了让用户可以在社交媒体上签到。他们的第一版 App 也仅有这个简单的功能。Buffer 最初就是定时发推特(Twitter),每个用户只能绑定一个推特账号。这种限制缩小了早期用户的范围,让创业者关注更重要的问题,比如测试产品是否适应市场等,而不要担心乱七八糟的事情。

其他的路径还包括贵宾式 MVP、预售页面、数码原型、纸质原型等。①

(2) 听取顾客反馈

与原型或概念测试不同的是,最小化可行产品并非用于回答产品设计或技术方面的问题,而是以验证基本的商业假设为目标。质量管理大师爱德华·戴明说过"顾客是生产流程中最重要的部分",这意味着当最小化产品被开发出来并向一部分公众发布后,最好的方式是通过真实的顾客反馈来检验是否具有顾客价值,以期望完成改善与进一步的设计创新。最小化可行产品需要创业者有勇气验证自己的假设,接受最客观的顾客反应。如果顾客的反应和创业者期待的一致,那就确认了假设是对的。如果创业者发布了一个设计糟糕的产品,让顾客甚至早期使用者都无法弄明白如何使用,那就说明创业者需要更多投资和努力以获取出色的设计。

顾客会有很多不同的需求,创业者需要去收集、判断和分析这些需求,区分它们的重要性及普遍性。MVP 应该避免一开始就将全量顾客当做测试对象,因为这对创业公司来说意味着巨大的时间与资源投入,而得到的反馈却很可能是繁杂的。虽然更多的时候,创

---

① http://36kr.com/p/217020.html.

业者并不清楚自己的目标顾客是谁、在哪里,但是缺乏有针对性定位将导致产品很难有明确的忠诚种子用户群体,也就很难得到明确的需求反馈。

(3) 产品快速迭代

当 MVP 推出市场,向公众发布时,在采集了一部分顾客的需求并处理分析后,对产品的迭代就成为必需。迭代基本模式一般分为两个步骤(即认识问题和确定解决方案)主要是为了让问题和解决方案相匹配,也就是找到一个值得解决的问题。然后进入匹配产品和市场的部分,再分别从定性和定量两个方面来检验产品,看看它是否真是用户需要的东西。

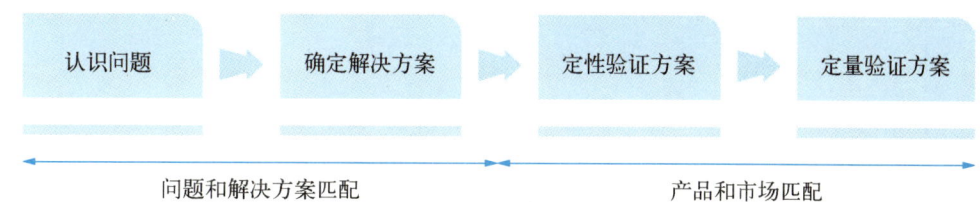

图 5-3 迭代的基本模式

但是当一个定位不够清晰、逻辑不够严谨、设计不够精致的 MVP 上线后,如果可以继续推进下去,大量的迭代修改不可避免。设计师和开发者将不断地被各种用户吐槽转化而来的小需求狂轰滥炸,修修补补疲于奔命,看不到尽头,而这种修补也多是不痛不痒或顾此失彼,设计师则更容易被并不那么重要的细节困住,改动形不成一个整体,无法真正将 MVP 再提升一个档次。

MVP 因为在初期的低成本、快速而受到一些人的追捧,但他们却忽视了潜在的成本:对低质量的 MVP,耗在迭代改进上的时间精力将是无止境的。这个过程对于一个内心不够强大的设计师来说,很可能就慢慢磨灭了对设计的热情。①

▶ 精益创业画布

精益画布是《精益创业实战》作者阿什·莫瑞亚(Ash Maurya,2013)根据亚历山大·奥斯特瓦德的"商业模式画布"方法改良而来的。精益创业画布更适合作为创业初期团队梳理思路的工具。

精益创业画布的制作步骤如下:

(1) 迅速起草一张画布

你可能很想现在空画布上做无数的实验,但是不应该在第一版的画布上消耗太多时间——最多不能超过 15 分钟。制作画布是为了把你脑海里所想的东西迅速记录下来,然后再来确定哪个部分风险最大,最后再让他人来验证你的模式。

(2) 有些部分空着也没关系

别总想着要琢磨或讨论出"正确"的答案,要么马上写下来,要么就留空。留空的部分可能就是商业模式中风险最大的部分,你应该从这里开始进行验证。像"门槛优势"这样

---

① http://www.woshipm.com/pd/237443.html.

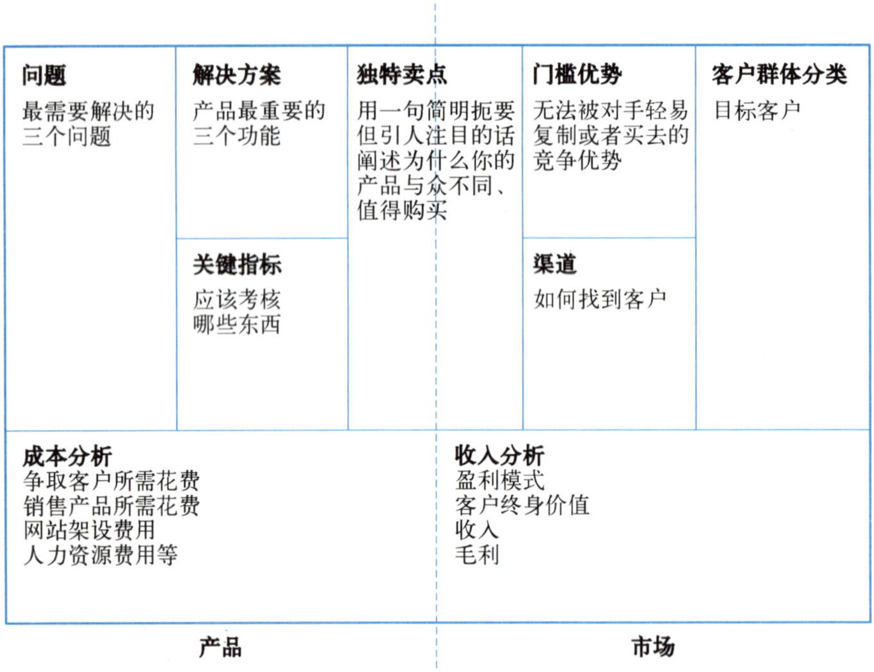

问题 最需要解决的 三个问题	解决方案 产品最重要的 三个功能	独特卖点 用一句简明扼要 但引人注目的话 阐述为什么你的 产品与众不同、 值得购买	门槛优势 无法被对手轻易 复制或者买去的 竞争优势	客户群体分类 目标客户
	关键指标 应该考核 哪些东西		渠道 如何找到客户	
成本分析 争取客户所需花费 销售产品所需花费 网站架设费用 人力资源费用等			收入分析 盈利模式 客户终身价值 收入 毛利	
产品				市场

精益画布是从商业模式画布（http://www.businessmodelgeneration.com）改编而来的，已取得知识共享署名份额许可证。（下文不再逐一注明。）

图 5-4 精益创业画布

的部分可能需要多花点时间才能找到，所以目前的最佳答案可能就是"我不知道"，不过这也没关系。画布本来就应该是很灵活的，可以随着时间的推移逐步完善。

（3）尽量短小精干

要想用一句话说清楚一件事很难，用一段话则简单得多。画布的空间限制正好可以让你把商业模式的精华部分提炼出来。你的目标是只用一张纸来制作画布。

（4）站在当下的角度来思考

如果是写商业计划书，那你可能会花大力气来预测未来，不过预测未来是不可能的，你应该以非常务实的态度来制作画布，根据目前的发展阶段和掌握的情况来填写内容。想一想，下一步应该先测试哪些假设？

（5）以客户为本

亚历山大·奥斯特瓦德在他的书中阐述了各种寻找原始商业模式的技巧。不过，由于精益创业实战法本身就以客户为主要驱动力，因而我觉得在寻找原始商业模式的时候，只需要围绕客户做文章就足够了。很快，你将会看到，仅仅调整一下客户群体，商业模式就会起翻天覆地的变化。

精益创业画布的制作顺序建议如图 5.5 所示[①]：

[①] Ash Maurya 著，张玳译：《精益创业实战》，人民邮电出版社 2013 年版。

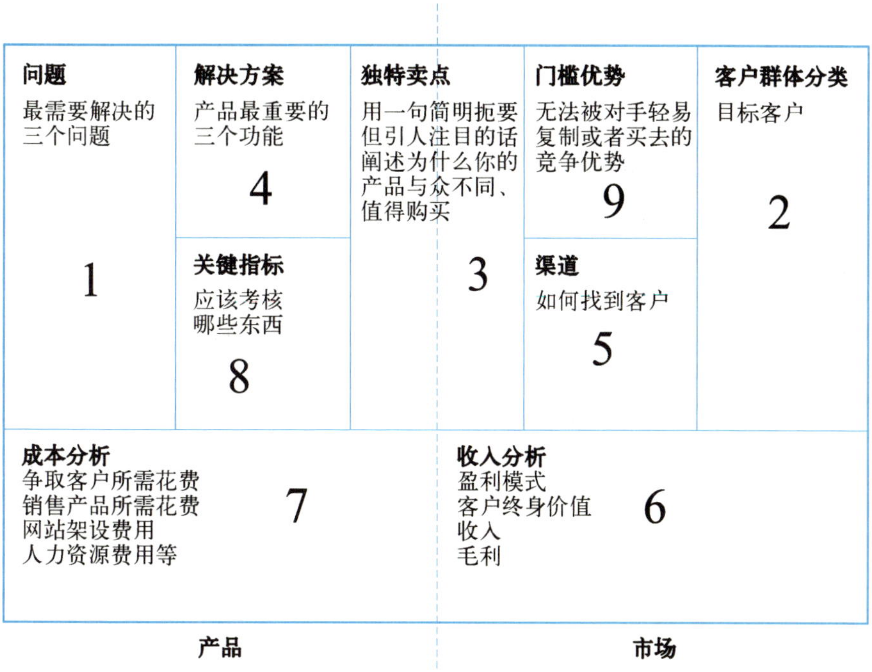

问题
最需要解决的三个问题
1
解决方案
产品最重要的三个功能
4
关键指标
应该考核哪些东西
8
独特卖点
用一句简明扼要但引人注目的话阐述为什么你的产品与众不同、值得购买
3
门槛优势
无法被对手轻易复制或者买去的竞争优势
9
渠道
如何找到客户
5
客户群体分类
目标客户
2
成本分析
争取客户所需花费
销售产品所需花费
网站架设费用
人力资源费用等
7
收入分析
盈利模式
客户终身价值
收入
毛利
6
产品
市场

图 5-5　精益创业画布制作顺序

5.3　设计思维方法有哪些

◇ **本节目标**
知道思维设计五步法的内涵并学会运用。

产品创新也称为新产品开发。创业计划书只是作为企业价值创造的一个基本构想，企业最终要以产品创新为载体进入市场，接受市场检验。

新创公司与大公司的真正区别在于商业模式是否已知，大公司已经有被验证了的商业模式，而新创企业没有。大公司执行已知或已经确认的商业模式，更多是在运营和执行的层面，而新创公司则是探索未知的商业模式。新创公司肯定不是大公司的缩微版。

将问题和解决方案匹配起来
将产品和市场匹配起来
扩张
关注：验证性学习
实验：转型
关注：增长与发展
实验：优化

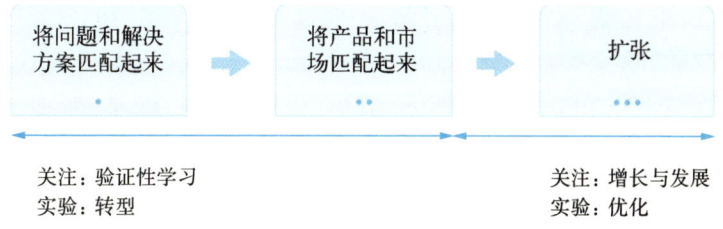

图 5-6　创业过程的三个阶段

那么企业如何进行产品创新呢？这就涉及创新设计方法的问题。创新设计方法是在人们长期实践的基础之上总结提出的，是辅助人们进行设计创新活动的手段和策略，是有效的、成熟的创新方法的总结性表达。创新思维方法是创新设计方法发展的源头。创新思维方法有广义和狭义之分。广义上讲，是指创新过程中所运用的一切思维方法，包括逻

辑性思维方法和非逻辑性思维方法。狭义上讲,创新思维方法是指创新过程中产生新颖独特的思路、创新的设想时所运用的思维方法。

创新设计方法已不仅仅是概念设想时的思维活动。创新设计是一个系统的创造性活动,整个设计系统的流程都需要创新设计方法的创造性成果。我们在这里着重介绍思维设计五步法。

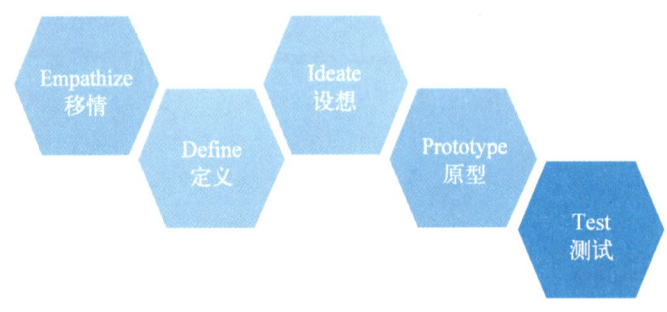

图5-7 思维设计五步法

▶ 第一步:移情

移情的意思近似于体验、体谅、体察三者的综合体,即以使用者为中心的设计,通过多元的方式了解使用者(包含访问、田野调查、体验、问卷等),协助设计思考家能从使用者的角度出发,寻找使用者真正的问题、需求。

▶ 第二步:定义

定义是将"移情"步骤中搜集到的众多资讯,经过"架构""删去""深挖""组合"后(可交互使用),对问题重新做更深入的定义,就像探水平面下的冰山,更进一步找出使用者真正的需求,并用简短的一句话定义使用者的需求。

▶ 第三步:设想

设想是要通过类似于头脑风暴的方法得到众多的方案以解决"定义"的步骤中所找出的问题。遵循"三不五要"原则:"不要打断、不要批评、不要离题"和"要延续他人想法、要画图、要疯狂、数量要多、要下标题"。

▶ 第四步:原型

通过一个具体的呈现方法,可以作为团队内部或是与使用者沟通的工具,并可通过做的过程让思考更加明确,是一个动手思考的过程。此外,可以由简略的草图呈现,进一步不断修整进而达到更完美的效果。本阶段的产出结果会作为测试之用。

▶ 第五步:测试

利用前一个阶段制作出的原型与使用者进行沟通,通过情境模拟,使用者可以测试是否适用,并从中观察使用者的使用状况、回应等;通过使用者的反应,重新定义需求或是改进解决办法,并更加深入地了解使用者。

- 精益创业体现了五个基本原则,包括客户导向原则、行动原则、试错原则、聚焦原则和迭代原则。精益创业适合客户需求变化快但开发难度不高的领域。
- 精益创业包括调查和执行两个阶段;包括客户探索、客户验证、客户生成和企业建设四个客户开发流程。其中第二阶段客户验证需要开发MVP产品。MVP即最小化可行产品(Minimum Viable Product),是精益创业的核心思想。
- "将问题和解决方案匹配起来""将产品和市场匹配起来"和"扩张"是创业过程的三个阶段。产品创新的思维设计的方法有五个步骤:移情、定义、设想、原型和测试。

游戏仿真

客户接触研究和练习①

创业是一项全面接触活动。对于对形成公司收入至关重要的潜在客户,接触是首要条件。你必须和客户接触并记录他们的反应。请完成以下内容:

- 根据对客户的市场调查,评估你的客户怎样做生意以及下一步必须进行的调查步骤是什么。

	客户市场调查客户		
	第一	第二	第三
客户的性质			
业务或角色			

---

① 杰弗里·蒂蒙斯、小斯蒂芬·斯皮内利著,周伟民、吕长春译,《创业学》(第六版),人民邮电出版社2005年版。

(续表)

	客户市场调查客户		
	第一	第二	第三
反应： 积极 消极 问题			
特定需求和用途			
可接受条款——价格、支持等			
购买决策的基础： 时间框架 谁做决定 资金限制			
使用的替代品/竞争品（产品或服务） 竞争者的名字 竞争产品 替代产品			

调查的客户	
序　号	姓　　名

反思与改进

1. 请用思维设计方法创造出一个最小化产品原型？
2. 利用精益创业思想进行创业实践遇到的最大问题可能是什么？
3. 除了文中介绍的设计思维的五步法，思考和讨论其他的创新设计思维的方法。

6 商业模式创新

 **本章精要**

好的商业模式能使一家公司持久焕发活力,在行业内取得持久成功。本章第一部分回答了商业模式到底是什么的问题,介绍了其构成要素;第二部分商业评价方面引入了对这些要素及其组合方式的评价标准;第三部分介绍了商业模式创新设计的几种路径。

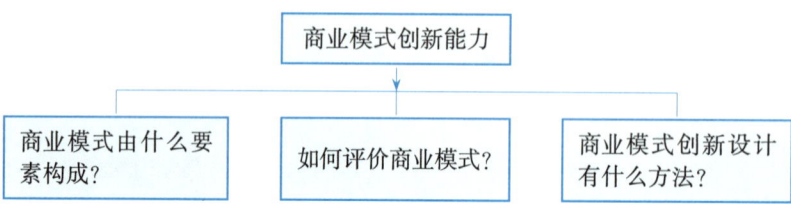

 **学习目标**

1. 理解商业模式的内涵与构成要素。
2. 了解和应用商业模式评价的三个视角。
3. 了解商业模式设计的几种组合创新方式。

苹果的商业模式创新

德鲁克说过,当今企业之间的竞争,不是产品之间的竞争,而是商业模式之间的竞争。虽然每个行业所处的外部环境相同,但总有一些企业与众不同,这些企业往往能够获得大大超过行业平均水平的收益,商业模式的创新在某种程度上决定了企业的命运。

是什么力量让苹果公司走出了曾经的低谷,异军突起成为行业领头羊?究其原因,笔者认为,正是由于它那独特的商业模式创新给企业注入了无穷的活力。

根据笔者与仁达方略高级咨询师吴志成的合作研究发现,一般来说,商业模式创新可以从盈利点创新、资源能力创新、商业生态创新三个维度切入,并且基于这三个维度,还可以衍生出混合创新,即盈利点创新、资源能力创新、商业生态创新之间相互结合的一种创新模式。

1. 盈利点创新

盈利点创新主要是指围绕着企业的业务是什么、面向哪些目标客户、为什么是这个产品或服务、有没有其他更好的产品或服务来提高利润等方面的创新,它往往是在定位层面上找到了一种新的突破点。哈佛商学院市场营销学教授西奥多·莱维特曾告诫其学生:"顾客不是想买一个1/4英寸的钻孔机,而是想要一个1/4英寸的钻孔!"

曾经有人抱怨买唱片时只是想要其中的一两首歌曲却要为整张唱片付费,这个不经意的点便成了苹果公司发家致富的秘诀。

2001年,苹果公司推出第一款iPod音乐播放器,当时全美每年仅售出72.4万台数码音乐播放器,似乎看不出什么市场前景。但苹果随即推出iTunes网上音乐点播商店,提供一首歌曲只需付费99美分的合法音乐下载;同时,只有使用iPod才可以播放从iTunes下载的音乐。截至2006年底,iTunes音乐商店的下载业务一度占据了北美合法音乐下载市场的82%。iPod已经从一台音乐播放器变成了一只宠物,是文化符号或身份的象征。

苹果真正的创新不仅仅是硬件层面的,而是让数字音乐下载变得更加简单易行,成功利用"iPod+iTunes"组合开创了一个全新的商业模式——将硬件、软件和服务融为一体。

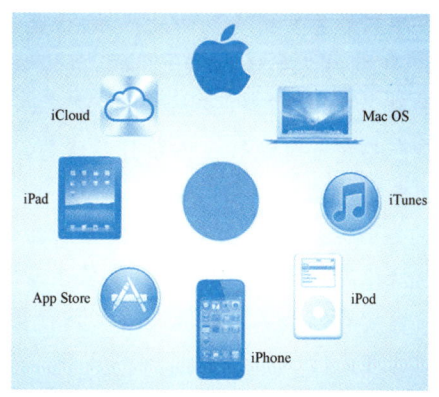

并且,苹果看到了基于终端内容服务市场的巨大潜力。在其整体战略上,它也开始了从纯粹的消费电子产品生产商向以终端为基础的综合性内容服务提供商的转变。

"iPhone+App Store"的商业模式创新更是适应了手机用户对个性化软件的需求,从而使得手机软件业开始进入了一个高速发展的空间,开创了手机软件业发展的新篇章。

iPod+iTunes、iPhone+App Store、iPad先后改变了传统音乐、手机和出版行业,建立了这三个行业的新秩序,而苹果自己也因为成功地找准了盈利点,开创了硬件、软件和服务的产业关键环节,才取得了骄人的业绩。正如德鲁克所言:"顾客决定了企业是什么,决定企业生产什么,企业是否能够取得好的业绩。由于顾客的需求总是潜在的,企业的功能就是通过提供产品和服务激发顾客的需求。"

2. 与众不同的资源能力创新

资源能力创新指对企业内部所有资源整合和运作能力的创新。它是企业的主要活动,包括服务、市场营销及销售、外部物流、运营、内部物流等,也包括一些相关的辅助活动,如企业基础设施、人力资源管理、技术开发和采购等。这些都属于资源能力创新的范畴。

在产品设计上,所有苹果系列的产品都如艺术品般精美,设计理念屡次超出业界对于产品想象力的极限。苹果公司并不是以生产的可能性为依据调整产品,而是更多地倾向于利用最新技术和创新的方法来超越消费者的预期。比如,被客户所熟知的重力感应系统、多点触摸技术,以及USB和WiFi都是率先在苹果的产品上使用的。iPhone 4则使用了一种名为Retina(视网膜)屏幕的显示技术,与此前的iPhone产品相比,即使观看屏幕近景,也不会有颗粒感。

在把握需求方面,苹果的研发团队并不热衷去做大量的客户调研,因为设计的客户体验许多并不是随机抽样的客户自己能够想象出来的。苹果的客户体验设计更多来源于乔布斯本人和其他精英对于客户的洞察力,设计人员最关心的不是设计的功能,而是需要服务于客户的指标。苹果公司对于客户反馈的收集采取的是一种双重机制:首先是一种"开箱体验"的方式。通过将用户从打开苹果产品到开始使用的全程拍摄下来,可以让工程师亲身体会到还有什么可以改进的;其次,在产品新推出的几周,由产品经理亲自接听热线电话,回答问题,并听取用户对产品的意见。乔布斯一直相信,只有对用户体验进行研究,才能够改变产品的命运。

在市场营销方面,口碑营销让苹果产品充满了诱惑,吸引消费者先睹为快。苹果公司每年只能开发出一至两款产品,但是每一款产品都力求将最新科技发挥到极致,令人们兴奋,但同时又知道如何使用它,成为口碑营销成功的最强基石。苹果公司对保密工作非常重视,同时乔布斯也很会利用Mac-world年度大会为媒体和消费者创造谈资,保证在每个新产品发布前能够在各界引发话题,苹果公司成功地实现了文化、产品、品牌和口碑之间的良性循环。

事实上,苹果公司每次发布新品都出现火爆场面。一方面苹果的产品拥有设计新颖、性价比高的特点;另一方面苹果在每次新品发布前都会造成一种"市场饥渴"的假象,吸引消费者蜂拥而至。苹果利用饥渴营销这种方式更加深了用户对品牌的依恋程度,为品牌树立起高价值的形象。

在定价策略上,苹果每次推出新硬件产品,总是遵循着多版本的方式,即一次只出几种版本,照顾到不同价位的顾客需求。对价格比较敏感的顾客就会主动降低对内存大小的期望,而那些对价格不敏感的顾客,则愿意为了更高的内存而支付更高的价格。

此次只有 WiFi 功能的 iPad 以低价的策略进入中国内地市场,并且通过自有渠道和特定经销商的方式销售,也是苹果公司一次精明的市场运作范例。抢在联通发布具有更高端功能的 3G 版之前,率先以低价发售只带有 WiFi 功能的 iPad,既可通过低价的方式抢先渗透部分市场,又避免了两个版本产品线内的竞争。

3. "拉帮结派"的商业生态创新

商业生态主要是指企业将其周围的环境看作一个整体,打造一个类似生态系统的商业生态,以产业链、相关利益链构成,包括大量的企业、供应商、消费者、市场中介(销售渠道、提供服务的单位)等。在复杂多变的市场中,顾客的需求也是多变的,单个企业已无法完成这一任务,需要整个系统提供解决方案。而围绕着企业商业生态方面所做的创新,我们将其定义为商业生态创新。

早在苹果推出"iPod+iTunes"模式之时,就已经为商业生态创新夯实了基础。2008年3月,苹果公司发布开发包 SDK 并提供免费下载,以便第三方应用开发商开发针对 iPhone 的应用软件,为全世界有想法的程序员和公司提供了一个方便而又高效的商业平台,降低了开发人员所负担的费用。花费 99 美元可以加入 iPhone Developer Program,不仅能得到官方技术的支持,也允许将软件在 App Store 上销售,开发者可以自由定价,销售收入与苹果三七分成,除此之外没有任何的管理、账目、挂载费用。对于第三方开发厂商和个人开发者来说,都有极强的吸引力,因而极大地调动了第三方开发者的积极性。在资金流结算方面,苹果和信用卡公司合作,可以直接通过信用卡进行网上交易,为客户提供了极大的便利,也促进了自身业务的增长。

许多知名杂志和报纸也推出了 iPad 以及 iPhone 版本。iPad 带给报刊读者的是一种前所未有的阅读体验:选择阅读文字或观看视频,可以通过微博等平台与人交流,也可以让内置扬声器给自己朗读新闻;更重要的是 iPad 可以在各种场合使用,办公室、地铁中、卧室甚至卫生间;读者可以在轻薄的屏幕上找到近似阅读纸质媒介的亲切,这种感觉完全不同于在互联网上阅读。

苹果每推出一款新的产品,都会引发一场革命,从最早的 iMac,到后来的 iPod 和 iPhone,都对产业的商业格局产生巨大的影响:iPod 改变了唱片业的商业格局;iPhone 改变了手机业的商业格局;iPad 影响的远远不止是电子阅读器这个行业,而是整个出版业。苹果改变了商业生态系统!

4. 混合创新,缔造商业帝国

盈利点创新、资源能力创新、商业生态创新的相互结合则为混合创新。根据笔者的长期研究发现,能够做到盈利点创新、资源能力创新、商业生态创新中两两结合的混合创新就可以为企业的经营业绩带来很大的改善,而苹果公司却将混合创新发挥到了极致,做到了这三类创新的集结。

苹果在推出 iPod+iTunes 之前,就已经在数字媒体平台上的布局 10 余年。1991 年 5 月,苹果的首款数字媒体软件 QuickTime 面世。苹果对这款媒体软件寄予厚望,为第三方开放了流媒体服务器软件的源代码,帮助他们利用 QuickTime 编写程序,同时尽力向开发商社团推销其数字媒体平台。但在2001年之前,QuickTime并没有为苹果公司带来独立的利润来源,只是作为苹果Mac操作系统一个很好的补充。

2001年苹果的市值不过才80亿美元,当年引入iPod、iTunes之后,苹果才迎来了业绩上的跃升,2005年市值达到了310亿美元。"iPod+iTunes"模式的创新,解决了苹果数字媒体平台的独立盈利问题,对苹果意义非凡。这种盈利点创新给销售带来了巨大的拉动作用。发现了盈利点后的苹果并没有满足现状,在围绕着盈利点的关键资源能力创新上也下足了功夫。当iPhone推出App Store之后,苹果公司的盈利领域开始真正扩展到以盈利点创新为核心、以关键资源能力创新为依托、以商业生态创新为保障的"增值服务"上来。此时的苹果完全实现了从"硬件软件一体化、靠硬件盈利"到"软件+硬件+服务+商业生态"的华丽蜕变。

后危机时代,产能过剩问题是困扰中国企业家的棘手问题之一,而要解决好产能过剩的问题,笔者认为企业应该改变原有的经营模式,创新商业模式。大量的案例表明,商业模式创新给企业带来的成功远远大于产品创新、技术创新。比如诺基亚和微软在基本技术上与苹果的相关产品并没有本质上的区别,但后来盈利上的不同更多的是来自商业模式的不同。

资料来源:http://tech.163.com/11/0822/11/7C2E8O98000915BD.html。

作为企业生存最基本的要素,创业者和风险投资家会经常在不同场合提到商业模式这个词。创业的过程充满着高度的风险性,创业者必须通过盈利在竞争激烈的商业环境中生存下来,商业模式解决和回答的就是产品如何生产和企业如何实现盈利的问题。简而言之,商业模式就是告诉人们公司通过什么途径或者方式来赚钱。正如管理学大师彼得·德鲁克曾经说过的:"当今企业之间的竞争,不是产品之间的竞争,而是商业模式之间的竞争。"因此,创业者在创业的过程中必须深刻思考与探索新创企业的商业模式究竟是什么、如何去创造等问题。本章内容将引领大家了解商业模式,探索商业模式创新的本质。

6.1 什么是商业模式

◇ **本节目标**
作为企业生存、盈利的逻辑,了解和理解商业模式的内涵与构成要素。

▶ 商业模式的内涵

商业模式在学术上为多数人公认的定义是:"为了实现客户价值最大化,把能使企业运行的内外各要素整合起来,形成高效率的具有独特核心竞争力的运行系统,并通过提供产品和服务,达成持续盈利目标的组织设计的整体解决方案。"其中"整合""高效率""系统"是基础或先决条件,"核心竞争力"是手段,"客户价值最大化"是主观目的,"持续盈利"是客观结果,也是检验一个商业模式是否成功的唯一的外在标准。

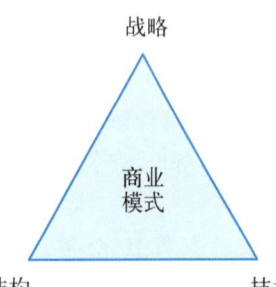

图6-1 商业模式在企业中的地位

成功的商业模式不一定是技术上的创新,而可能是对企业经营某一环节的改造,或是对原有经营模式的重组、创新,甚至是对整个游戏规则的颠覆。商业模式的创新贯穿于企业经营整个过程中,贯穿于企业资源开发、研发模式、制造方式、营销体系、流通体系等各个环节。每个环节的创新都可能塑造一种崭新的、成功的商业模式。

商业模式有三个核心要素:顾客、价值和利润。一个好的商业模式要回答以下几个基本问题(如图 6-2 所示):顾客是谁?顾客价值为何?企业如何从所在的经营领域获利?以及企业能够以适当成本提供价值的经济逻辑是什么?如果把创业可行性分析确定的创新产品或服务看成是一种技术投入,商业模式就是使其进行价值创造的转换器,把技术投入与社会产出连接起来。也就是说,创新技术或者创新产品能否为顾客、合作伙伴、企业创造价值,取决于它对商业模式的选择,而不仅仅取决于技术本身的内在特征。许多创业企业的成功,并不是其技术创新性有多强,而是因为开发出一套切实可行的商业模式。

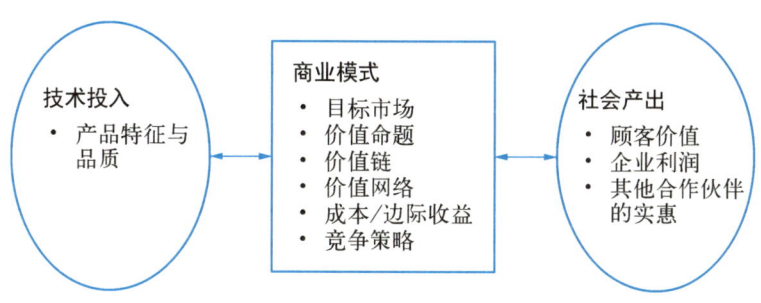

图 6-2 商业模式的基本问题

商业模式是新企业开发有效创意的重要环节,是新企业盈利的核心逻辑,新企业只有开发出有效的商业模式,才会激发足够多的顾客、供应商等参与合作,创建成功的新企业才更具有可行性。

▶ 商业模式的基本构成要素

商业模式画布是一种用来描述商业模式、可视化商业模式、评估商业模式以及改变商业模式的通用语言。这里利用商业模式画布来解构商业模式具有的基本组合要素,包含了客户、财务、基础设施、产品与服务(提供物)4 个视角以及具体的 9 个关键要素。

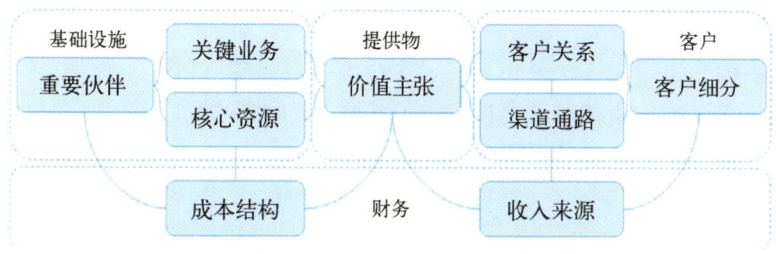

图 6-3 商业模式的基本框架

表 6-1　　　　　　　　　　　商业模式的基本构成要素

维　度	构　成	描　　　述
提供物	价值主张	赋予企业的产品与服务以总体上的价值意义
客户	客户细分	企业愿意为之提供价值的顾客
	渠道通路	企业用于接触顾客的多种手段与方式
	客户关系	企业在其与不同细分顾客间所建立的各种关联
基础设施	关键业务	企业为了让商业模式运转所必须从事的活动
	核心资源	用以贯彻执行商业模式的关键资源和核心能力
	重要伙伴	企业与其他能够有效为其提供价值并促进价值商业化的企业通过合作协议所建构的网络
财务	成本结构	商业模式中采用的手段所产生的费用结果总计
	收入来源	企业通过多样化的收益流赚取利润的方式

(1) 商业模式基本框架的右端——客户细分(Customer Segments, CS)

客户细分构造块用来描绘一个企业想要接触和服务的不同人群或组织。

客户构成了任何商业模式的核心。没有(可获益的)客户,企业就不能长久存活。为了更好地满足客户,企业可能把客户分成不同的细分区隔,每个细分区隔中的客户具有共同的需求、共同的行为和其他共同的属性。商业模式可以定义一个或多个或大或小的客户细分群体。企业必须做出合理决议,到底该服务哪些客户细分群体、该忽略哪些客户细分群体。一旦做出决议,就可以凭借对特定客户群体需求的深刻理解仔细设计相应的商业模式。

如果：

- 需要和提供明显不同的提供物(产品/服务)来满足客户群体的需求；
- 客户群体需要通过不同的分销渠道来接触；
- 客户群体需要不同类型的关系；
- 客户群体的盈利能力(收益性)有本质区别；
- 客户群体愿意为提供物(产品/服务)的不同方面付费。

则客户群体视为独立的客户细分群体。

客户细分具体分为客户关系(Customer Relationships)和渠道通路(Channels)两部分。

(2) 客户关系(Customer Relationships, CR)

客户关系构造块用来描绘公司与特定客户细分群体建立的关系类型。

企业应该弄清楚希望和每个客户细分群体建立的关系类型。客户关系范围可以从个人到自动化。客户关系可以被以下几个动机所驱动：

- 客户获取；
- 客户维系；
- 提升销售额(追加销售)。

(3) 渠道通路(Channels,CH)

渠道通路构造块用来描绘公司是如何沟通、接触其客户细分而传递其价值主张的。

沟通、分销和销售这些渠道构成了公司相对客户的接口界面。渠道通路是客户接触点，它在客户体验中扮演着重要角色。渠道通路包含以下功能：

- 提升公司产品和服务在客户中的认知；
- 帮助客户评估公司价值主张；
- 协助客户购买特定产品和服务；
- 向客户传递价值主张；
- 提供售后客户支持。

(4) 商业模式基本框架的中间端——价值主张(Value Propositions,VP)

价值主张构造块用来描绘为特定客户细分创造价值的系列产品和服务。

价值主张是客户转向一个公司而非另一个公司的原因，它解决了客户困扰(Customer Problem)或者满足了客户需求。每个价值主张都包含可选系列产品或服务，以迎合特定客户细分群体的需求。在这个意义上，价值主张是公司提供给客户的受益集合或受益系列。

有些价值主张可能是创新的，并表现为一个全新的或破坏性的提供物(产品或服务)，而另一些可能与现存市场提供物(产品或服务)类似，只是增加了功能和特性。

(5) 客户细分正是通过客户关系和渠道通路与商业模式中间环节的价值主张共同作用产生收入来源构造块——收入来源(Revenue Streams,RS)

收入来源构造块用来描绘公司从每个客户群体中获取的现金收入。如果说客户是商业模式的心脏，那么收入来源就是动脉。

企业必须问自己，什么样的价值能够让各客户细分群体真正愿意付款？只有回答了这个问题，企业才能在各客户细分群体上发掘一个或多个收入来源。每个收入来源的定价机制可能不同，例如固定标价、谈判议价、拍卖定价、市场定价、数量定价或收益管理定价等。

一个商业模式可以包含两种不同类型的收入来源：

- 通过客户一次性支付获得的交易收入；
- 经常性收入来自客户为获得价值主张与售后服务而持续支付的费用。

(6) 商业模式基本框架的左端——重要合作(Key Partnerships,KP)

重要合作构造块用来描述让商业模式有效运作所需的供应商与合作伙伴的网络。

企业会基于多种原因打造合作关系，合作关系正日益成为许多商业模式的基石。很多公司创建联盟来优化其商业模式、降低风险或获取资源。

我们可以把合作关系分为以下四种类型：

- 非竞争者之间的战略联盟关系；
- 竞争者之间的战略合作关系；
- 为开发新业务而构建的合资关系；
- 为确保可靠供应的购买方—供应商关系。

(7) 关键业务(Key Activities,KA)

关键业务构造模块用来描绘为了确保其商业模式可行,企业必须做的最重要的事情。

任何商业模式都需要多种关键业务活动。这些业务是企业得以成功运营所必须实施的最重要的动作。正如同核心资源一样,关键业务也是创造和提供价值主张、接触市场、维系客户关系并获取收入的基础,也会因商业模式的不同而有所区别。例如对于微软等软件制造商而言,其关键业务包括软件开发;对于戴尔等电脑制造商来说,其关键业务包括供应链管理;对于麦肯锡咨询企业而言,其关键业务包含问题求解。

(8) 核心资源(Key Resources,KR)

核心资源用来描绘让商业模式有效运转所必需的最重要因素。每个商业模式都需要核心资源,这些资源使得企业组织能够创造和提供价值主张、接触市场、与客户细分群体建立关系并赚取收益。不同的商业模式所需要的核心资源也有所不同。微芯片制造商需要资本集约型的生产设施,而芯片设计商则需要更加关注人力资源。

核心资源可以是实体资产、金融资产、知识资产或人力资源。核心资源既可以是自有的,也可以是公司租借的或从重要伙伴那里获得的。

(9) 成本结构(Cost Structure,CS)

成本结构用来描绘在特定的商业模式运作下所引发的最重要的成本。创建价值和提供价值、维系客户关系以及产生收入都会引发成本。这些成本在确定关键资源、关键业务与重要合作后可以相对容易地计算出来。然而,有些商业模式相比其他商业模式更多是由成本驱动的。例如,那些号称"不提供非必要服务"(nofrills)的航空公司,是完全围绕低成本结构来构建其商业模式的。

对创业者和新企业来说,商业模式的构成要素基本上可以归纳为三个方面:

一是市场定位。商业模式首先要帮助新企业确立初始市场定位。市场定位主要是指新企业在产品构成与顾客群体层面所确立的主张,包含面向哪些顾客、提供什么样的产品或服务等。明确了市场定位并不意味着真正的市场一定存在,或者一定能够获得市场的检验。有些新企业经营一段时间后发现难以与目标市场的需求相匹配,或自身的经营过程使其并不能从目标市场中盈利,导致失败风险大幅提高。因此,市场定位勾画出了关于新企业市场前景的假设,只有当新企业的目标市场明确地确立,并能够在这一市场上实现一定规模的销售时,才能验证市场定位假设的正确性与稳定性。

二是经营过程。过程是确保新企业的新定位确立、新目标创造、新角色扮演得以实现的一组结构与流程,这与企业内部的价值链相似。新企业往往无法在创办初期就形成像既有企业那样复杂的价值链,但至少会形成一组能够支撑新企业市场定位的过程结构,只不过这种过程充满了不确定性。因此,新企业的经营过程可被视为关于在市场定位的指引下以何种方式组织产品或服务的生产的假设。只有当新企业能够面向目标市场建立起稳定的采购、加工或服务提供及销售过程,过程的不确定性明显降低时,才能证明经营过程的假设成立。

三是利润模式。商业模式最重要的是落脚于为企业带来盈利,因而利润模式作为商业模式架构中的基础环节,体现了企业在盈利性方面的假设。更为重要的是,商业模式并不是帮助新企业赚取利润的"一次性"工具,为了保证新企业成长所需的稳定收益,商业模式需构建独特且稳定的利润模式,以促进新企业成长性与收益性的保持与连贯。当新企业能够凭借可重复的、结构化的经营过程逐步实现市场定位目标并有效地控制成本,使盈利水平高于银行利率水平时,就意味着新企业构建了稳定的利润模式。

6.2 如何评价商业模式

◇ **本节目标**
作为创业者,应当了解和应用商业模式评价的三个视角。

一个成功的、具有吸引力的商业模式,通常需要具备某些能够创造价值与竞争优势的特点,而这些特点影响着创业企业的成功与否,也正是商业模式评价不可忽略的重要因素。

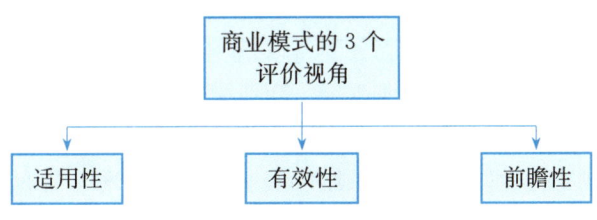

图6-4 商业模式的3个评价视角

▶ **一是商业模式的适用性**

适用性也可以称为个性,是商业模式的首要前提。由于企业自身情况千差万别,市场环境变幻莫测,商业模式必须突出一个企业不同于其他企业的独特性。这种独特性表现在它怎样为自己的企业赢得顾客、吸引投资者和创造利润。严格来说,一个企业的商业模式应当仅仅适用于自己的企业,而不可能为其他企业原封不动地照搬照抄。所谓商业模式,最终体现的是企业的制度和最终实现方式。从这个意义上说,模式没有好坏之分,只有是否适用的区别。适用的就是好的,适用较长久的就是最好的。

▶ **二是商业模式的有效性**

有效性是商业模式的关键要素。评价商业模式的好坏,最根本的一条在于它的有效性。有效的商业模式是在一定时期、一定条件下,能够选择为自己带来最佳效益的有效的盈利战略组合。这种盈利战略组合应当具有以下3个共同特点:

- 它必须是能够提供独特价值的;
- 它必须是难以模仿的;
- 它必须是脚踏实地的。

所以,有效的商业模式是丰富和细致的,并且它的各个部分要互相支持和促进。改变其中任何一个部分,它就会变成另外一种模式,搞得不好就可能影响其有效性。

▶ 三是商业模式的前瞻性

前瞻性是商业模式的灵魂所在。商业模式是与企业的经营目的相联系的,一个好的商业模式要和企业长远的经营目标相结合。商业模式其实就是企业为达到自己的经营目标而选择的运营机制。企业必须在动态的环境中保持自身商业模式的灵活反应、及时修正、快速进步和快速适应,也就是具有长久的适用性和有效性,才能达到持续盈利的目的。

6.3 怎么设计商业模式

◇ 本节目标
了解商业模式设计的几种组合创新方式。

从当今的企业实践看,谁拥有更好的商业模式,谁就拥有更多的市场机会和资源。商业模式的创新确实促进了一批新企业的高速成长,使其迅速成为行业的新星。因此,认真研究商业模式的构成要素,从要素的角度寻求创新,相对更有可行性。

价值主张是让顾客了解产品和服务的窗口,企业需要给顾客一个容易理解和接受的价值主张,如更高的附加值、更低的成本等。商业模式总是在不断变化,所以从顾客和其他利益相关者那里定期收集反馈信息很重要,这些反馈信息包括创业者需求预测的有效性、定价、支付方案以及价值主张等。虽然价值主张不能实现完全的创新,但它是创新要素的指导,所以公司的价值主张一定要描述有别于以往存在的公司。分销渠道是描述公司与顾客接触的各种渠道,该要素具有很大的创新潜力,企业可以通过建立不同的分销渠道实现商业模式的创新。关键业务描述活动与企业资源的安排,巧妙地创新价值配置可以使有限的资源得以最优化的利用,一定程度上缓解新创企业资源缺乏的问题,如只选择对公司有巨大影响的几个环节自己运作,其他环节一概外包,通过整合外部资源实现企业运作。核心能力无论在什么时候都是企业的重点,根据企业的自身情况构建属于自己的核心能力是企业战略管理的重点,一般都会有很强的创新性,但其很难表现在企业创建初期。收入模式虽然很难以进行创新,但一旦实现了创新,必将带来行业内的一场革命,比如网络游戏《征途》,通过巧妙地改变游戏的收入模式迎来了网络游戏的免费时代。

图6-5是商业模式创新设计的五大思路:

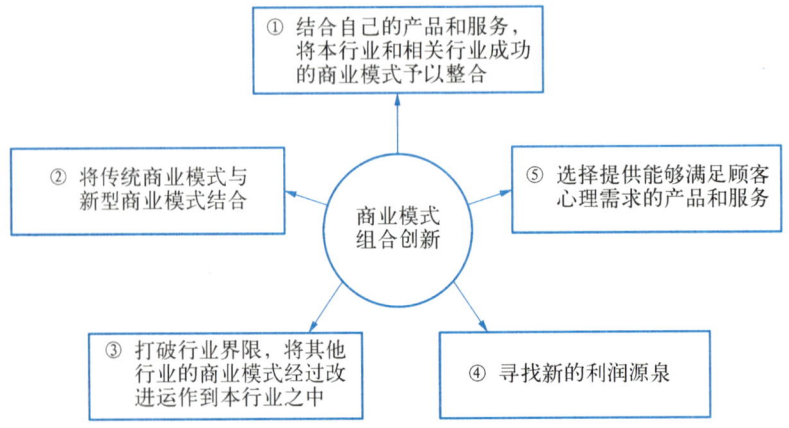

图6-5 商业模式组合创新模式

当然在商业实践中,不断涌现着新的思维。比如,从低价竞争思维转变为品质竞争的思维,从客户思维转变为社群思维,从传统的生产思维转为平台经济思维,从有偿到免费思维等。这些新生的商业思维正在颠覆或者改变着创业者对于商业模式的设计与创新的理念。

- 商业模式有三个核心要素:顾客、价值和利润。商业模式具有的基本组合要素包含了客户、财务、基础设施、产品与服务(提供物)4个视角以及具体的9个关键要素。
- 商业模式的3个评价视角为适用性、有效性和前瞻性。其中有效性指商业模式必须是能够提供独特价值的,必须是难以模仿的以及必须是脚踏实地的。
- 商业模式组合创新模式包括打破行业界限,将其他行业的商业模式经过改进运作到本行业之中;结合自己的产品和服务,将本行业和相关行业成功的商业模式予以整合等五个思路。

创业修炼

案例体验

你的产品没能做成 X 领域的优步,是因为没有把握优步们的模式本质

X 领域的优步(Uber)、Y 领域的空中食宿(Airbnb)、Z 领域的脸书(Facebook)。上述这些诞生于互联网时代的企业,已经成为众多创业者心目中的标杆和模仿对象。但是我们是否真的了解这些企业的模式?他们为何能够在众多初创企业中脱颖而出,这个问题你真的能够回答出来吗?

你没能复制他们的成功,是因为你没能把握住这些企业模式的本质。很多人希望凭借模仿成功初创企业的经验来让自己获得同样的成功。于是他们纷纷跳入创业的潮流中,但是大多数人的结果都一样:被湍急的激流冲走。

他们只是模仿了这些成功企业的皮毛,或是复制了成功产品的功能,这种简单粗暴的模仿,自然无法帮助他们达到那样的高度。

桑吉特·保罗·乔德里(Sangeet Paul Choudary)是英士国际商学院(INSEAD)的常驻创业者,也是《平台规模》(*Platform Scale*)一书的作者。他将这些模仿者比喻成盲人摸象这一典故中的盲人。他们每个人都只是摸到了大象身体的某一个部分,然后凭借这种不完全的认知在自己的脑海中绘制大象的模样。摸到大象鼻子的,觉得大象长得像蛇;摸到大象腿的,觉得大象长得像柱子;摸到大象肚子的,认为大象长得像一堵墙……

管道与平台

乔德里是麻省理工学院平台战略峰会的联席主席之一,也是 500 Startups 的一位顾

问,他希望能够帮助所有创业者停止盲人摸象的行为,他想让我们都后退一步,看到这头大象的全貌。他讲述了两种业务模式,并将这两种模式分别比喻为"管道"和"平台"。所谓管道,就是一种古老的商业模式,产品、服务或是内容的制造者在管道的一端,消费者则在管道的另一端。反观平台,则是一种即插即用的模式,它能够连接多方制造者以及消费者。我们用优步和Medium来举例,想想优步的司机和Medium的作者,这些人都是服务和内容的制造者,他们所使用的,就是一种平台。在这个平台之上,除了司机和作者之外,还有他们所针对的消费者——乘客和读者。

首先,无论是司机还是作者,他们都不是优步或Medium的直接员工。因此平台要想吸引他们,必须要凸显自己的价值。司机在优步平台上接单,是因为这个平台能够给他们

带来更多的业务量,而且可以更好地分配和管理工作时间(当然优步的各种补贴也是吸引司机的另一大原因)。至于Medium,这个平台给作者带来的最大价值则显得有些抽象:使用Medium的时候,作者可以获得更多的受众,这些受众可以给作者带来名望,然后他们可以利用这种名望来推广自己或是自己的业务、产品、企业等其他东西。

接受这种平台的业务模式,能够给我们带来一个必然的结果:产品、服务或内容的优化。我们先来看看传统的管道业务模式。在这种模式下,为了满足用户的要求,内容和产品会被严格控制。而平台模式则不同,这种模式有着一种天性:自由度更高。对于平台来说,这种选择性有时也会导致问题的出现,因为它会引起更多的关注,从而带来大量的并不适合平台本身的用户,进而稀释平台的品牌价值。

传统的业务模式可以直接控制自己的资产、员工和产品交付,保证企业的发展不会偏离方向。平台模式则为了换取能够更加快速扩张的轻资产模式,放弃了一部分控制权。为了保证自己不会失去专注度,并且持续为用户提供他们所需要的品质,平台必须要做好优化。优步的做法是让消费者对司机进行评论和打分。Medium则使用了特殊的方式来保证读者可以看到对自己最有价值的文章。还有YouTube,他们会向用户显示视频的被观看次数,从而让用户找到那些当下最流行的视频内容。

目前我们还没有一个统一的方式来做好这种优化,在不同的垂直领域和市场内,每一个平台就必须找到最适合自己的产品和内容优化方式。但是有一点需要注意的是,如果你的这种优化和筛选过于严格,内容的制作方(如优步的司机和Medium的作者)就会抛弃你,转向其他的平台,也就是你的竞争对手。因此你要掌握好这个微妙的平衡:过于松懈,平台上的内容就会混乱;过于严格,内容作者就会离去。乔德里认为:"一个平台在进行扩张的时候,它的目标应该是保证内容数量不断增长,同时还要注重内容与用户的互动质量。"

对于,空中食宿的做法是,让评分更高的房主在用户进行搜索的时候排名靠前。乔德里指出,这些房主在空中食宿上努力获得了来自用户的赞誉,然后空中食宿为他们提供了奖励,因此他们会一直使用空中食宿这个平台,而不会转向其他房屋短租平台。

之后,乔德里又谈论了平台模式的另一个重要奠基石:个性化。做好个性化,能够加

强用户的黏性,让用户爱上你的平台,每一天都使用你的平台。平台模式为创业者提供了一种优秀的扩张方式,这种方式是管道模式完全无法比拟的。

对于这个问题,你可以这样想象:一个拥有大量卖家的线上市场,对决一个独自奋战的线下实体店。无论是阿里巴巴还是Flipkart,这些线上交易平台都完成了一个看似不可能完成的任务:他们自己并不生产任何产品,但是在极短的时间内,他们获得了数以百万计的用户,并且让自己的估值达到了数十亿美元的级别。阿里巴巴和Flipkart能够吸引数十万卖家使用他们的平台进行产品销售,因此他们自己并不需要动用资产和人力来自己制造商品。

但是,当有大量的内容/产品出现在同一个平台的时候,有时候就会出现问题。那就是用户寻找自己所需的东西会变得更难。而这个过程变得越艰难,用户就越可能会离开这个平台。因此平台必须做好用户追踪和用户分析,将用户最有可能感兴趣的东西送到他们鼻子前面,而不是要让用户自己去寻找。无论是脸书的新闻源,还是谷歌的算法,又或者是苹果 App Store 的应用评分,为的都是将与用户相关程度最高的内容展现在用户面前。

谈到这一点,做得最好的公司之一,无疑是亚马逊。他们会根据用户过去的购买记录和浏览记录来向用户进行个性化商品推荐。再说一遍,利用数据分析来做好用户的个性化体验是一件极其重要的事情,为用户创造方便,就是为你自己创造方便。如果用户不能很轻松地在你的平台上找到他们想要的东西,就不要指望他们会继续留在你这里。

平台发展最重要的是网络

乔德里发明了一个词:平台层积,他用这个词来描述构成一个平台的多个基本要素,这些要素重叠在一起构成了一个平台。在这个层积中,处于最顶端的就是社区层,在这个层面上,产品/服务/内容的制作方和消费者进行价值交换。为社区曾提供支持的,则是基础设施层,基础设施保证了这些联系和价值交换的平稳进行。例如,推特的软件能让用户发送推文,并且限定了用户的权限范围。虽然软件很重要,但是它并不是让用户使用推特的根本原因。用户选择了推特,是由于它的社区层——全世界超过 3 亿的其他推特活跃用户。

即使是 Blogger、推特和 Medium 的创造者伊万·威廉姆斯(Evan Williams),也在几个月前通过一篇文章表达了相似的观点。在这篇文章中,他总结了 Blogger 在与竞争对手 WordPress 的对抗中败下阵来的真正原因。他表示,由于自己的基础设施处于云端,随着用户数量的增多,他们添加新功能的速度变得越来越慢,这使得用户转向了 WordPress,因为 WordPress 的软件能够为用户提供更加强大的工具。就是这一次失败,让 Blogger 再也没能重新站起来。

在随后的创业旅程中,威廉姆斯开始不再那么专注于功能,而是开始更加关注网络效应。他在文章中表示:"今天,我们都认识到了一个问题,那就是互联网企业并不等同于软件企业。我们现在的努力方向,是打造网络和平台。"如今,威廉姆斯已经认识到了

Medium 的本质并不是文章发布工具,而是一个内容分销商。他表示:"设计精良的分销网络能够减少阻力,让好东西更快地被人们所发现。"

在乔德里的平台层积理论中,后端数据曾发挥的就是这样的作用,让好东西更快地被人们所发现。事实上,在设计平台的过程中,这恰恰是最难以解决的问题,因为这个过程会牵扯平台上大量的内容创造者和消费者。正是凭借这种方法,LinkedIn 才在求职市场上获得了巨大的成功。相比于传统的求职门户网站,LinkedIn 会从用户那里收集更多的数据,然后利用这些数据来获得成长和营业收入,具体做法就是让招聘单位能够更加有效地找到他们想要的人才,帮助他们节省人才发掘所需要的时间。

创业者指南

然而,在真实的世界中,并不是所有东西都像乔德里的书中那样,非黑即白。一些"管道"式的企业也许也会有平台的元素,而一些平台企业也有隐形的管道元素。但是这本书让我们看到了搭建网络、市场以及平台的基本要素。

为何苹果和谷歌在这个时代突然开始腾飞,而曾经不可一世的诺基亚和黑莓却葬身时代的车轮之下?App Store 和谷歌的应用平台(Play Store)正是这两家公司取得成功的法宝。乔德里不久之前在马尼拉举行的 ThinkPH 论坛上表示,诺基亚和黑莓就是管道企业的典型代表。

资料来源:http://kuailiyu.cyzone.cn/article/15088.html.

思考题

1. 在上述案例中提到的几家成功企业中,他们的商业模式创新有什么值得借鉴的?
2. 初创企业在学习成功企业时如何避免只学到表面而无法抓住其商业模式的本质?

游戏仿真

进行班级分组,请每个团队应用商业模式画布评估一个市场上流行的 App 的商业模式,并且通过黑板或者 PPT 的形式将自己团队的思路呈现出来。

第一步,详细阅读下面的案例。

"精益创业"一词已经广为人知。然而,其背后的哲学则来自作家兼创业者亚历山大·奥斯特瓦德(Alexander Osterwalder)和瑞士学者伊夫·皮尼厄(Yves Pigneur)的商业模式画布(Business Model Canvas)。[①]

奥斯特瓦德还用商业模式画布评估了自己应用的商业模式:

---

① 海迪·M.内克、帕特里夏·G.格林、坎迪达·G.布拉什著,薛红志、李华晶等译,《如何教创业:基于实践的百森教学法》,机械工业出版社 2015 年版。

资料来源：http://36kr.com/p/214438.html.

(1) Business Model Toolbox 的两类目标客户分别是正在努力验证自己模式的创业者，以及一直致力于为其他公司设计可行模式的顾问。

(2) 鉴于 App 专为 iOS 设计，因此主要的分销渠道是 App Store。

(3) 使用 App 的评估功能，他可以为每个方格加入数字。比如，假设创业者和顾问的用户群体均为 3 000 人，并决定先从创业者群体展开测试。

(4) 成本构架中要计入 App Store 30% 的盈利分成。

(5) 考虑到现金流中已经减掉了 30% 的收益，而且创业者往往只会为该应用买一次单，所以他认为合理的价位是 29 美元。

(6) 加入时间因素后，他大胆预估自己可以在第一年内获取 15% 的创业者客户。

(7) 加入开发成本和其他数字后，他很快发现，从创业者用户出发极有可能血本无归。

(8) 于是，他重新回到表格中，决定将重心放在顾问用户群；为了节省成本，他还将网页作为主要的销售渠道，而不再是 App Store。

(9) 因为顾问会持续帮助自己的客户指定方案，因此资金流周转灵活，且不会中断。在此基础上，订阅模式也变得可行。换句话说，即便价格降低为每月 9 美元，在首年 15% 市场渗透率不变的情况下，这笔生意都有得赚。结论是，相比于一次性购买，订阅模式是维持现金流源源不断的好方法。

在这个例子中，用户能在半小时内设计出各种方案，并且在实行前就能检测出哪些可行，哪些应该及时放弃。除了商业模式工具箱（Business Model Toolbox）外，画布模型设计（Canvas Model Design）、商业模式画布启动（Business Model Canvas Startup），以及精益画布（Lean Canvas）都是评估商业模式的理想工具。"成功 ＝ 靠谱的产品 ＋ 可行的商业模式",找到一个合适的商业模式至关重要,它能避免你在错误的方向上浪费资源。

第二步,将团队的分析参照模板在相应位置体现。

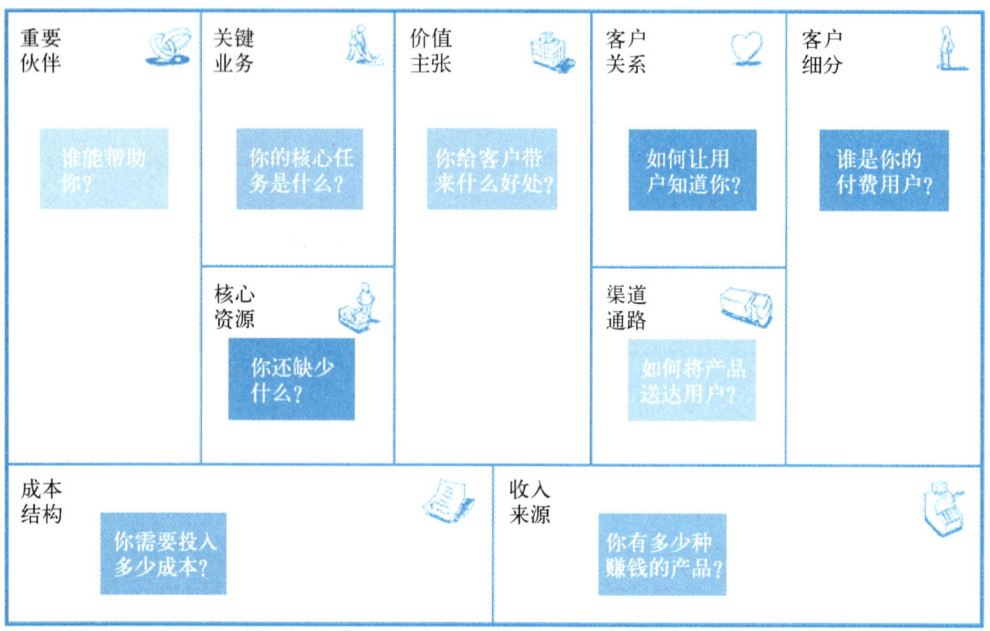

(1)将便签贴入空白的商业模式画布中,就形成了适合你企业特有的商业模式。

(2)画布中每个要素的变化可能会影响其他要素的构造,所以可以在此基础上设计出各种纷繁的商业模式。

第三步,向大家展示你们团队的商业画布的构成和逻辑,其他团队的同学可以提问。

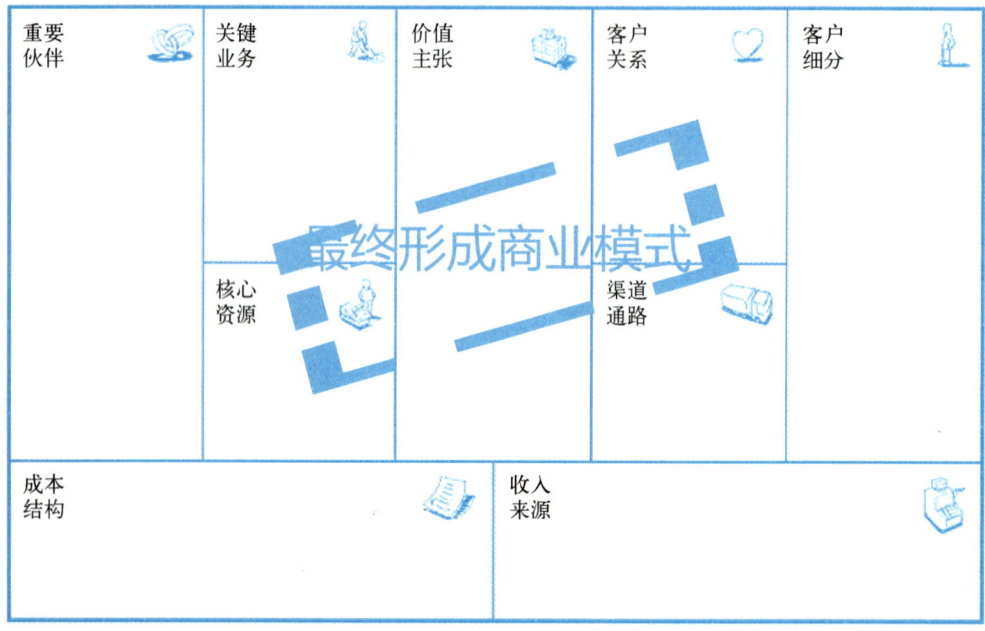

 反思与改进

1. 结合游戏仿真中对于商业画布的分析应用,你觉得你们团队运用商业画布进行商业模式创新设计可能存在哪些优点和问题?

2. 结合课后的案例分析,你觉得共享经济可能会接着改变哪些行业?为什么?

3. 如果你打算或者正在创业,你的商业模式能得到风险投资人的认可吗?为什么?

7 创业领导力

作为创业企业的动力之源,创业者的领导能力决定着创业的成败。本章第一部分回答了创业者为什么要具备创业领导力的问题;第二部分回答了创业者要具备什么样的创业领导力,结合实际案例具体分析了七种创业领导力的本质特点;第三部分回答了如何提升创业领导力。

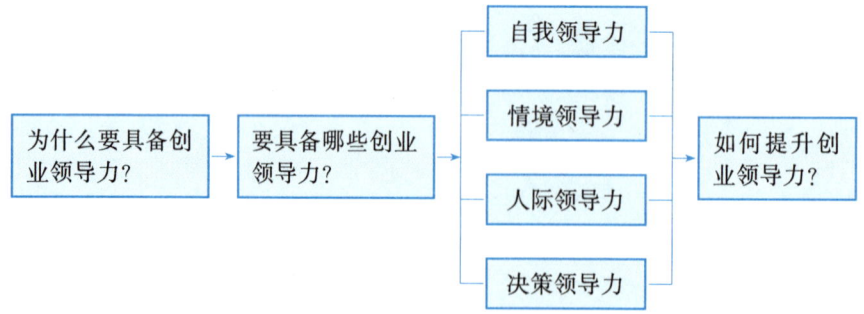

1. 理解作为创业者为什么要具备创业领导力。
2. 认识七种创业领导力。
3. 学会如何提升创业领导力。

 开篇阅读

乐视 CEO 贾跃亭的优雅领导力

没有富裕的家庭，没有显耀的名校背景，更没有名企职业经历。贾跃亭，一个农家少年，如何成为一家千亿市值上市公司的掌门人，成为让马云、柳传志、李东生等传奇企业家都侧目的中生代商业领袖？

1. 雄心与抱负

当贾跃亭笑呵呵地与你打招呼时，你不会感觉到丝毫企业家的锋芒。但当他一讲起乐视生态，和气面庞背后的雄心与抱负显露无遗。贾跃亭从大学毕业开始，就不满足于过往成就，他的兴趣是挑战个人潜力的极限。

从地方公务员到创建卓越实业，到创建西伯尔，到创建乐视网、乐视影业、乐视电视与乐视手机，再到布局智能电动汽车与互联网金融，贾跃亭从没有一刻停歇，去享受财务自由带来的安逸，而是向着更远方奔跑。

在2015年乐视生态年会上，贾跃亭讲道，乐视的目标不是超越BAT，而是逐梦全球，再次向世人宣告了他的雄心与抱负。

贾跃亭的终点在哪里，他自己也不知道。因为到达一个终点，他又会寻找另一个终点。

2. 战略洞见

"用未来定义未来，而不是用现在定义未来。"是贾跃亭最喜欢讲的一句话，这句话代表了贾跃亭战略思想的核心。

在创业初期，敏锐捕捉到基站设备的市场机会，贾跃亭已经开始展露他的前瞻性，从2004年创建乐视网以后，贾跃亭的战略洞见更是表现得淋漓尽致。

乐视网能够在2010年创业板上市，得益于贾跃亭敏锐地捕捉到互联网正版内容的未来价值，率先以非常低的价格垄断了几乎所有热门电影、电视剧的新媒体版权，并在乐视网创立初始就坚持全正版、全付费策略。随着国家打击互联网盗版政策的出台，乐视网成为最大的获利者，而优酷、土豆等视频网站当时坚守免费模式，通过盗版内容来获取用户。

当优土、爱奇艺、腾讯视频醒悟过来，开始争夺正版内容版权时，贾跃亭又率先向上游延伸，成立乐视影业、收购花儿影视、发力网络自制，成为中国影视内容领域的绝对领导者，也为乐视网在与优土、爱奇艺的竞争中提供了核心竞争力。有趣的是，这些主要竞争对手后来都走上复制乐视的道路，相继进军上游内容生产领域。

看到未来汽车领域"互联网＋智能＋电动＋共享"的趋势，贾跃亭又做出惊人之举，全面进军电动汽车产业，致力打造出超越特斯拉的下一代产品。至此乐视已经组建了全球最顶尖的汽车团队，发布了无人驾驶的概念跑车，并投资10亿美元在美国建立现代化生产工厂。

贾跃亭正是凭借超常的战略洞见，从山西偏僻县城的第一家小公司起，到现在构建完成了跨全球生态版图与七个产业的宏大布局。

3. 坚忍不拔

"世界向东，我们向西。"贾跃亭带领乐视所完成的都是颠覆之举，从一家互联网企业

进军电视、手机等硬件产业,从消费电子领域进军电动汽车产业,贾跃亭都引起行业与媒体的巨大非议,有人说贾是故事大王,有人说贾是利用股市圈钱,这都给贾跃亭带来巨大压力。

除了舆论压力之外,更艰难的是现实压力。巨额的资金需求、供应商的无视、团队行业经验的匮乏,这些看似无解的困难都没有让贾跃亭知难而退。而是坚定信念,组团队、找资金、谈供应商,一步步实现看似不可能完成的任务。

很多人看到2016年乐视各项业务突飞猛进,贾跃亭在媒体闪光灯下意气风发。但大家似乎已经忘了,在过去几年,贾跃亭面临了常人无法想象的压力。乐视超级电视也因为广电政策限制,将近一年没有推出任何新品,这对一个"产品即营销"的互联网电视品牌来说,不啻灭顶之灾。贾跃亭在苦苦隐忍的同时,却更加积极地布局,推进生态战略,终于有了今天的厚积薄发。

4. 人格魅力

在乐视内部,贾跃亭经常告诫高管,战略决定组织,组织决定成败。为实现宏大的乐视生态,贾跃亭全力以赴招募了众多行业顶级专家,而且乐视高管的离职率非常低。即便是2014年,乐视身处政治风波与广电政策管制,竟然没有一位高管离开。

如此多优秀的行业专家,能够遵从贾跃亭的召唤而来,并稳定地团聚在乐视,不仅是被乐视宏大的生态战略所吸引,更重要的是被贾跃亭的人格魅力所感染。这些高管都是极具思想与能力的各行业领导者,如果贾跃亭是一个霸道的企业家,不能给予这些人充分尊重,让其没有自由发挥空间,很难凝聚优秀的团队长期安心奋斗。

另外,贾跃亭在薪酬待遇与股权激励上对高管团队非常慷慨,这也是乐视得以完成团队构建、快速推动战略落地的一个核心原因。

贾跃亭不同于过往任何一位企业家,低调、温和、谦逊、毫无戾气,却带领乐视在艰难的环境下野蛮生长。

资料来源:http://www.aiweibang.com/yuedu/110431362.html.

面对竞争激烈的市场环境,越来越多的创业者认识到:仅有好的市场机遇,不能保证企业持续长久的盈利;仅有管理的规章制度,并不意味着企业整体能力的提高。要想使企业具有持续的竞争能力,在快速变化的环境中,既能灵活应变又能保持"内部秩序",企业需要打造组织的整体能力。为此,企业在创建过程中不但需要能够执行当前战略的团队和人才,还需要能够带领团队竞争的具有领导力的创业者。这一切的实现,依赖于创业者的领导能力。

7.1 为什么要具备创业领导力

◇ **本节目标**
理解作为创业者,应具备基本的创业领导力。

创业者是创业的主体要素,是创业概念的发起者,是创业目标的制定者,是创业过程的组织者,也是创业结果的承担者。创业者是推动创业的基本要素,而创业者的个人素质决定了创业的成败,这其中就包括创业者的领导力。作为一名创业者,之所以要具备创业领导力,主要有以下两个方面的原因:

(1) 领导能力是创业者最重要的技能之一

创业和就业的重要差别之一就是对领导力的更高要求。创业是开创全新的事业,作为一个新组织,大部分事情没有成熟的办法和方案,也没有以往的资料可以参考,所有的事情都要自己开拓创新,所有的管理制度等均需要从头建立,几乎每件事情都要通过自己的思考制定计划、努力执行。更大的难度还在于,创业者不仅要在无人指导的情况下管好自己,做好自己的事情,还要同时带好团队,带领、指导、激励团队成员,为达成目标而共同努力。这也是创业者,特别是青年创业者最大的挑战。

(2) 创业领导力不同于一般的管理能力

一般企业管理有明确的奖惩制度,有激励也有处罚,管理更多考验的是对制度的执行、驾驭能力。而创业者一般还没有赏罚资源,更多的是一种人格魅力,是一种影响力,是创业者影响一个群体实现创业目标的能力。对创业的领导过程,其实质就是对整个创业活动施加影响的过程。因此,强化创业团队信任、团队沟通、提升团队凝聚力、促进团队协作,发挥团队的整体力量,正是创业领导能力的体现,这种影响力是创业领导能力的核心。

7.2 要具备哪些创业领导力

创业领导力首先表现为创业者对其自身的领导力,进而表现为对创业者自身之外的人际、情境和决策的领导力。因此,创业领导力可以分为自我领导力、人际领导力、情境领导力和决策领导力四个层次,如图 7-1 所示。

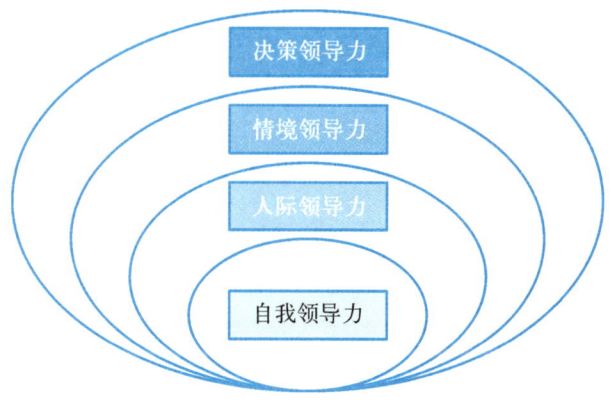

图 7-1 创业领导力层次

7.2.1 自我领导力

良好的自我领导能力是成就一番事业的重要基础。面对市场的变化多端、竞争激烈,创业者是否善于在创业的过程中处理各种压力,成为创业成功的关键所在。在外部环境和创业条件变化时,能以变应变。具备良好的自我领导能力还应能用积极的态度看待来自工作和生活的压力,能冷静分析,找出原因,缓解压力,保持良好的心理状态;在困难和挫折面前不气馁,在诱惑面前不动摇,始终保持冷静的头脑,坚定自己的创业信念和目标。而其中的关键是需要先认识自己,了解个人的价值观和性格,学会如何发展自己,学会选择适当的方法和时机改变他们所做的工作以及工作方法、工作时间。

自我领导力主要体现在个人价值观认知,性格特质认知,时间管理,工作、家庭平衡和自我反省五个方面。

(1) 个人价值观认知能力

价值观是指个人对客观事物(包括人、物、事)及对自己的行为结果的意义、作用、效果和重要性的总体评价,是对什么是好的、是应该的总看法,是推动并指引一个人采取决定和行动的原则、标准,是个性心理结构的核心因素之一,它使人的行为带有稳定的倾向性。

对于创业者来说,个人价值观认知主要体现在对自身目标价值观和手段价值观的认知上。目标价值观决定了创业者的创业目标和追求,而手段价值观则是创业者的伦理观,决定了创业者在创业过程中的创业伦理,即讲诚信还是不择手段?财务是稳健积累还是"借鸡生蛋"?创新靠自身能力还是模仿别人?领导是令出必行还是和风细雨?创业者必须对自身价值观有正确的认识,严守创业伦理要求,为企业长远发展打下基础。

创业仿真

工作价值观卡片法

【步骤】
步骤1:阅读工作价值观卡片,如果你觉得还有补充,可以自行写下。
步骤2:挑选你最看重的5项,但确信这5项不是你期待别人的。
步骤3:挑选你觉得最不重要的5项。
步骤4:再挑选一些你觉得还不错但处于中间位置的选项。
步骤5:分别把上述选项填入价值观排序表中。

1. 一个令人快乐、满意的工作
2. 高收入的工作
3. 美好婚姻
4. 认识新朋友
5. 参加社区活动
6. 自己的宗教信仰
7. 锻炼,参加体育活动
8. 智力开发
9. 具有挑战机会的职业
10. 好车、衣服、房子等
11. 与家人共度时光
12. 有几个亲密朋友
13. 自愿为一些非营利组织工作/奉献社会
14. 沉思,安静地思考问题
15. 健康,平衡饮食
16. 教育读物、电视、自我提高计划等

【价值观排序表】
列出你认为最重要的5项价值观:

列出你认为中等重要的 5 项价值观：

列出你认为最不重要的 5 项价值观：

情景模拟法

【步骤】
步骤 1：个人阅读下面描述的情景，写下你在每种情形下的反应。
步骤 2：和你的小组工作，比较你的反应。记住，没有所谓的每种情景下的正确答案。讨论小组的反应，对比一下自己的反应，你觉得与你哪些价值观相关？

【情景】
情景 1：
你在一个很多人所瞩目的项目团队中工作，负责大量数据的收集和分析。但是当需要在一个更高级会议上提交你的数据和分析时，另外一个团队却做了汇报。很显然，会议上的高级副总对于这次汇报留下了深刻的印象，并且把做汇报的人当成了负责数据分析和汇报的人了。你的团队领导并没有提出任何异议，只是说："这并不重要，只要他们收到汇报就可以了。"你该怎么办？

你的个人反应：

记录你的小组反应：

你的反应和你的哪些价值观相匹配：

情景 2：
你们全家因为你获得新工作 2 年前迁居到了一个很有吸引力的社区，你的孩子调整得很好，已经结交了新朋友并且也进入了当地公立学校。你和邻居相处友好，有了好朋友，而且全家也开始参加社区的很多活动。你的配偶刚刚获得了提拔，必须调动到一个离社区需要开车 3 小时远的地方工作，而且这一调动至少要 3 年以上，但这对你配偶是非常好的工作机遇。你怎么办？

你的个人反应：

记录你的小组反应：

你的反应和你的哪些价值观相匹配：

情景 3：
你的同事兼好友已经被看作团队里即将晋升的第一人选，这时刚好一个管理职位贴出来。你意识到你符合这一职位的所有要求，但是你也意识到你的好友是这一职位好的人选,并且你也注意到别人也是这样看待的。请问你是否会去申请这一职位?

你的个人反应:
_____

记录你的小组反应:
_____

你的反应和你的哪些价值观相匹配:
_____

(2) 个人性格特质认知能力

所谓个人性格特质是指一种可表现于许多环境的、相对持久的、一致而稳定的思想、情感和动作的特点,它表现一个人的人格特点和行为倾向。领导者特质,往往就是指成功领导者拥有的共同特征。斯蒂芬·罗宾斯区分了领导者与非领导者的六项特质。

表 7-1　　　　　　　　　　斯蒂芬·罗宾斯总结的领导者特质

进取心	包括成就动机、雄心、精力、坚韧性和主动性 领导者表现出高努力水平,拥有较高的成就渴望 他们进取心强,精力充沛,对自己所从事的活动坚持不懈,并有高度的主动精神
领导愿望	领导者有强烈的愿望去影响和领导别人,他们表现为乐于承担责任
诚实与正直	领导者通过真诚与无欺以及言行高度一致而在他们与下属之间建立相互信赖的关系
自信	下属觉得领导者从没缺乏过自信。领导者为了使下属相信他的目标和决策的正确性,必须表现出高度的自信
智慧	领导者需要具备足够的智慧来收集、整理和解释大量的信息,并能够确立目标、解决问题和做出正确的决策
工作相关知识	有效的领导者对于公司、行业和技术事项拥有较高的知识水平。广博的知识能够使他们做出富有远见的决策,并能理解这种决策的意义

创业仿真

MBTI 职业性格测试

MBTI(Myers-Briggs Type Indicator)是国际上最权威、使用最普遍的人格类型理论。据统计,全世界每年有 800 多万人次接受 MBTI 分析,世界 500 强公司中有 89% 的公司引入 MBTI 作为员工和管理层自我发展、团队建设、绩效提升的重要方法。

MBTI 包括态度倾向、接受信息、处理信息、行动方式四个维度,每个维度可以划分出两种类型的性格特质,如下图所示。

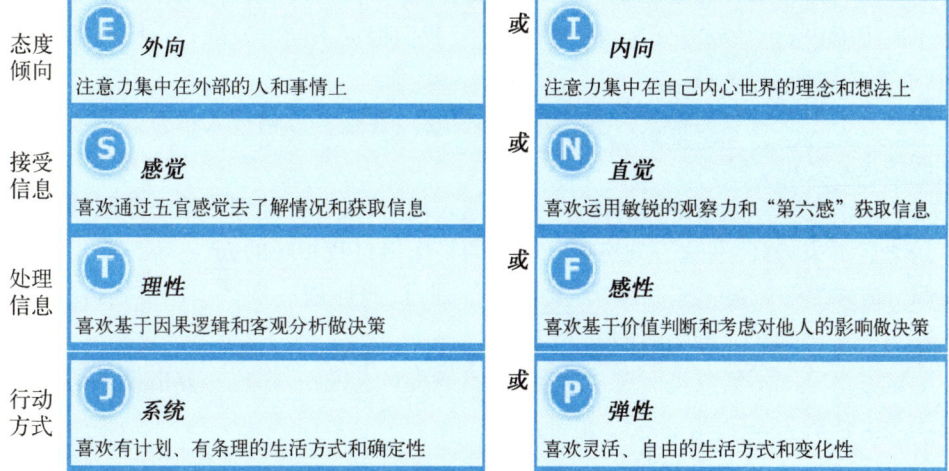

你与外界相互作用的程度及自己的能量被引向何处(E/I)：

_____

你接受外部信息的方式(S/N)：

_____

你做决定和得出结论的方式(T/F)：

_____

你喜欢用一种固定的方式生活，还是用一种自然的方式生活(J/P)：

_____

不同类型的沟通之道：

E → I	给对方留出私人的、反省的时间
I → E	解释时间的需求，容许他人为澄清问题"多话"
S → N	首先给出概貌，然后详述细节
N → S	先说具体成形的观点，然后注意涉及相关细节
T → F	考虑他人的影响，从一致的地方开始
F → T	考虑原因、结果，力求简单、明确
J → P	容许其计划、工作方式中的灵活性和不愿被控制的需要
P → J	容许计划和结构，以及他人控制和决定的需要

(3) 时间管理能力

创业是一项复杂的活动，在创业过程中，创业者需要同时面对来自企业内外的不同挑战。时间对每个创业者来说是公平的，但每个人对时间的利用效率却是不一样的。时间管理理论的一个重要观念是，应有重点地把主要的精力和时间集中放在处理那些重要但不紧急的学习和工作上，这样可以做到未雨绸缪，防患于未然。

美国的管理学家柯维提出的一个四象限法的时间管理理论,把工作按照重要和紧急两个不同维度进行了划分,分为四个方格,然后我们根据不同的象限有不同的处理顺序和方法,如表7.2所示。

第一方格是既重要又紧急的事,要立即去执行,在这一方格投入精力的是依靠危机管理生活的人。

第二方格是紧急但不重要的事,可以请他人代劳,或者在处理了第一象限和第三象限的事情之后再来处理,在这一方格投入精力的是懂得自我领导的人。

第三方格是重要但不紧急的事,要做好计划,按照计划一步一步地实施,在这一方格投入精力的是被组织支配生活的人。

第四方格是既不紧急也不重要的事情,要坚决对它说不,在这一方格投入精力的是对自己不负责任的人。

时间管理的核心,就是要把主要的精力投入处理重要不紧急的事情当中去,即第二方格。

表 7.2　　　　　　　　　　　　　时间管理方格

	紧　急	不紧急
重　要	**方格一** 危机 紧迫的问题 限期逼近的项目	**方格三** 预防活动 建立关系 认识新的机会 计划、改造活动
不重要	**方格二** 临时插入的事 一些邮件、会议 直接而紧迫的问题 受欢迎的活动	**方格四** 琐碎而忙碌的工作 消磨时间的活动 娱乐活动

此外,在时间管理的过程中,还需要应付意外的不确定性事件,应为意外事件留出适当的时间。

(4) 工作、家庭平衡能力

许多创业者在选择工作和家庭时面临两难选择,感到困惑。尤其是对于一些创业正处于起步阶段的年轻创业者来说,这可能是令他们最头疼的问题。事实上,没有必要把工作与家庭截然分开,可以把二者有机结合起来。这两者就像天平两端的砝码,有一头偏沉天平就会失衡,工作和家庭都会受到不良影响。但是如果能够找到两者之间的平衡点,就能做到事业有成、家庭幸福。具体而言,可从以下几方面实现工作、家庭平衡。

① 明确个人使命

制定一套推动实现你价值的行动计划,即个人使命陈述。确立人生目标,设计实现目标的道路。一寸光阴一寸金,时间的分配要做到与你的价值观和目标高度一致。

② 家庭为主

建立一套日程,不要让其他事项挤占了和家人共度宝贵时光的时间。与配偶约会,和每个孩子单独相处。在工作和家庭之间设定合理的界限。灵活应变,如果工作要求你在某一阶段全身心投入,忙完之后应集中一些时间与家人共处,恢复生活的平衡。

③ 努力工作

做一名勤奋出色的员工,竭尽全力处理负责的每一件事,即使它们并不是手头上最重要的事。

④ 寻找导师

找几位导师,创造一个能帮助你在正确道路上不断前进的人际关系网。找一两位你信任、尊敬并在你有所不足的个人和职业领域表现出色的人,作为你的导师。

⑤ 以身为证

平衡好你的生活,把家庭和工作的次序安排妥当,也就赢得了好员工的美誉。

赵薇:女性创业者如何平衡事业与家庭

电视剧《虎妈猫爸》火遍了全国,剧中赵薇扮演的毕胜男一边在事业上兢兢业业,一边也从不松手管理家庭。在现实生活中,赵薇在资本市场的投资大获成功,仅她在阿里影业股票上的投资,在4月8日就收益高达20亿港币。5月20日,赵薇,这位事业、家庭皆成功的明星,出席了阿里巴巴的全球女性创业大会,与在场的女性创业者们分享了自己心得体会。

赵薇说:"我觉得我做的每一件事情,不管做得好不好,我是时时问我自己有没有用心在做这件事情。如果你没有用心在做这件事情,我觉得你可以去玩,可以去做别的事情,不要浪费在这里。"

"如果你能够时时提醒自己我是女性,我有女性的特征,我要保护我女性的特质,那是我人生中与生俱来的一些东西,比如天生的一些想象力和灵感,我需要保护它,而不是为了工作就彻底地放弃这一块。"

以下为部分现场对话:

主持人:现在我们很多人看到你,赵薇是个演员、歌手、导演,事业有成,而且生活也非常美满,所以很多人都想问赵薇,你是如何做到的?

赵薇:美不美满我不知道,可能大家是从一些符号上的东西定义,就是世俗认为比较美满的东西。但是对于我来说,我都没有什么时间去思考我是美满的、幸福的这些定义。

我自己的人生习惯,或者是做事情的方式,就是不管去做演员,还是去做导演,或者是去做很多别的事情,也许我的能力是有限的,也许我的天赋也是有限的,但是我有一个特点,比较用心。

就像我现在认识你或者跟你说话,我今天来这个地方,如果就拍了张照片,然后看了一些人,其实并没有把我的心真的带到这个地方,那么今天对于我的一生可能并没有太多的意义。但是如果我带了发现的心和充分感受的心,不光是这个活动,生活中的任何点点滴滴都会变得意义有所不同。

我觉得我做的每一件事情,不管做得好不好,我是时时问我自己有没有用心在做这件。如果我没有用心在做这件事情,我可以去玩,可以去做别的事情,不要浪费在这里。说难听一点,不要做行尸走肉。

主持人: 在这个电视剧当中,你这个角色所经历的事情是很多女性有共鸣的,是一个女儿、妈妈,然后是妻子,事业有成,这是非常难做到的一件事情。

赵薇:其实我觉得从这个角色侧面反映了当代女性的一些不容易,尤其在中国社会,她们真的在公司里面、单位里面要履行自己的职责,如果你的职位再高一点、能力再大一点、承受的事情再多一点,其实跟男性是差不多的。但是回到家里,中国人又习惯把所有关于孩子的重担多一点交给母亲,还有婆媳关系、家里的日常生活,全都有你。所以我觉得中国女性的压力,是比国外女性的压力大很多倍。

而且中国男性——咱们不攻击男性,男性也是我们的好朋友——也会跟西方的男性有所不同,他们认为有些事情是女人做的,有些事情是男人做的。其实现在的社会,一个家庭的组成可能就是一对夫妇与一个孩子,有时候做事情不要太分性别,应该帮母亲或者是帮妻子去承担一些应有的责任。不要分所谓的事情的类型,而应该共同去面对。

就像我的一个朋友去美国旅游,她说我看到一个女性特别有魅力。我说你怎么看这个女性特别有魅力?她说跟中国女性不一样,开车出去玩,自驾游,那个女性完全没有觉得自己是一个女人,车坏了在压泵换轮胎,跟男人在分工上或者是角色上完全是一模一样的。她在那时候看到的这种挺美的东西,可能是在我们身上比较少的。当然我们看男性也是这样。

主持人: 所以其实很多女性对于"女汉子"这个词很喜欢,有的人不喜欢,您自己觉得您是女汉子吗?

赵薇:我也不知道,但是我倒是时时提醒自己,不能因为做的事情越来越重,或者是身上的责任越来越大,就抛弃女性魅力或者是抛弃女性特征,因为那样也挺可悲的,就是把一个女性生生逼成了"女汉子"。

如果你能够时时提醒自己我是女性,我有女性的特征,我要保护我女性的特质,那是我人生中与生俱来的一些东西,比如天生的一些想象力和灵感,我需要保护它,而不是为了工作就彻底地放弃这一块。

主持人: 你拍的电视剧最近很火,在里面你是一个虎妈,有一个非常可爱的女儿,在现实生活中你是一个虎妈吗?

赵薇:对于女性创业者来说,对家庭的付出和对孩子的付出让我们殚精竭虑,刚刚那位女士问的问题也是我想问的。我7年没有拍电视剧,我可以选择很多题材的电视剧拍,为什么拍这部电视剧?因为我看出来这是一个社会的问题,同时也是我这个年龄会碰到的问题。因为这个戏我看了非常多的有关教育的东西,关于怎么教育孩子,现在确实有些方式方法。我发现最大的问题在于,我没有时间陪伴,我的陪伴过少,以至于我即使懂得再多的方法也没有,缺少最根本的条件。所以拍完这部戏,以我的反思,或者以一个女性创业者的反思来说,可能我真的要多一点时间给孩子和家庭,这不是说放弃你的事业。

我认识一个朋友,她这方面做得很好,她也是一个女强人,在很大的一个杂志任主编。她跟我聊天说,她每天早上 6 点钟起床,陪孩子吃早饭,然后送她去学校,所以她一定 8 点钟就到了时尚杂志的总编室。但是干这种职业通常都是夜猫子、睡懒觉的,她永远会最早到,所以她的员工也只能早到。到了以后,她肯定是按点下班,晚上没有任何的娱乐生活,她要和孩子过,一周给自己一天的假。挺像我拍的那个电视剧,但我那个电视剧更过火一点。其实我也在尝试找一些方法能够适合我们,能够把工作和生活都平衡好,当然我也在探索当中。

主持人:作为一个女儿的妈妈,您刚才讲了对女性的认知,您对自己的女儿有什么样的期许呢?

赵薇:我一直都说我希望她成为一个品质比较好的人,就人品比较好的、比较善良的人。尤其她是女孩子,攻击性不要那么强,人和人之间还是应该温暖跟和善一点。

案例来源:http://www.cyzone.cn/a/20150520/275121.html。

(5) 自我反省能力

"创业失败是必然的,成功才是偶然的。"这是著名天使投资人薛蛮子的一句话。创业虽然每天都在上演,但真正成功的人却少之又少。即便已经创业成功的人,第二次再创业失败的概率并不比首次创业小。面对可能的失败,创业者需要培养一定的自我反省和承受失败的能力。

反省其实是一种学习能力。创业既然是一个不断摸索的过程,创业者就难免在此过程中不断犯错误。反省正是认识错误、改正错误的前提。对创业者来说,反省的过程就是学习的过程。有没有自我反省的能力、具不具备自我反省的精神,决定了创业者能不能认识到自己所犯的错误,能不能改正所犯的错误,能不能不断地学到新东西。

 案例阅读

奥普浴霸 CEO 方杰:善于学习与勇于反省

方杰做奥普浴霸,大家觉得那么容易,好像是一蹴而就似的。其实早在澳大利亚留学时,方杰就有意识地到澳大利亚最大的灯具公司"LIGHT UP"公司打工。当时他还不懂商业谈判。他知道自己的缺陷,很希望学会谈判的本领。他知道他当时的老板是一个谈判的高手,所以每当有机会与老板一起进行商业谈判,他总是在口袋里偷偷揣上一个微型录音机。他将老板与对方的谈判内容一句句地录了下来,然后再回家偷偷地听、揣摩、学习,看看老板是怎样分析问题的,对方是怎样提问的,老板又是怎样回答的。他就这样学习,几年以后也成为一个商业谈判的高手。最后老板退休了,把位子让给了他。到了1996 年,方杰差不多已经成了澳洲身价第一的职业经理人。然后他不想当打工仔了,想自己回国创业。方杰的奥普浴霸是在这样的基础上做成的,方杰并不是一个天生的生

意人。

在《科学投资》研究的上千个创业案例中,除了有限的几个"新经济"的锋线人物,如上海易趣的邵逸波、深圳网大的黄沁据说是神童外,其他大多也就是如曾国藩所说的"中人之质"而已,并没有哪个成功者在智力上有什么出类拔萃之处,比如智商高到180、200之类的。相反,这些成功者有一个共通之处,就是都非常善于学习,非常勇于进行自我反省。

高德康做波司登,"晚上睡不着,想心事,常常半夜里醒过来一身冷汗"。高德康何许人也?江苏常熟白茆镇山泾村的一位农民。高德康曾经这样描述他的创业经历,那时候做裁缝,组织了一个缝纫组,靠给上海一家服装厂加工服装赚钱,每天要从村里往返上海购买原料,递送成品。"从村里到上海南市区的蓬莱公园,有100公里路。我骑自行车每天要跑个来回,骑了几次车就不行了。于是我就挤公共汽车,背着重重的货包挤上去,再挤下来,累得满头大汗。因为我挤车也是在上班时间,车挤得不得了。我背着货包好不容易挤上去,车上的人闻到我一身臭汗,就把我推下来,有一次把我的腰都扭伤了。有时候他们还要骂一句,你这个乡下人,乡巴佬。神气得不得了……可是包重呀,你把我推下来,我怎么办?那个时候我是哭也哭不得,我想那些人一点都不理解我。有时甚至考虑还要不要和上海人做生意?但是不去上海,家里就没有活干,吃不上饭。只能上,乖乖地上。做生意龙门要跳,狗洞要钻,没办法,只能受点委屈。"在这种情况下,高德康睡不着觉,后来他的事业做大了,波司登已经成为中国羽绒服第一品牌,自己也变成了千万、亿万富翁了,却仍然常常睡不着觉。高德康总是在反省自己,为了一些想不明白的问题,他还特意跑到北大、清华上了一年学。他说:"我经常总是在听人家讲,听了以后抓住要害,再在实践中去检验,到最后看结果,看到底是不是真的。"高德康只有小学文化,而他现在最大的爱好竟然是看书。"时间再紧张,学习也不能马虎。平时很少有时间去看书,有的时候在飞机上看看。在这种学习时间很少的情况下,每个月一定要集中3天时间。集中3天学了之后,把自己的思路理顺。作为一个领导来说,不一定整天忙得不得了的领导就是好领导,你必须把思路理顺,有一种思维的状态来考虑这个企业的发展。"

高德康作为一个山沟里的农民,上海人嘴巴里的乡巴佬,最后却能让上海人抢着购买自己的羽绒服,把上海人的钞票大把大把地揣进自己的兜里,原因何在?现在你明白了吧。

作为一个创业者,遭遇挫折、碰上低潮都是常有的事,在这种时候,反省能力和自我反省精神能够很好地帮助你渡过难关。曾子说:"吾日三省吾身"。对创业者来说,问题不是一日三省吾身、四省吾身,而是应该时时刻刻警醒、反省自己,唯有如此,才能时刻保持清醒。

7.2.2 人际领导力

人际领导能力指的是与人打交道的能力,包括上级、下级、平级、客户、合作伙伴等。人际能力大致等同于情商。作为创业者,人际领导能力主要体现在以下两个方面:

(1) 有效倾听和表达

倾听可以使他人感受到被尊重和被欣赏;倾听能真实地了解他人和相关信息,增加沟通的效力;倾听可以减除他人的压力,帮助他人理清思绪;倾听是解决冲突、处理抱怨的最好方法之一;倾听可以学习他人,使自己聪明,同时摆脱自我,成为一个谦虚的受人欢迎的人。在倾听的艺术中,最高境界首推"反射式倾听"。它让你成为一面镜子,帮助说者看清自己的行为和自己的感觉,由于你的协助,使说者在对你谈话时也同时理清他自己的情绪。但千万避免仓促反应或立刻妄下定论或断语,必须只是反射他的感觉。

反射式倾听练习

大宝说他妹妹:"妈,请你把丫丫赶出我房间好吗?她总是乱拿我的东西!"

错误反应(一):

"她只是个孩子啊!你大可不必对她生气!"

——你这样立刻告诉了大宝他应该如何去感觉,而不是使他经由你和他应有的沟通,自己做出决定。你们的沟通非但立刻在此结束或根本还没开始,更重要的是未能面对这问题,所以问题仍未能解决。

错误反应(二):

"你把门锁上就是了!"

——你未能尊重此时大宝的情绪反应,只给了一个不实际的建议,和上项错误一样,你谋杀了原本可经由沟通解决问题的机会。

错误反应(三):

"如果不是你老去惹她,她也不会去烦你啊!"

——反而将错推在他的身上。

错误反应(四):

"好,我会告诉她!"

——这把应该由大宝自己解决这问题的责任全部拦到你身上了,叫他如何能长大?

正确的反射倾听:

"你对小宝生气,是因为她不尊重你自己的东西,对不对?"

——对大宝现在的感觉和原因充分把握,更表现出你对现况的充分了解,你们之间的沟通才能继续下去!

错误的反射聆听:

"你好像因为小宝老是弄乱你的东西而有些困扰?"

——虽然你用的是反射句型,但它"低估"了大宝不高兴的情绪,事实上他现在非常生气,并不只有一点点困扰而已,如此显得你并没有听到或听完全他的感觉。

有效沟通在于有效地表达,谈话中表达清晰、合理、顺畅等是完成沟通的有效表达技巧。有效表达技巧包括以下几种:

① **换位思考**。要做到换位思考,必须常问自己:受众需要什么? 我能给受众什么? 如何把"受众需要的"和"我能提供的"进行有机联结?

② 注意说话的温度。用"建设性意见"替代"否定表述",用"积极的语言"替代"消极的语言"。

③ 注意说话的逻辑。表达应前后一致、因果对应,避免重复、矛盾和冗余。

④ 善用非语言信息。利用肢体语言传递信息。

(2) 学会解决冲突的方法

冲突可以分为认知性冲突和情感性冲突两种。认知性冲突是指团队成员对有关企业生产经营管理过程中出现的与问题相关的意见、观点和看法所形成的不一致性。只要是有效的团队,这种团队成员之间就生产经营管理过程的相关问题存在分歧是一种正常现象。基于人格化、关系到个人导向的不一致往往会破坏团队绩效,冲突理论研究者共同把这类不一致称为情感性冲突。情感性冲突会阻止人们参与影响团队有效性的关键性活动,团队成员普遍不愿意就问题背后的假设进行探讨,从而降低了团队绩效。

创业者可以利用"托马斯—基尔曼模型"进行冲突处理。该模型按武断性程度和合作性程度画出一个矩阵,体现出解决冲突的五种处理方式,即竞争、回避、迁就、妥协和合作。

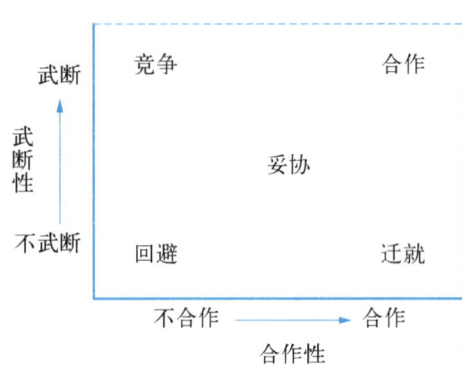

图 7-2 托马斯—基尔曼模型

- 竞争。① 正面冲突,直接对抗;② 双方高度武断、高度不合作;③ 双方都试图以牺牲他人的目标为代价而达到自己的目标,试图证实自己是正确的、他人是错误的;④ 只顾胜负、曲直,不顾后果;⑤ 各不相让,团队冲突表面化。

- 回避。① 既不合作也不武断;② 双方试图忽略冲突;③ 双方都意识到冲突的存在,但都希望回避,不发生正面对抗;④ 团队冲突被掩盖。

- 迁就。① 高度合作、不武断。尽管自己不同意,但还是支持他人意见。② 把对方的利益放在自己的利益之上,一方愿意做出自我牺牲。③ 这是一种彼此同意,但并不是彼此信任的行为。

- 妥协。① 介于武断与合作之间。当冲突双方都放弃某些东西而共同分享利益时,会带来妥协的结果。② 没有明显的赢者和输者。他们愿意共同承担冲突问题,并接受一种双方都达不到彻底满足的解决方法。因而妥协的明显特点是,双方都倾向于放弃一些东西。③ 冲突双方的基本目标能达成,团队成员之间的关系也能维持良好。④ 团队冲突得到暂时解决。

- 合作。① 对于自己和他人的利益都给予高度关注。冲突双方均希望满足双方利益,并寻求相互受益的结果。② 合作的双方都试图找到双赢的解决办法,使双方目标均得以实现,寻求综合双方见解的最终结论。③ 相互尊重与信任。④ 团队冲突得到完全消除。

在这五种冲突解决方式中,合作是最该提倡的方式,合作包括团队合作、上下级合作、与客户合作等。不过合作方式的使用会有两种情况:一是通过合作确定一个新的规则;

二是在事情开展之前进行沟通,确定一个游戏规则,为合作打基础。

7.2.3 情境领导力

世界上没有一种影响别人的"最佳方式",领导者的行为是否有效取决于你要影响的人的成熟度。有效的领导者应该具备变通的能力,能够在不同情境下熟练运用不同的领导风格,并且针对每一个特定的情境,只有一种风格是最适合的。使用情景领导模式并不能保证你就是一个有效领导者,但运用得当可以增加你领导成功的可能性,同时能提高你的领导效率。

根据情境领导理论,从关系型行为和任务型行为两个维度可以区分出四种领导风格:

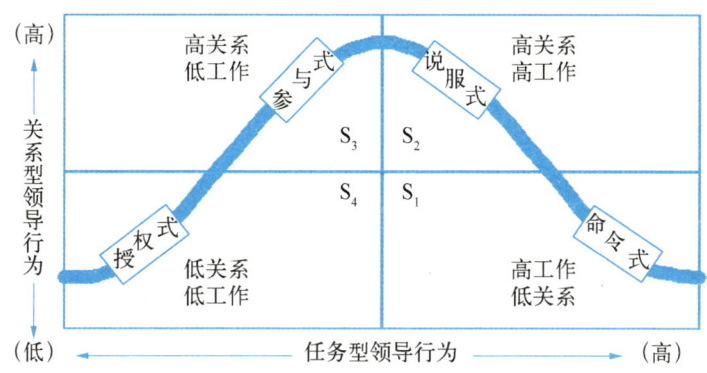

图 7-3 情境领导风格

命令式领导:提供具体的情况——谁,怎样,何时,何地,如何做;确定工作角色;单向沟通;领导者做决定;密切监督;一步步地指导;明确而简洁地指示。

说服式领导:提供具体的情况——谁,怎样,何时,何地,如何做,为什么;解释决策,并给予对方要求澄清(陈诉)的机会;双向沟通;由领导者来做决定;通过询问了解下属能力水平;重视下属微小的进步。

参与式领导:鼓励建议,积极倾听;协助追随者做决定;双向沟通与参与;支持员工冒险;称赞工作表现;褒奖员工并帮助建立自信。

授权式领导:授权,掌握大背景,让下属做决定,相对宽松的监管,观察行动,强调结果。

仅仅知道有四种领导风格可以被选择使用是不够的,还必须知道在什么时候运用它们。根据下属成熟度,可以将企业中的员工划分为懒猪、勤牛、坏狗、快马四种,对于每个特定类型的员工,只有一种风格是最适合的。

当下属为懒猪时,领导者要给予明确而细致的指导和严格的控制,采用命令式领导方式;

当下属为勤牛时,领导者既要保护下属的积极性,又要及时加以具体的指点,采用说服式领导方式;

当下属为坏狗时,领导者主要解决其动机问题,采用参与式领导方式;

当下属为快马时,领导者只给下属明确目标和工作要求,由下属自我控制,采用授权式领导方式。

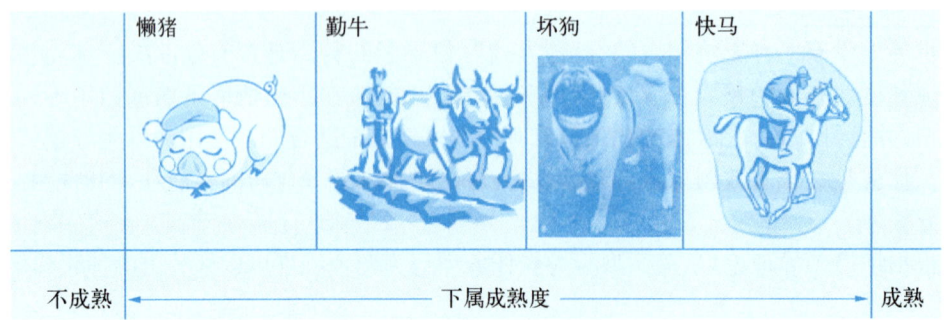

图 7-4　企业中的四种类型员工

总之,强调判断成熟度的能力是极其重要的。既然所有被领导者的能力与意愿不同,你的判断将最终支配你认知被领导者的成熟度。不管职位关系如何,最重要的是针对被领导者的成熟度来应用相应的领导风格。

领导风格测试

说明:下列的自我评估是测试领导风格的。以下陈述了你作为一名领导者可能的工作方式,请指出你是否同意下列陈述。

1=强烈反对;2=反对;3=比较反对;4=既不同意也不反对;5=比较同意;6=同意;7=非常同意

作为一名领导者我将会:

1. 帮助下级解决个人问题。
2. 确保下级有明确要完成的目标。
3. 使下级对所从事的工作保持了解。
4. 确保下级知道工作任务是什么。
5. 把下级当作普通人看待。
6. 明确他们应如何工作。
7. 在他们的工作太糟糕之前帮助他们发现问题。
8. 认为每个下级作为个体都很重要。
9. 帮助他们解决与工作相关的问题。

成绩:

支持员工——把你对1、5和8的答案相加再除以3。

强调目标——把你对2、4和6的答案相加后除以3。

方便工作——把你对3、7和9的答案相加再除以3。

在这里记下你的成绩：
支持员工：
强调目标：
方便工作：

7.2.4 决策领导力

决策是创业者为达到某种预定目标,运用科学的理论、方法和手段,从两个以上备选方案中选择一个的过程。创业者在决策的时候,都是在限制中进行选择,创新思维是有限制条件的,资源、权力、时间等都有限制。在这种限制中如何去选择呢？这就取决于选择者的标准,是侧重历史、现实,还是未来？是依法、依理,还是依情？是采取悲观策略、乐观策略,还是最小遗憾策略？针对的问题不同,选择的标准和依据就不同。不过,无论是怎样的选择,都不会是最佳、最优的选择。

决策具有以下 **4 个方面的特征**：① 决策是为了达到一个预定的目标；② 决策是在某种条件下寻求优化目标和优化达到目标的手段；③ 决策是在若干个有价值的方案中选择一个作为行动方案；④ 准备实施的决策方案可能出现的几种后果是可以预测或估计的。

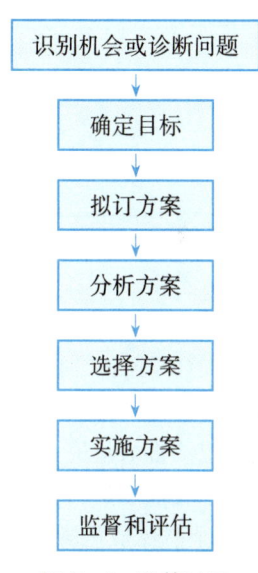

图 7-5 决策过程

(1) 决策过程

决策过程具有识别机会或诊断问题、确定目标、拟订方案、分析方案、选择方案、实施方案、监督和评估七个步骤。

(2) 评价决策有效性的标准

评价决策有效性的标准可以采用孔茨合理性决策标准。该标准的实质是强调决策过程各个阶段的工作质量最终决定了决策的正确性和有效性,而不仅仅在于进行方案抉择时采用"最优"还是"满意"的标准,这个观点是很有指导意义的。

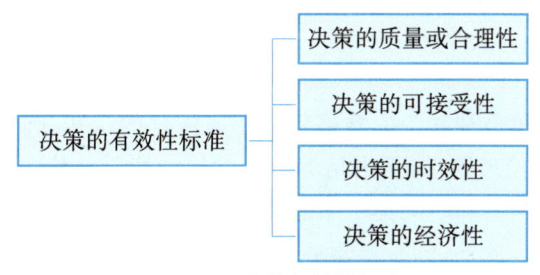

图 7-6 决策有效性标准

(3) 决策技术

常用的决策技术包括决策树法和群体决策技术。

决策树法是根据逻辑关系将决策问题绘制成一个树型图,按照从树梢到树根的顺序,逐步计算各节点的期望值,然后根据期望值准则进行决策的方法。决策树由决策点、方案分枝、自然状态点、概率分枝和结果节点组成,见图7-7。

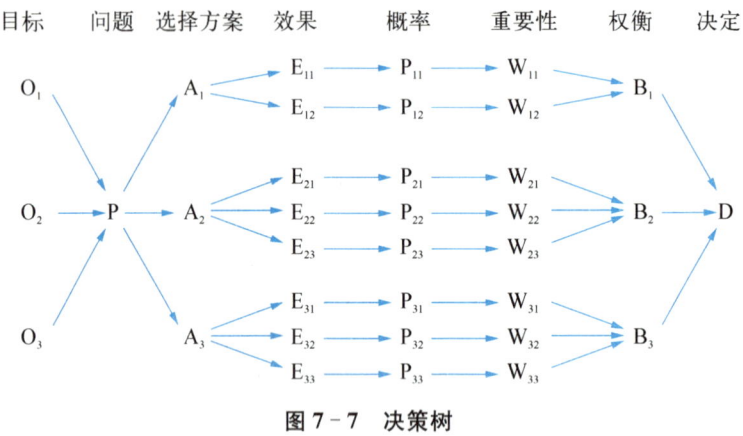

图7-7 决策树

群体决策技术的具体方法是,在问题提出之后,采取以下几个步骤:① 成员集合成一个群体,但在进行任何讨论之前,每个成员独立地写下他对问题的看法。② 经过一段沉默后,每个成员将自己的想法提交给群体,然后一个接一个地向大家说明自己的想法,直到每个人的想法都表达完并记录下来为止(通常记在一张活动挂图或黑板上)。所有的想法都记录下来之前不进行讨论。③ 群体现在开始讨论,以便把每个想法搞清楚,并做出评价。④ 每一个群体成员独立地把各种想法排出次序,最后的决策是综合排序最高的想法。

7.3 如何提升创业领导力

◇ 本节目标
学会如何培养和提升创业领导力。

最优秀的领导者懂得如何在创业的过程中处理各种压力,懂得如何与上级、下级、平级以及客户、合作伙伴等利益相关者打交道,懂得针对企业中的不同下属采取不同类型的领导方式,懂得如何形成有效性的决策。他们将组织的愿景、价值观、目的和商业目标与个人价值观和需求联系起来,从而动员、激励和鼓舞员工。创业者可以从以下四个方面,提高自己的创业领导能力。

(1) 提升自我领导力

首先,需要对个人价值观和个人性格特质形成清楚的认知,确定自身的创业目标、追求以及手段,严守创业伦理要求,努力培养自身领导者特质。其次,创业者要学会时间管理,有重点地把主要的精力和时间集中于处理那些重要但不紧急的学习和工作上,以做到未雨绸缪,防患于未然。此外,创业者要平衡工作和家庭,把二者有机结合起来。最后,创业者要学会自我反省,认识错误、改正错误并能承受失败。

(2) 提升人际领导力

创业者应积极采取反射式倾听,并利用换位思考、调整说话的温度、注意说话的逻辑以及运用非语言信息等技巧实现有效的倾听和表达。创业者还应正确地处理组织内的冲突,优先采用合作的解决方式。

(3) 提升情境领导力

创业者首先应明确区分团队或企业中下属的类型,根据下属成熟度将其划分为懒猪、勤牛、坏狗、快马四种类型,并针对四种类型的员工分别采取命令式、说服式、参与式和授权式领导方式。

(4) 提升决策领导力

首先,创业者需要认识决策过程的七个步骤,即识别机会或诊断问题、确定目标、拟订方案、分析方案、选择方案、实施方案、监督和评估。其次,创业者应采取决策有效性标准对决策的有效性进行评估。最后,创业中需要能够决策树技术和群体决策技术等决策技术进行决策。

要点回顾

- 领导能力是创业者最重要的技能之一,创业和就业的重要差别之一就是对领导力的更高要求。
- 创业领导力不同于一般的管理能力。强化创业团队信任、团队沟通、提升团队凝聚力、促进团队协作,发挥团队的整体力量,这种影响力是创业领导能力的核心。
- 创业者要具备的创业领导力包括:自我领导力、人际领导力、情境领导力、决策领导力和危机管理能力。
- 创业者可以采用 10 种方法来提高自己的创业领导能力。

创业修炼

案例体验

哪种领导类型最有效

ABC 公司是一家中等规模的汽车配件生产集团。最近,对该公司的三个重要部门经理进行了一次有关领导类型的调查。

1. 安西尔

安西尔对他本部门的产出感到自豪。他总是强调对生产过程、出产量控制的必要性,坚持下属必须很好地理解生产指令以得到迅速、完整、准确的反馈。当安西尔遇到小问题时,会放手交给下属去处理,当问题很严重时,他则委派几个有能力的下属去解决问题。通常情况下,他只是大致规定下属的工作方针、完成怎样的报告及完成期限。安西尔认为只有这样才能导致更好的合作,避免重复工作。

安西尔认为对下属采取敬而远之的态度对一个经理来说是最好的行为方式,所谓的"亲密无间"会松懈纪律。他不主张公开谴责或表扬某个员工,相信他的每一个下属都有自知之明。

据安西尔说,在管理中的最大问题是下属不愿意接受责任,他的下属可以有机会做许多事情,但他们并不是很努力地去做。

他表示不能理解以前他的下属如何能与一个毫无能力的前任经理相处,他说他的上司对他们现在的工作运转情况非常满意。

2. 鲍勃

鲍勃认为每个员工都有人权,他偏重于管理者有义务和责任去满足员工需要的学说。他说,他常为他的员工做一些小事,如给员工两张下月在伽利略城举行的艺术展览的入场券。他认为,每张门票才15美元,但对员工和他的妻子来说却远远超过15美元价值。这也是对员工过去几个月工作的肯定。

鲍勃说,他每天都要到工厂去一趟,与至少25%的员工交谈。鲍勃不愿意为难别人,他认为艾的管理方式过于死板,艾的员工也许并不那么满意,但除了忍耐别无他法。

鲍勃说,他已经意识到在管理中有不利因素,但大多是由于生产压力造成的。他的想法是以一个友好、粗线条的管理方式对待员工。他承认尽管在生产率上不如其他部门,但他相信他的雇员有高度的忠诚与士气,并坚信他们会因他的开明领导而努力工作。

3. 查理

查理说他面临的基本问题是与其他部门的职责分工不清。他认为不论是否属于他们的任务都安排在他的部门,似乎上级并不清楚这些工作应该由谁做。

查理承认他没有提出异议,他说这样做会使其他部门的经理产生反感。他们把查理看成朋友,而查理却不这样认为。

查理说过去在不平等的分工会议上,他感到很窘迫,但现在适应了,其他部门的领导也不以为然了。

查理认为纪律就是使每个员工不停地工作,预测各种问题的发生。他认为作为一个好的管理者,没有时间像鲍勃那样握紧每一个员工的手,告诉他们正在从事一项伟大的工作。他相信如果一个经理声称为了决定将来的提薪与晋职而对员工的工作进行考核,那么员工会更多地考虑他们自己,由此产生很多问题。

他主张,一旦给一个员工分配了工作,就让他以自己的方式去做,取消工作检查。他相信大多数员工知道自己把工作做得怎么样。

如果说存在问题,那就是他的工作范围和职责在生产过程中发生了混淆。查理希望公司领导叫他到办公室听听他对某些工作的意见,然而他并不能保证这样做不会引起风波而使情况有所改变。他说他正在考虑这些问题。

思考题

针对ABC公司的调查结果,你认为这三个部门经理各采取什么领导方式?这些模式都是建立在什么假设的基础上的?试预测这些模式各将产生什么结果?是否每一种领导方式在特定的环境下都有效?为什么?

游戏仿真

"听与说"游戏

角色分配：

1. 孕妇：怀胎八月
2. 发明家：正在研究新能源（可再生、无污染）汽车
3. 医学家：经年研究艾滋病的治疗方案，已取得突破性进展
4. 宇航员：即将远征火星，寻找适合人类居住的新星球
5. 生态学家：负责热带雨林抢救工作组
6. 流浪汉

游戏背景：

私人飞机坠落在荒岛上，只有6人存活。这时逃生工具只有一个仅能容纳1人的橡皮气球吊篮，没有水和食物。

游戏方法：

针对由谁乘坐气球先行离岛的问题，各自陈述理由。先复述前一人的理由再申述自己的理由。最后，由大家根据复述别人逃生理由的完整度与陈述自身理由的充分度，自行决定可先行离岛的人。

自我评估

你是否善于冲突管理

在组织中，发生冲突几乎是必然的。发生冲突的原因很多：员工个性差异，信息沟通不畅，利益分配不均，个人价值观与企业价值观不协调等。过多的冲突会破坏组织功能，过少的冲突则使组织僵化，因此有必要对冲突进行科学有效的管理。通过下面的测试来看看你是否善于冲突管理吧！

1. 你认为对企业内的冲突：
   A. 都有必要进行管理
   B. 无法全部管理，只要看到就会处理
   C. 大多数可以忽视，只管理重要的冲突
2. 你对冲突的态度是：
   A. 冲突是负面的，因此要严加控制
   B. 该处理就处理，多一事不如少一事
   C. 合理保持冲突水平，鼓励建设性冲突
3. 在冲突预防中，你对员工的个人处事风格、员工间搭配以及员工与岗位的搭配：
   A. 没有注意
   B. 有所注意

C. 十分重视
4. 在处理与别人的冲突时,你会:
   A. 直接而紧急地处理
   B. 先弄清对方的想法
   C. 先反省自己,再弄清对方的思路,发现解决办法
5. 对于内部价值观的统一问题,你会:
   A. 觉得束手无策
   B. 尽量统一价值观来减少冲突
   C. 用文化来统一价值观,也鼓励不同意见创新
6. 对一些无法解决或者问题严重的冲突,你会:
   A. 暂且搁置,等待时间的缓冲
   B. 采取相应的隔离措施
   C. 如果冲突无法解决,只能严肃处理冲突主体
7. 当同一部门的两个成员发生激烈冲突时,你的处理方式为:
   A. 回避
   B. 找这两个人谈话
   C. 将这两人调开,其中一人安排到另外部门
8. 面对一触即发的紧张局面,你的协调方式为:
   A. 马上着手解决矛盾
   B. 分别进行单个沟通
   C. 着眼于冲突的感情层面,先不急于解决问题
9. 当发生冲突时,如果自己有错,你会:
   A. 保全自己的颜面
   B. 淡化自己的错误
   C. 有原则地迁就对方,化解冲突
10. 在制定激励政策、福利政策与绩效考评时,你是否关注公平、平等:
    A. 没有刻意关注
    B. 有所关注
    C. 十分关注,因为员工的不公平待遇往往是冲突的根源

测评结果:

选A得1分,选B得2分,选C得3分,最后将分数加总。

24~30分　你善于冲突管理,善于做思想工作,针对不同的冲突状况能灵活处理,同时也注意保持冲突的良性水平,这一点正是现代冲突管理方式有别于传统冲突管理的地方。

决策力评估

决策小组练习

你是一名月球工作小组的宇航员,原计划在月球光亮的一面与母船会合。然而,由于

机械故障,你们的飞船被迫降落于会合点 200 英里之外。降落中,大部分装备报废。因为获救取决于到达母船,宇航员小组必须为 200 英里的路程挑选携带物。下面给出了 15 件剩余的完好物,你的工作是为小组到达会合点挑选装备。请按其重要程度在后面标出数字,最重要的为 1,以此类推,排到 15。

这个案例是美国学者荷尔(J. Hall,1963)编写的国家航空航天局(NASA)登月安全生存问题案例,目前是美国一些商业管理院校培训 MBA 使用的标准案例。

装 备 表

选　　项	独立回答	小组结果	标准答案	个人得分 (用第四栏减第二栏,取绝对值)	小组得分 (用第四栏减第三栏,取绝对值)
一盒火柴					
压缩食物					
50 英尺尼龙绳					
降落伞					
手提加热器					
两把 4.5 mm 口径的手枪					
一箱脱水特制奶					
2 个 100 磅氧气瓶					
月球星图					
救生筏子					
罗盘					
5 加仑水					
信号弹					
有注射针头的急救箱					
太阳能调频收发报机					
小组累计个人得分的平均数＝				累计个人得分:	累计小组得分:

1. 在 15 样物品中,先以个人形式把 15 样物品以重要顺序排列出来,把答案写在第二栏。

2. 当大家都完成之后,把全班学员分为 5 人一组,让他们开始进行讨论,以小组形式把 15 样物品重新按重要顺序再排列,把答案写在工作表的第三栏,讨论时间为 20 分钟。

3. 当小组完成之后,把专家意见表发给每个小组,小组成员将把专家意见转入第四栏标准答案。

4. 用第四栏减第二栏,取绝对值得出第五栏,把第五栏累加起来得出个人得分;用第四栏减第三栏,取绝对值得出第六栏,第六栏累计起来得出小组得分。

5. 有关讨论:

(1) 你对团队工作方法是否有更进一步的认识?

(2)你的小组是否出现意见垄断的现象？为什么？

(3)你所在的小组是以什么方法达成共识的？

案例研究本来没有标准答案。这个案例说明了个人决策与群体决策的不同。

参考答案：

选　项	排　序	原　因
一盒火柴	15	没有氧气
压缩食物	4	没有食物可以生活一段时间
50英尺尼龙绳	6	在不平的月面上旅行使用
降落伞	8	用于搬运物体
手提加热器	13	在月球的光亮面是非常酷热的
两把4.5 mm口径的手枪	11	一些用于干喷气推进的场合
一箱脱水特制奶	12	没有水去冲开
2个100磅氧气瓶	1	月球上没有空气
月球星图	3	需要进行导航
救生筏	9	在覆盖和搬运上有些用处
罗盘	14	月球的磁场与地球非常不同
5加仑水	2	没有它就不能活得更久
信号弹	10	没有氧气
有注射针头的急救箱	7	急救箱可能有用，但针头没用
太阳能调频收发报机	5	通信

反思与改进

➢ 结合本章内容思考，你的下属包含哪几种类别？针对不同类别的下属，你采取什么样的领导方式？你的领导方式有效吗？应该如何改进？

下属类别	领导方式	有效性	改进措施

➢ 结合本章内容,你认为自身具备创业领导力吗?如果具备,请列出你的创业领导力;如果不具备,请给出你的改进思考。

➢ 具备创业领导力的人一定适合创业吗?创业领导力在日常生活和工作中有着哪些用处?

8

团队管理能力

 **本章精要**

　　一个好的团队对企业的成功起着举足轻重的作用。团队管理能力作为创业领导能力的一个层次,主要涉及的是如何打造一支高效而富有凝聚力的团队。本章第一部分回答了创业者为什么要具备团队管理能力的问题;第二部分回答了创业者要具备什么样的团队管理能力,从如何制定合伙人计划入手,指出如何组建和打造创业团队,以及如何设计期权分配;第三部分回答了如何提升团队管理能力。

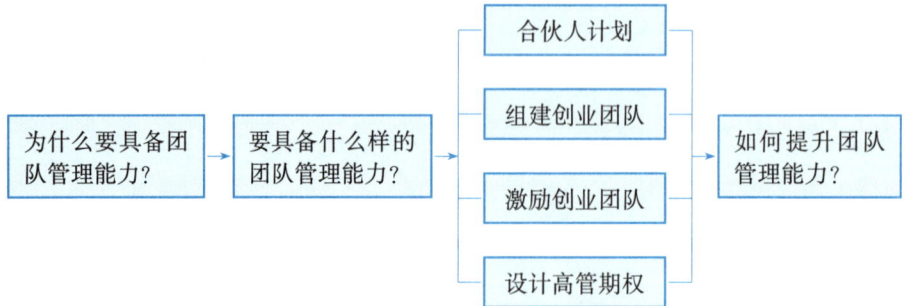

 **学习目标**

1. 理解创业者为什么要具备团队管理能力。
2. 认识四种团队管理能力。
3. 学会如何培养和提升团队管理能力。

创业初期如何找合伙人？

阿里巴巴的合伙人制度传播甚广，神通广大的马云在创业初期就通过各种手段拉来不少头顶光环的实力派为其"让天下没有难做的生意"的梦想卖命，成功企业的各种合伙人故事也在业界为人津津乐道：新东方三驾马车，携程四君子，腾讯五虎将，它们好像都有一支能全面抗战、处处御敌的机动部队。同时，而不少创业公司也时不时会爆出合伙人离开、初创团队互撕、创始人被踢出局等各种令人讶异的新闻。

那么，究竟怎样的合伙人团队才是最佳拍档？合伙人在团队中需要怎样互补、如何作战，才能发挥最佳战斗力呢？相信不少创始人都有自己的思考。下面将介绍一些明星公司的创始人是怎么去找合伙人、如何看待合伙人制度的。

小米的合伙人故事非常精彩，公司除7个创始人以外都没有职位，超扁平化管理；合伙人各自负责一个业务板块，互不干涉；高效的协作让小米的合伙人制度成为大家竞相模仿的对象。

雷军：你找不到人只是因为你花的时间不够多

"小米团队是小米成功的核心原因。和一群聪明人一起共事，为了挖到聪明人不惜一切代价。如果一个同事不够优秀，很可能不但不能有效帮助整个团队，反而有可能影响整个团队的工作效率。到小米来的人，都是真正干活的人，他想做成一件事情，所以非常有热情。来到小米工作的人聪明、技术一流、有战斗力、有热情，这样的员工做出来的产品注定是一流的。这是一种真刀实枪的行动和执行。

如果你招不到人才，是因为你投入的精力不够多。我每天都要花费一半以上的时间用来招募人才，前100名员工入职时都亲自见面并沟通。当时，招募优秀的硬件工程师尤其困难。有一次，一个非常资深和出色的硬件工程师被请来小米公司面试，他没有创业的决心，对小米的前途也有些怀疑，几个合伙人轮流和他交流，整整12个小时，打动了他，最后工程师说：'好吧，我已经体力不支了，还是答应你们算了！'"

王兴：合伙人"合"而不同

王兴是一位连续创业者，现在美团的合伙人，有两位是他之前校内网的联合创始人，还有一位是他饭否时期的联合创始人。

"创业本来是件蛮不容易的事情，最好的团队肯定是能合而不同的，就是大家的技能、一些观点不会完全一致，要不然就完全重复了，但是能够和谐地为一个目标而努力。老祖宗说，君子合而不同，小人同而不合。"

程维：在微信群里认识了CTO张博

作为目前O2O领域的明星初创公司，滴滴打车在各方面的成长路径都值得学习，创始团队的搭建更值得研究。既然挖柳青已经尽人皆知，我们再来了解滴滴几个更接地气的挖人招数。

"人总要为自己不了解的领域付出代价，创业没有侥幸。等到你真的痛的时候，就会去补短板。为了找到可能搭档的技术合伙人，真是无所不用其极。我找了支付宝的同事，问了在江西老家开网吧的堂哥，有没有同学在北京工作。我去腾讯，去百度，约他们吃饭喝咖啡，但还是没有。

我偶然加了一个微信群，认识了现在的CTO张博。我现在相信，有些人真的跟你有缘。我很少对一个男人有这种感觉（笑），就是一眼就知道，他就是你要找的那个人。当时，跟张博谈完，我特别兴奋。一出门口，我就给我的天使投资人王刚打了一个电话说：这就是上天给我的礼物。"

贾跃亭：要把公司合伙人化，全员持股

2015年初贾跃亭刚刚归来时，就在一个内部交流会上表示，2015年乐视要全力推行合伙人制计划。

"应该把公司真正地公有化、合伙人化。靠一个人拉动，一个阶段是可以的，但如果要成为一家千亿美元级的公司，需要大家的力量。

组织架构、组织成员和组织资源解决之后，最重要的就是组织激励。以前更多的是用梦想、使命感激励，但梦想和使命感不是全部，要合理解决长期、中期和短期的激励问题，尤其是非常复杂的生态业务，组织激励显得更加重要，所以今年我们合伙人改制非常重要。"

8.1　为什么要具备团队管理能力

◇ **本节目标**
理解作为创业者，应具备基本的团队管理能力。

创业离不开创业团队。创业团队对于创业家的重要性在于创业团队的普遍性以及它对公司创业绩效的影响。在现实中，有些企业是由创业者个人创立且拥有的，然而大多数企业是由两人或两人以上共同创立并拥有的。大量研究表明，创业团队在开创新企业的过程中起着非常关键的作用。换句话说，在一个企业创建的头几年里，一般都由创业团队来支撑。

- 组建一支有能力、有经验的创业团队能够帮助我们克服新创弱性（liability of newness）。新企业具有高失败率，很大原因在于学者所称的新创弱性，表现为：企业创建者不能很快适应他们的新角色；企业缺乏有关顾客或供应商的"记录"。
- 由团队创建的新企业要比由个人创建的企业更有优势，尤其是异质性的团队，他们在能力和经验方面彼此不同。团队可以为新创企业带来才能、创意和资源，为创业企业带来了社会网络和专业网络，团队成员彼此的心理支持也是企业成功的重要因素。

8.2　要具备什么样的团队管理能力

◇ **本节目标**
认识四种团队管理能力，了解每种团队管理能力的主要内容。

▶ 合伙人计划

三家企业的创业模式

1. 和君创业模式

1999年，首创国内券商成立行业研究机构的君安证券研究所所长王明夫带领一班兄弟离开君安,不满于中国股市寻找"黑马"的老套炒股手法,立志通过产业整合和资本运作为中国股市制造"黑马"。

王明夫邀请李肃、包政、彭剑峰三人加盟,成立和君创业研究咨询有限公司,第一个在业内提出"投行＋管理咨询"双重业务能力发展模式,致力于帮助国内领袖级企业引入跨国大资本,实现国内产业重组和产业升级的使命。

不过,让王明夫省心的日子并不长久。分掉2002年红利进入2003年时,担任了4年总裁的彭剑峰离开了和君。之前他成立了独立核算、专做人力资源管理咨询项目的华夏基石,得到王明夫的支持,但在实际运作中如何与和君分清楚权益,恐怕不容易。

接任总裁的包政没让王明夫失望,2003年和君仍然是盈利的。进入2004年,和君再次出现分裂的苗头。当王明夫意识到问题的严重性时,包政已经决定退出和君。

有趣的是,剩下王明夫和李肃两人显得特别和谐。王明夫继续当他的甩手董事长,李肃则吸取前两任总裁的教训,对公司的架构进行大刀阔斧的调整,大搞"包田到户",充分放权,以期达到各项目组或事业部自负盈亏,个人"多劳多得、好劳多得",管理者无为而治的目的。

可以说,经过裂变的和君现在采取的管理模式明显有别于新华信、北大纵横等同行。虽然和君模式利弊互见,但其背后的管理逻辑却有可能对发展中的众多咨询业同行及其他智力密集型产业具有鲜活的参考价值。简单介绍如下:

(1) 股权结构。王明夫是公司实物资产实际出资人,也是公司流动资金的实际提供者,因此公司实际所有人是王明夫,其他合伙人拥有的只是虚股,即年终分红比例。开始的时候这一安排没有问题,因为公司的品牌、声誉价值还没建立,大家的想法是在王明夫搭的平台上一起做事,赚了钱公平分配。但当公司有了影响,其他合伙人如果因为某种原因离开和君,虚股的价值是带不走也不可能要求兑现的,难免产生"为人作嫁衣裳"的失落感。王明夫当然欢迎其他合伙人用实际出资取得实股,但因为头两年经营状况不理想,没人愿意这么做。等公司开始赚钱,合伙人之间的不和谐音开始出现,更没人愿意讨论股份这个敏感话题。彭剑锋、包政离开后,新吸收的合伙人在依靠和君这个平台赚到足够多的钱之前,恐怕也不会对从王明夫手中购买股份有更多兴趣。

(2) 合伙人制。如果不考虑公司实际产权,和君的合伙人制度没什么特别之处。根据能力、资历,和君的咨询师分4个级别,最高级别的咨询师如果业务能力和业绩贡献得到王明夫认可,自然会提升为合伙人,主管某事业部或者某些领域,参与公司重大决策和年底分红。

(3) 事业部制。和君业务分四大板块,咨询、投行、培训、出版,咨询下面又分战略、企业文化、营销、人力资源四个相对独立的事业部,各部下面是独立核算的项目组。

(4) 项目核算。和君在项目管理上比较独特的地方有三点:一是分给公司的比例越来越小,以前是项目组和公司5∶5分账,后来变成了6∶4,7∶3,甚至更低。所谓重赏之下必有勇夫,和君希望这一安排能充分调动项目负责人的积极性。二是项目负责人享有充分的自主权,比如组员的挑选、招聘、奖金多少,全由其决定,每月工资则根据咨询师级别执行统一标准,交够公司、发够组员后,剩下全是项目负责人的。三是在内部协作上实行"市场"机制,如果项目负责人觉得有必要请公司高层或其他资深人物临时支持本项目,以帮助项目渡过难关,则要按该人物的内部身价或协议价,根据贡献的时间支付其报酬,从项目收入中支付。

2. 麦肯锡模式

麦肯锡1959年进入亚太地区,在中国的业务始于1985年。自那时起,麦肯锡在香港、台北、上海及北京建立了分公司。业务主要是帮助企业高级管理层诊断解决战略、组织机构和经营运作方面的关键性议题。

麦肯锡作为咨询业的标杆企业,其许多有效的管理制度成为该行业的惯用标准。

麦肯锡虽然是个国际性公司,但内部管理一直沿用私营性质合伙人制,"合伙人"即公司董事。麦肯锡选择合伙人制,没有选择上市公司,主要为了确保咨询业务的独立性、客观性。麦肯锡认为,如果采用上市公司的形式,就会以追求股东利益作为公司发展的目标。公司的活动就会受制于外部股东的利益。如果选择合伙人制,麦肯锡只对客户和麦肯锡负责,而不会受制于其他因素。如果一个员工干得好,有发展前途,就有可能成为合伙人。成为合伙人后,自己的利益就与公司的利益紧密结合起来,就会对公司的利益负责。麦肯锡的利润分配很简单:扣除成本后,如果每年有利润,就分给合伙人。如果是上市公司,利润就要分给股东,而不是分给与公司利益密切相关的合伙人。

2001年全球有合伙人900多,包括200位资深董事、700多位董事,公司的所有权和管理权完全掌握在他们手里。董事由全球选举产生,所有董事都曾担任过普通咨询人员。

3. 阿里巴巴模式

阿里巴巴希望采取的"合伙人"方案,与中国内地、香港或开曼群岛的合伙企业法中的合伙制完全不是一个概念,而是在章程中设置的提名董事人选的特殊条款:即由一批被称作"合伙人"的人提名董事会中的大多数董事人选,而不是按照持有股份比例分配董事提名权。请注意,"合伙人"并不能直接任命董事,所提名的董事仍须经过股东会投票通过才获任命。

阿里巴巴方案中的"合伙人"并不像合伙企业中的合伙人一样,需要对企业的债务承担连带责任,而是指高度认同公司文化、加入公司至少5年的特定人士,其实就是一批资深高管。这有点像很多公司制的企业,如咨询公司、投资银行,高级管理者的头衔也叫"合伙人",但并不是法律意义上的合伙人。

资料来源:http://doc.mbalib.com/view/3bea5378dc319e5a346d3e954acbecfc.html;http://tech.qq.com/a/20130903/002876.htm.

合伙人公司是指由两个或两个以上合伙人拥有公司并分享公司利润,合伙人即为公司主人或股东的组织形式。其主要特点是:合伙人共享企业经营所得,并对经营亏损共同承担无限责任;它可以由所有合伙人共同参与经营,也可以由部分合伙人经营,其他合伙人仅出资并自负盈亏;合伙人的组成规模可大可小。

合伙制企业与公司的区别是:① 合伙人对企业债务承担连带责任,而公司股东承担有限责任;② 出资方式不相同,合伙制企业可以劳务出资,而公司不可以;③ 公司成立必须符合法定的最低注册资金,而合伙制企业没有要求。

(1) 合伙人区分

普通企业:适用于普通合伙人(对合伙企业债务承担无限连带责任)和有限合伙人

(以其认缴的出资额为限对合伙企业债务承担责任)。

以自身专业提供特定咨询等方面服务的企业：适用于特殊普通合伙(一个合伙人或者数个合伙人在执业活动中因故意或者重大过失造成合伙企业债务的,应当承担无限责任或者无限连带责任,而其他合伙人以其在合伙企业中的财产份额为限承担责任。合伙人在执业活动中非因故意或者重大过失造成的合伙企业债务以及合伙企业的其他债务,由全体合伙人承担无限连带责任。为了保护债权人利益,《合伙企业法》规定,特殊的普通合伙企业应当建立执业风险基金、办理职业保险)。

(2) 合伙人计划书

合伙人计划书基于产品分析把握行业市场现状和发展趋势,综合研究国家法律法规、宏观政策、产业中长期规划、产业政策及地方政策、项目团队优势等基本内容,着力呈现项目主体现状、发展定位、发展远景和使命、发展战略、商业运作模式、发展前景等,深度透析项目的竞争优势、盈利能力、生存能力、发展潜力等,最大限度地体现项目的价值：

——作为项目运作主体的沟通工具。合伙人计划书应着力体现企业的价值,有效吸引投资、信贷、员工、战略合作伙伴,包括政府在内的其他利益相关者。

——作为项目运作主体的管理工具。合伙人计划书可视为项目运作主体的计划工具,引导公司走过发展的不同阶段,规划具有战略性、全局性、长期性。

——作为项目运作的行动指导工具。合伙人计划书内容涉及项目运作的方方面面,能够全程指导项目开展工作。

▶ 组建创业团队

"ofo共享单车"创业团队的组建

"ofo共享单车"是由四名北京大学学生发起的创业项目,通过"共享单车"(ofo bicycle)平台,实现师生随时随地有车骑的目标,在有效解决校内出行问题的同时,减少校内单车总量。自2015年9月上线至今,共享单车已达5 000余辆。ofo也走出北京大学,在其他7所首都高校成功推广,累计服务在校师生近90万次。四位创始人分别为光华管理学院2014级硕士研究生戴威、马克思主义学院2015级硕士研究生薛鼎,以及毕业还不满一年的考古文博学院2015届硕士张巳丁、教育学院2015届硕士于信。创始团队荣获"北京大学2015网络新青年"称号。

这四位学生创客的经历各具特色,简历上却可以找到同一句描述——"2009年加入北京大学自行车协会",该协会成立于1995年,是以自行车运动和社会实践为活动内容,综合体育运动和学术实践的学生社团,也是国内起步最早、影响力最大的大学生自行车运动的民间群众组织之一。

共同的骑行爱好让戴威、薛鼎、张巳丁和于信走到了一起,在"大众创业、万众创新"的时代,他们跃跃欲试,希望能实现从"趣缘"到"业缘"的转变,完成多数人梦寐以求的生涯追求——以爱好为事业。

尽管专注于自行车行业创业的决心从未产生动摇,但在具体怎么做的问题上,他们有过不少分歧,也尝试过很多方向,比如骑行旅游、二手自行车交易,甚至包括拓展至信息、健康等领域。渐渐地,他们发现对大学生创业有些准备不足,"市场受众小、安全风险大的问题难以解决,才开始调整转型"。另一方面,他们也开始分析自己的优势所在。除了共同的社团活动经历之外,戴威、张巳丁、于信都曾在学生会长期任职。"这些经历给予了我们组织管理层面的锻炼,也使得他们比其他学生更加了解和关注校园内部的日常运转和师生的生活现状。""从最熟悉的大学生校园生活入手,发掘学生需求,有针对性解决困扰学校多年的管理难题,ofo共享单车横空出世。"这个想法出现之后,四位创始人一拍即合,两天内从全国各地回到北京,不断尝试的决心和强大的执行力使团队方向迅速由骑行旅游产品转向单车共享项目。

ofo在收获广泛认同与支持时,也同样经受了不少争议和质疑。面对种种质疑,ofo团队的回应并非仅仅停留在"危机公关"的层面,而是讨论其中的问题,分别做出对应的改变,在改变之后再回应质疑。

资料来源:http://pkunews.pku.edu.cn/xwzh/2016-03/04/content_292956.html。

创业者能否走得更远,取决于创业者和创业团队的基本素质。企业的成长是人才成长的一个集中体现。企业的成功也是人才的成功。搭建一支优秀的创业团队对任何创业者而言,都是一项至关重要的工作,它决定着创业的成败。优秀团队的标准是高度责任感、成功的行业经验、合作的心态。

(1) 创业团队组建的五要素

① 目标(Purpose)

创业团队应该有一个既定的共同目标,为团队成员导航,知道要向何处去。没有目标,这个团队就没有存在的价值。目标在创业企业的管理中以创业企业的远景、战略的形式体现。

② 人(People)

人是构成创业团队最核心的力量。三个及三个以上的人就形成一个群体,当群体有共同奋斗的目标时就形成了团队。在一个创业团队中,人力资源是所有创业资源中最活跃、最重要的资源。应充分调动创业者的各种资源和能力,将人力资源进一步转化为人力资本。

目标是通过人员来实现的,所以人员的选择是创业团队中非常重要的一个部分。在一个团队中可能需要有人出主意,有人定计划,有人实施,有人协调不同的人一起工作,还有人去监督创业团队工作的进展,评价创业团队的最终贡献,不同的人通过分工来共同完成创业团队的目标。在人员选择方面要考虑人员的能力如何,技能是否互补,人员的经验如何。后面会专门讨论创业团队的互补、不同角色对团队的贡献。

③ 创业团队的定位(Place)

创业团队的定位包含两层意思:第一,创业团队的定位。创业团队在企业中处于什么位置,由谁选择和决定团队的成员,创业团队最终应对谁负责,创业团队采取什么方式激励下属。第二,个体(创业者)的定位。作为成员在创业团队中扮演什么角色,是制定计划还是具体实施或评估;是大家共同出资,委派某个人参与管理,还是大家共同出资,共同参与管理;或是共同出资,聘请第三方(职业经理人)管理。这体现在创业实体的组织形式上,是合伙企业或是公司制企业。

④ 权限(Power)

创业团队当中领导人的权力大小与其团队的发展阶段和创业实体所在行业相关。一般来说,创业团队越成熟,领导者所拥有的权力越小。在创业团队发展的初期阶段,领导权相对比较集中。高科技实体多数是实行民主的管理方式。

⑤ 计划(Plan)

计划的两层含义:第一,目标最终的实现需要一系列具体的行动方案,可以把计划理解成达到目标的具体工作程序。第二,按计划进行可以保证创业团队的顺利进度。只有在计划的操作下,创业团队才会一步一步贴近目标,从而最终实现目标。

(2) 团队组建的注意事项

① 扬长避短,恰当使用

人有所长,必有所短。创业伙伴之间的优势最好互补。选择的时候要看清其长,以后也要学会包容其短。所谓取长补短,是取别人的长补自己的短,此为团队的真正价值,长城不是一人筑成,想做出点成绩,就得有做事情的开放心态。如果你是内向型性格,不善于交际,只适合从事技术工作,那最好找富有公关能力、会沟通、能处理复杂问题的搭档;如果你是急性子、脾气比较暴躁且又自认为很难改正,那最好找慢性子、脾气温和的搭档——因为合作中的摩擦是在所难免的,一急一缓可以相得益彰。

② 既要讲独立,也要讲合作

团队是公司的魂、是公司最终成功的重要保证。一个好的合伙人可以帮助企业腾飞;同样,一个不合格的合伙人给企业带来的只能是灾难。所以对于创业者而言,选择合作伙伴意味着将企业未来几年的命脉与人共享。那么在共享权力之前,就必须认真地考察合作伙伴。

对创业者而言,在创业初期会面临各种各样的困难,造成见到光头就以为是和尚、捞到根稻草就以为能救命的情况。这时候就需要鉴别能力,冷静地分析可能的合作伙伴中谁更有利于企业的发展。

③ 志同道合,目标明确

团队的成员应该是一群认可团队价值观的人。团队的目标应该是每个加入团队的成员共同认可的,否则就没有必要加入。在明确了一个团队的目标时,作为团队的负责人,应该以这个共同的目标为出发点召集团队的成员。团队是不能以人数来衡量的。如果你有一群人,但没有共同的理想和目标,那这就不是一个团队,而是一群乌合之众。这样的团队是打不了胜仗的。所以,你和你的伙伴应是志同道合的,有共同的或相似的价值追求和人生观。

合伙人应该都是有梦想的人,是为了做出一番事业而走到一起,而不是为了简单的现实利益。

④ 相互补充，相得益彰

创业团队虽小，但是"五脏俱全"。创业团队成员不能是清一色的技术流成员，也不能全部是搞终端销售的，优秀的创业团队成员各有各的长处，大家结合在一起，正好相互补充、相得益彰。

相对来说，一个优秀的创业团队必须包括以下几种人：一个创新意识非常强的人，这个人可以决定公司未来发展方向，相当于公司战略决策者；一个策划能力极其强的人，这个人能够全面周到地分析整个公司面临的机遇与风险，考虑成本、投资、收益的来源及预期收益，甚至还包括制订公司管理规范章程、长远规划设计等工作；一个执行能力较强的成员，这个人具体负责下面的执行过程，包括联系客户、接触终端消费者、拓展市场等。此外，如果是一个技术类的创业公司，那么还应该有一个研究高手（甚至是研究型领导），当然，这个创业团队还需要有人掌握必要的财务、法律、审计等方面的专业知识。唯有这样，团队成员才能算是比较合格的。

需要补充一点的是，在一个创业团队中，不能出现两个核心成员位置重复，也就是说，不能有两个人的主要能力完全一样。比如，两个都是出点子的人，两个都是做市场的，等等。只要有人优势重复、职位重复，今后少不了有各种矛盾出现，甚至最终导致整个创业团队散伙。这样的例子举不胜举。

⑤ 目标明确，善定愿景

作为一个团队领导，能够为团队设定前进目标、描绘未来美好生活是必要的素质。领导如果不会制订目标，肯定是个糟糕的领导。唐僧从一开始，就为这个团队设定了西天取经的目标，而且历经磨难，从不动摇。一个企业，也应选择这样的人做领导，团队的领导本身就是企业文化的传承者和传播者，只有他自己坚定不移地信奉公司的文化、以身作则，才能更好地实现团队的目标。

⑥ 手握紧箍，以权制人

一个领导一定要树立自己的权威，没有权威就无法成为领导。但是唐僧从来不滥用自己的权力，只有在大是大非的时候，才动用自己的惩罚权，这对企业领导也是有借鉴意义的。组织赋予的惩罚权千万不要滥用，奖励胜于惩罚，这是领导艺术的基本原理。

⑦ 以情感人，以德化人

作为一个团队领导，情感管理也是非常重要的，尤其在中国文化的大背景下。中国人往往是做生意先交朋友，先认可人再认可事，对事情的判断主观性比较大。所以在塑造团队精神的时候，领导一定要学会进行情感投资，要多与下属交流、沟通，关心团队成员的衣食住行，塑造一种家庭的氛围。

⑧ 摆正位置、坦诚相待、互相尊重对方

作为合伙人，在平时的交往与合作中要坦诚，互相尊重对方，摆正自己的位置。既然是合伙人，也就是出资人，请在心中时时提醒自己，双方都是为了共同的利益才在一起的，无论出资多少，都不会拿着自己的钱出来玩。遇到问题和矛盾时应该向前看，向前看利益是一致的，因为成功会给大家带来更丰厚的收获；盯住眼前的事情不放，只能是越盯矛盾越多，越盯矛盾越复杂，最后裹步不前；只有向前看，成功的希望才能激励合作的各方摈弃

前嫌、勇往直前，抵达成功的彼岸。

▶ 激励创业团队

如何更合理地激励创业团队？这是创业团队成员极为关注的话题，毕竟取得合理的收益是创业收获的具体表征。能否解决好这个问题直接关系到创业企业的存亡。创业企业的报酬制度包括股票、薪金和补贴等经济报酬以及其他一些非经济报酬，如实现个人发展和个人目标、培养技能等。每个团队成员对报酬的理解各不相同，取决于个人不同的价值观、目标和愿望。有人会追求长期的资本收益，而另外一些人可能更偏向于短期的资金安全和短期收益。

(1) 团队激励标准

在考虑创业团队激励和制定相应报酬时，需要对各团队成员的贡献大小进行衡量。而各成员的贡献在性质、程度和时机上都会因人而异，故在进行绩效评价时可以重点考虑以下几个方面：

① 创业思路

创业思路提出者的贡献应当予以充分考虑。尤其是提供对原型产品或服务极为重要的商业机密、特定技术，或是对产品、市场进行了调研的当事者。

② 商业计划准备

制定一份优秀的商业计划往往需要花费很多的时间、资金和精力，因此商业计划书制定者的贡献也应该适当考虑。

③ 敬业精神和风险

一个把大部分个人资产投入企业的团队成员，不仅会在企业失败时承担巨大的风险，还将牺牲一定的个人利益、投入大量的时间和精力并接受较低的报酬，因此应充分考虑员工的敬业精神和所承担的风险。

④ 工作技能、经验、业绩记录或社会关系

团队成员可能为企业带来工作技能、经验、良好的工作记录或是在营销、金融和技术等方面的社会关系。如果这些对于新创企业而言是至关重要的而且是来之不易的，那么就必须予以考虑。

⑤ 岗位职责

团队成员在不同的岗位上为企业做贡献，而岗位所需技能和工作强度各不相同，应该考虑为不同的岗位分配不同的权重。

在衡量每一位团队成员的贡献率时，需要充分考虑上面列举的各项因素，团队成员不仅要自己协商，达成对各项贡献价值的一些意见，而且还应该保持充分的灵活性，以适应今后的变化。

(2) 股权激励

股权激励是一种灵活多变的企业员工激励策略。股权激励相关制度发展至今，虽然也衍生出了一些诸如聚集资金、分担风险等作用，但其主要功能还是着重于对企业员工的激励方面。特别是创业型企业，对留住企业人才、激励企业员工的需求比较明显。

企业在进行股权激励设计时应遵循以下设计思路：

① 明确股权激励的目的

企业设置股权激励制度首先必须明确其设置目的。股权激励制度的设计是灵活多变的，基于不同的目的而设计的股权激励制度可以大相径庭。股权激励的主要影响方面集中在人才问题、人力成本问题以及企业利润分配问题三个方面。

② 确定激励股权的载体

我国《公司法》《合伙企业法》对企业股东的构成有一定的人数限制。过多的企业股东人数对公司的经营决策也会产生一定的影响。合理设置激励股权的载体也是企业设置股权激励制度的重要因素之一。目前比较通行的方式有两种：一种是通过股权代持的方式设置激励股权，另一种则是通过设立有限合伙企业的方式安置激励股权。

③ 确定股权激励的实施方式

股权激励的实施方式是设计股权激励制度最核心的内容，当前比较主流的股权激励方式是：股票期权、股票增值权、模拟股票和优先股。

▶ 设计期权

尚德机构的期权方案

2015年7月，尚德机构在北京召开"少数派报告"发布会，公布史上"最任性"的期权方案，公司创始人欧蓬动用个人股份，为员工设立30%期权池。期权池（ESOP）又叫员工持股计划，它是一种现代企业激励方法，通过全员持股的方式最大化员工主人翁责任感及组织承诺。

资料显示，美国全行业每个公司期权池的平均大小为8%，硅谷互联网公司期权池为15%～20%，中概股教育公司平均10%，其中新东方发放16.51%，正保7.82%，好未来约20%（其中包括限制性股票和期权），学大17.5%，尚德期权池大小为30%。

30%，而且动用的还是他自己的股份，欧蓬不按照常理"出牌"的行为，也充分反映了他对企业人力资本的足够重视。30%的期权发布计划不但可以让大部分员工获得丰厚的收益，而且为企业外优秀人才预留了充分的额度。

尚德机构近乎零的行权价，意味着员工不仅享受增值部分差价的利益，还享受了过去存量的利益。所谓期权，是允许特定对象在特定时间以特定价格购买公司股票，期权行权价大小决定了期权的内在价值。

比如,你拥有的行权价是10元,行权时间是9月1日,那么到了这一天,无论股价是多少,你都可以10元的价格买进这只股票。当然,如果股价当时低于10元,你可以放弃你购买的权利;如果高于10元,那你就赚了。比如,当时市场上该股价是20元,那你就可以10元买进再马上20元在市场上卖出,你就赚了10元。

尚德机构拥有教育圈增速最快的期权池。企业转型直播后,利润呈非线性增长,而利润和公司市值成正比。目前,30%期权池限值1亿美元。尚德预计,到2017年,30%期权池价值5亿美元,即30亿元人民币。

"我清楚知道一个残酷的现实,只有工资收入而无资本所得,每个人都是穷人。如果年收入50万元,税后40万元,30年1 200万元,在北京只能买一套房子。"欧蓬在演讲中如是说。他认为,企业成功时只有一个人实现财务自由是可耻的。这也就是为什么尚德机构没有像大多数在线教育机构那样稀释股权给资本,而选择稀释股权给团队的原因之一。

据悉,尚德机构将设立薪酬委员会制定期权分配方案,预计覆盖人数占尚德机构员工总数的20%。目前,尚德机构员工数约3 000人,即获得期权的员工数约600人。

资料来源:http://edu.china.com.cn/2015-07-30/content_36188244.html.

在创业初期,创业者往往更关心资金和产品,却忽略了新公司的期权分配。许多创业者都不太注重期权池的设立或者说根本不明白该如何设计一个能够较好的激励员工的期权池。

(1) 期权与股权①

员工期权计划(Employee Stock Option Program)是将部分股份提前留出用于激励员工(包括创始人自己、高管、骨干、普通员工)的一种计划,在欧美等国家被认为是驱动初创企业发展必要的关键要素之一。

期权与股权不同,股权代表所有权,期权代表的则是在特定的时间、以特定的价格购买特定所有权的权利,行权之后员工获得的股份是普通股。

(2) 期权计划的目的

在创业初期给不出高薪水的情况下吸引高级人才;补偿管理层及骨干的创业风险;给员工归属感,使员工与股东利益一致;解决长期激励问题,留住人才。

(3) 期权设计的影响因素②

在进行期权设计时,创业者需要考虑以下一些可能的影响因素:

① 股权结构表

股权结构表反映了一个公司所有股东的所有权,包括创始人、持有期权的员工和投资者。对大多数人,要知道自己到底有多少,就需要知道公司完全稀释股份总数、不同类别股东间更广泛的所有权,以及其他一些细节。而完全稀释股份总数(不是基本股计数)等于所有现存股加所有最终可能转化为股票的东西,包括期权、认股权证及未发行

---

① http://www.dby21.com.cn/Article/channel/html-6100.html.
② http://www.managershare.com/post/296421.

期权等。

任何对公司所有权的分析都仅适用于一个时间点。随时间推移,很多因素会增加完全稀释股权总数,比如发行更多期权、收购、融资条件等,这些因素反过来会降低持股比例。当然人们也可以随时间发展,通过增加报酬或绩效拨款方式从增加期权中获利,但分子的变化,往往意味分母会有相应变化。

② 融资历史

每一轮融资都有一个原始发行价和一个转换价。原始发行价是指投资人为股份支付的每股价格,这个价格表示不同投资者认为不同时间点该公司的价值。转换价格是指优先股转为普通股的每股价格。记住,优先股经常由投资人持有,有一定公司治理权及普通股没有的优先清算权。

在大多数情况下,转换价格等于原始发行价,员工期权的行使价格经常比最近一轮投资者支付的原始发行价少,这是因为这些投资者持有优先股。价值的差别,取决于具体权利及公司整体成熟度。

③ 稀释

稀释是一个复杂概念。一方面,如果一个公司融更多钱,完全稀释股数增加,现有股东所有权就会被"稀释"或"减少"。但另一方面,融更多钱是为帮公司开发潜力,这意味每个人拥有的少了,但总体价值上升。拥有一家 10 亿美元公司的 0.09%,比拥有一家 5 亿美元公司的 0.1% 更好。

另一种情况,如果公司增加期权池来授予更多期权,也会稀释员工所有权,但这是一个公司在积极增长模式的标志,或者员工可能从这些额外期权补助金中获益。

④ 清算优先权

一些投资者也会将清算优先权作为附加条款。简单来说,它是指在流动性事件中(比如公司被收购),这个投资者能优先于其他所有股东(包括大多数拥有期权的员工)将其所投资金收回。通常清算优先权包括三种类型:1 倍的非参与清算优先权、2 倍的非参与清算优先权和参与优先权。

⑤ 激励型期权和非限制条件型股票期权

除融资和管理因素,特定类型的期权也可能影响期权价值。

一般情况下,最有利的选择是激励型期权(ISO)。持有 ISO 期权的人,无须在期权行权价格与公平市场价值间有差额时缴税(尽管有些情况下,替代性最低税可以发挥作用),基本上 ISO 意味创业公司员工可以推迟税款,直到出售标的股票,如果他们从行权日开始持有 1 年(以及批准日期的 2 年),则可以享受资本利得税待遇。

而非限制条件型股票期权(NQO)就没那么有利,无论是否选择长期持有,持有人一定要照章纳税。由于这些税款是从行权日开始计算,员工可能因为曾经的高股价而亏钱税款,即后来股价有所贬值。

(4) 期权池(Option Pool)的设立与大小

硅谷的惯例是预留公司全部股份的 10%~20% 作为期权池,一般由董事会在期权池规定的限额内决定给哪些员工发放以及发放多少期权,并决定行权价格。但是需要注意一些分配原则:对公司发展越重要、投入程度越深的人分配数额越多。越早加入风险越大,行权价格越低。一般同一批员工的行权价格相同。以管理层和骨干员工为主,也有部分企业实施全员激励。

授予期权时要在合同中明确以下具体细节:

① 期权对应的股份数额、行权价格。一般来说,A 轮融资之前的价格都非常低或者免费送,随着公司前景的不断明朗,价格也随之上升。定价的原则是跟授予时的每股公允价值(即市场上的可参照价值)相对应,同时考虑对招聘人员的激励作用。

② 期权计算的起始日(Grant Date),即开始授予期权的时间,一般是从入职当天起计算。

③ 授予(Vesting)的期限,即合同对应的全部期权到手(Vested)的时间,一般为 4 年。一般来说,期权按月授予,也就是说,每个月到手 1/48(以 4 年为例),到手即意味着可以行权(Exercisable)。

④ 最短生效期(Cliff),一般设定只有员工在公司工作满一定时间,期权的承诺才开始生效,一般是 1 年。也就是说,如果员工在公司工作不满 1 年,离职时是不能行权的;一旦达到 1 年,则期权立即到手 1/4,此后每个月另到手 1/48,直至离职或全部期权到手。

⑤ 失效期限(Cut-off Period)。员工离职后,必须在一定的时期内决定是否行使这个购买的权利,通常会设定为 180 天。

(5) 分配原则

创业企业在进行期权分配时,通常需要考虑"亲人""能臣"和"功臣"这三种角色,"亲人",原则上看血缘远近与创业贡献;"能臣",原则上按职务高低;"功臣",原则上靠感觉好坏。根据这三种角色的组合,可以划分出七种人员,对每一种人员分别采取不同的分配原则和措施,如表 8-1 所示。

表 8-1　　　　　　　　　　　　期权分配措施

种　类	措　施
能臣+功臣+亲人	都有创业股,原则上不再参与激励
能臣+亲人	原则上是按职务激励+亲情补贴 如果有可能,亲情股大于职务股
功臣+亲人	原则上没有职务股,但有亲情股
能臣+功臣	主要按职务给期权,以能力为主 功劳股不能大于能力股
能臣	能臣的使用决定了公司的长远发展,要大量吸引 此类人很重要,按职务分配 能臣要分类:现有能臣和潜在能臣
功臣	功臣一般都踏踏实实,能力不高 主要是现金激励,以福利、荣誉和安定为主;要有功臣提升计划,把功臣变为能臣
亲人	没有职务股,但有亲情股

8.3 如何提升团队管理能力

◇ **本节目标**
学会如何培养和提升团队管理能力。

创业团队的管理是一个相当复杂的过程,不同类型的创业项目所需的团队不一样,团队的管理也不完全相同。创业者可以从以下几个方面的工作来提升团队管理能力:

(1) 明确创业目标

创业团队的总目标就是要通过完成创业阶段的技术、市场、规划、组织、管理等各项工作实现企业从无到有、从起步到成熟。总目标确定之后,为了推动团队最终实现创业目标,再将总目标加以分解,设定若干可行的、阶段性的子目标。

(2) 制定创业计划

在确定了一个个阶段性子目标以及总目标之后,紧接着就要研究如何实现这些目标,这就需要制定周密的创业计划。创业计划是在对创业目标进行具体分解的基础上,以团队为整体来考虑的计划。创业计划确定了在不同的创业阶段需要完成的阶段性任务,通过逐步实现这些阶段性目标来最终实现创业目标。

(3) 招募合适的人员

招募合适的人员也是创业团队组建最关键的一步。关于创业团队成员的招募,主要应考虑两个方面:一是考虑互补性,即考虑其能否与其他成员在能力或技术上形成互补。这种互补性的形成既有助于强化团队成员间彼此的合作,又能保证整个团队的战斗力,更好地发挥团队的作用。一般而言,创业团队至少需要管理、技术和营销三个方面的人才。只有这三个方面的人才形成良好的沟通协作关系后,创业团队才可能实现稳定高效。

(4) 职权划分

为了保证团队成员执行创业计划、顺利开展各项工作,必须预先在团队内部进行职权的划分。创业团队的职权划分就是根据执行创业计划的需要,具体确定每个团队成员所要担负的职责以及相应所享有的权限。团队成员间职权的划分必须明确,既要避免职权的重叠和交叉,也要避免无人承担造成工作上的疏漏。

(5) 团队的调整融合

完美组合的创业团队并非创业一开始就能建立起来的,很多时候是在企业创立一定时间以后随着企业的发展逐步形成的。随着团队的运作,团队组建时在人员匹配、制度设计、职权划分等方面的不合理之处会逐渐暴露出来,这时就需要对团队进行调整融合。由于问题的暴露需要一个过程,因此团队调整融合也应是一个动态持续的过程。

要点回顾

> 创业离不开创业团队,创业团队对于创业家的重要性在于创业团队的普遍性以及它对公司创业绩效的影响。
> 创业者要具备的团队管理能力主要包括四个方面:合伙人计划、组建创业团队、激励创业团队和设计高管期权。

➤ 创业者可从 5 个方面的工作来提升团队管理能力。

案例体验

俞敏洪：破解组建核心创业团队之道

在"改变企业命运的商业模式公开课"上，新东方教育科技集团创始人兼董事长俞敏洪对创业初期如何组建核心团队谈了自己的看法，根据新东方最早的核心成员加盟过程，他分析表示，靠利益吸引人是很难的，而价值观和创业愿景，以及对于彼此的尊重才是最大的吸引力。以下是俞敏洪的精彩叙述：

从包产到户到雄心壮志

我喜欢跟一批人干活，不喜欢一个人干。创业初期，环顾周围的老师和工作人员，能够成为我的合作者的几乎没有，看来合作者只能是我大学的同学。我就到美国去跟他们聊天，刚开始他们都不愿意回来。当时王强在贝尔实验室工作，年薪 8 万美元，他一个问题就把我问住了："老俞，我现在收入相当于 60 万元人民币，回去了你能给我开 60 万元人民币的工资吗？即使你给我 60 万元，跟在美国赚的钱一样，我值得回去吗？"当时新东方一年的利润也就是 100 多万，全给他是不太可能的。

两个因素导致他们都回来了。第一，我在北大的时候，是北大最没出息的男生之一。我在北大四年什么风头都没有出过，普通话不会说，考试也不好，还得了肺结核，有很多女生直到毕业还不知道我的名字。我去美国时中国还没有信用卡，带的是大把的美元现钞。大家觉得俞敏洪在我们班这么没出息，在美国能花大把大把的钱，要是我们回去还了得吗？因为他们都觉得比我厉害。我用的第二个方法，就是告诉他们："如果我回去，我绝对不雇用大家，我也没有资格，因为你们在大学是我的班长、我的团支部书记，实在不济的还睡在我上铺，也是我的领导。中国的教育市场很大的，我们一人做一块，依托在新东方下，凡是你们那一块做出来的，我一分钱不要，你们全拿走。你们不需要办学执照，启动资金我提供，房子我来帮你们租，只要付完老师工资、房租以后，剩下的钱全拿走，我一分钱不要。"他们问："你自己一年有多少总收入？""500 万元。"他们说："如果你能做到 500 万元，我们回去 1 000 万元。"我说："你们肯定不止 1 000 万元，你们的才能是我的 10 倍以上。"我心里想到底谁能赚 1 000 万元还不知道呢！就这样，我把他们忽悠回来，到 2003 年新东方股份结构改变之前，每个人都是骑破自行车干活。第一年回来只拿到 5 万元、10 万元，到 2000 年每个人都有上百万元的收入。所以大家回来干得很好、很开心。因为是朋友，大家一起干，要不然一上来就会确定非常好的现代化结构。但是在当时我根本不懂。我这个人最不愿意发生利益冲突，所以就有了"包产到户"的模式，朋友合伙，成本分摊，剩下的全是你的。

公司发展时期的三大内涵：第一是治理结构，公司发展的时候一定要有良好的治理结构；第二是要进行品牌建设，品牌建设不到位的话，公司是不可能持续发展的；第三是利益分配机制一定要弄清楚。到第三步不进行分配是不可能的,人才越聚越多,怎么可能不进行分配呢。

改革改的不是结构而是心态

实行股份制前,新东方每人都是骑自行车上班,股份分完第二天一人配一辆车,一下子配了11辆车,特别有意思。改革改的不是结构,而是心态。心态不调整过来,结构再好也没有用,这就是美国的民主制度不能完全搬到中国来的原因。制度可以搬,但人的心态不往上面走,文化组织结构不往上面走,是没有用的。新东方股权改革后,两个问题出现了:第一个,原来的利润是全部拿回家的。新东方年底算账,账上一分钱不留下来,都分回家了。现在公司化,未来要上市,就得把利润留下,大家心理马上就失衡:原来一年能拿回家100万,现在只有20万,80万要留在公司,而且公司干得成、干不成不知道,未来能不能上市也不知道。眼前的收入减少80%。怎么办?不愿意。第二个,合一起干之后,本来我这边100%归我,现在80%不是我的,动力就没有了。又要成立公司,又要分股份,又不愿意把股份留下。新东方人荒谬到什么地步!

大家觉得股权不值钱,拿10%的股份,不知道年底能分多少红,开始闹。我就给股份定价:"如果大家实在觉得不值钱,我把股份收回来,分股份的时候,这个股份都是免费的,现在每股1元钱收回来,1亿股就值1亿元人民币,我把你们45%的股份收回来。"我说收,他们不回我。我又提议:"我跑到家乡去开一个小学校总可以吧?"我不干了,他们也不敢接。最后我说:"我把股票送给你们,我持有的55%股份不要,我离开新东方,你们接。"结果他们也不讨论,他们想:我们现在联合起来跟你打,但你走了,我们是互相打。我向他们收股票,他们虽不愿意卖,但这带来两个好处,一是表明我是真诚的,更重要的是给股票定了一个真正的价格,他们原来觉得定一块钱是虚的,"你定一块钱,这个股票值不值钱不知道",现在我真提出用1块钱1股买回来的时候,他们发现这个股票是值钱了,因为最多分到10%,10%等于1 000万股,如果10%买回来,相当于1 000万元现金,他们觉得值钱了。

股份比领导地位具有话语权

大家不愿意把股份卖给我,于是得出一个结论:新东方之所以这么乱,俞敏洪缺乏领导能力,最好的办法是俞敏洪你不当领导,我们自己选领导。我说"行",就从董事长、总裁的位置上退下来。他们开始选,每个人都想当,他们想得很简单,只要俞敏洪离开,一上去就能整理得干干净净。他们开始做领导,我退出来。我拥有新东方创始人的头衔,而且拥有55%股份,结果董事会都不让我参加。说你往我们这么一坐,我们不知道怎么开会了,不知道怎么批判你了。总裁办公会不让我参加,新东方校长联系会也不能参加,我变成新东方普通老师,拎着书包上课去。从2001年底开始一直到2004年10月份,他们每个人都当过董事长和总裁了,结果谁上去都整理不好,最后把我叫回去:"董事长、总裁这个位置不是人做的,还是你来做。"我2004年的9月份才回到总裁的位置上。这有一点儿像小孩过家家,其实主要错还在于我,如果我以现在的本领去管新东方,两天的时间就管完了。

我当时连有限公司跟无限公司都搞不清楚,还请了好几个咨询公司。我们先请中国咨询公司,给我们咨询半天,说:"新东方这一帮人没法弄,你们一开会就说感情多么深厚,也不谈管理,算了我们不咨询了!"咨询费都不要了。我们想国内咨询公司不行,又请了国际咨询公司,请普华永道,给他们300万元。他们说"太简单了",弄了无数的报表,但是没有一个人照着做。新东方11个人全是董事会成员,那也没事,按照规矩,11个董事会成员就某一个问题解议,只要6个人同意就算通过,5个人反对也没有用。实际操作时却是一票否决制——大家都是哥们,只要某个人说这件事不能干,其他10个人同意也没有用。没有一件事情能够做下去的。董事会从早上开到半夜2点钟,没有解决一个问题。普华永道调了3个月,说:"我们不要钱了,我们走。你们新东方是不可能干企业的,你们都是书呆子,个人感情非常容易影响情绪,感情怕受到伤害,不可能干成事情。我们不管了,钱也不要了。"其实后来我拥有新东方45%的股份,并没有到55%,因为我把这10%留下来作为发展人才的股份基金,之后用三年的时间把那个股份稀释掉,资本又来稀释,新东方上市的时候股份只有20%。

新东方到2005年融到国际资本之后,就开始做上市的准备。实行股份制后,原来的人员从出纳、会计到财务经理全部放光,一个不留。这不是表达对我的不信任,他们认为我跟这些财务人员的根基太深,创业开始就跟着我,俞敏洪下个命令想贪污一两百万元,他们还不就拿出来,所以绝对不能让俞敏洪的财务人员控制新东方。从2001年开始新东方财务人员就变成外勤的财务人员,而且从那开始我就不当董事长了,带来的好处是新东方的财务结构正规化。我不当董事长,我也要看账,他们也想看账,账目必须永远公开,永远只能做一套账,不能做两套账。新东方进行上市筹划的时候,财务结构相当完整。不过当时我生气得想自杀:我做了这么长时间,把你们这些哥们请回来,最后迎来的是对我的强烈不信任,恨不得把我弄死,还是人吗?他们也觉得我不是人,等看到后来的新东方才知道,这一帮人真的给新东方带来很大的发展。

过去自己一个人演独角戏时各种成功与荣耀都集中在自己身上,自己也可以一言九鼎。但是当组织结构不断扩大,仅靠一个人的力量无法完成整个机构的运转时,吸取他人的意见和建议成为管理成功的关键。在现代化的管理组织机构建立的过程中,自己的决策能力必然会被越来越多的智囊所淡化,同事们的直言甚至可能伤害自己的尊严。那么,作为一个管理者,应该加强与团队中所有人员的相互了解。只有对每个人的个性、道德品格、缺点非常了解后,大家才可能一起进行批评和自我批评,而且是毫不留情面。了解方式可以是工作中的互相切磋,可以是哥们似的促膝谈心,根据不同同事的性格制造增进了解的机会非常必要。当你知道了对方的缺点,也知道对方优点的时候,做一件事情要学的就是尽可能使用对方的优点,避开对方的缺点。对任何一个人优点的弘扬,可以使自己团队中的每一个人都是在应用自己的长处做事。同时作为一个管理者只有看到大家的长处,并认可长处,才有可能心服口服地把曾经属于自己的权力、荣誉逐渐让渡。每个管理者都希望成功,任何一个优秀的同事也渴望成功,让更多优秀同事享受你让渡的荣耀是团队凝聚力形成的重要原因之一。

资料来源:《中国企业家》2011年6月10日。

思考题

1. 从新东方创业中,你认为一个成功的创业团队应该包含哪些特征?

2. 新东方创业团队是如何组建的？
3. 团队管理过程中出现了什么问题？怎么解决？

自我评估

团队角色自测问卷（Belbin Team Roles 测试）

【说明】对下列问题的回答，可能在不同程度上描绘了您的行为。每题有 8 句话，请将 10 分分配给这 8 个句子。分配的原则是：最体现您行为的句子分最高，以此类推。最极端的情况也可能是 10 分全部分配给其中的某一句话。请根据您的实际情况把分数填入后面的表中。

1. 我认为我能为团队做出贡献是：
    A. 我能很快地发现并把握住新的机遇。
    B. 我能与各种类型的人一起合作共事。
    C. 我生来就爱出主意。
    D. 我的能力在于，一旦发现某些对实现集体目标很有价值的人，我就及时把他们推荐出来。
    E. 我能把事情办成，这主要靠我个人的实力。
    F. 如果最终能导致有益的结果，我愿面对暂时的冷遇。
    G. 我通常能意识到什么是现实的，什么是可能的。
    H. 在选择行动方案时，我能不带倾向性，也不带偏见地提出一个合理的替代方案。

2. 在团队中，我可能有的弱点是：
    A. 如果会议没有得到很好的组织、控制和主持，我会感到不痛快。
    B. 我容易对那些有高见而又没有适当地发表出来的人表现得过于宽容。
    C. 只要集体在讨论新的观点，我总是说得太多。
    D. 我的客观算法使我很难与同事们打成一片。
    E. 在一定要把事情办成的情况下，我有时使人感到特别强硬以至专断。
    F. 可能由于我过分重视集体的气氛，我发现自己很难与众不同。
    G. 我易于陷入突发的想象之中，而忘了正在进行的事情。
    H. 我的同事认为我过分注意细节，总有不必要的担心，怕把事情搞糟。

3. 当我与其他人共同进行一项工作时：
    A. 我有在不施加任何压力的情况下去影响其他人的能力。
    B. 我随时注意防止粗心和工作中的疏忽。
    C. 我愿意施加压力以换取行动，确保会议不是在浪费时间或离题太远。
    D. 在提出独到见解方面，我是数一数二的。
    E. 对于与大家共同利益有关的积极建议我总是乐于支持的。
    F. 我热衷寻求最新的思想和新的发展。
    G. 我相信我的判断能力有助于做出正确的决策。

H. 我能使人放心的是,对那些最基本的工作,我都能组织得"井井有条"。

4. 我在工作团队中的特征是:

A. 我有兴趣更多地了解我的同事。

B. 我经常向别人的见解进行挑战或坚持自己的意见。

C. 在辩论中,我通常能找到论据去推翻那些不甚有理的主张。

D. 我认为,只要计划必须开始执行,我有推动工作运转的才能。

E. 我有意避免使自己太突出或出人意料。

F. 对承担的任何工作,我都能做到尽善尽美。

G. 我乐于与工作团队以外的人进行联系。

H. 尽管我对所有的观点都感兴趣,但这并不影响我在必要的时候下决心。

5. 在工作中,我得到满足,是因为:

A. 我喜欢分析情况,权衡所有可能的选择。

B. 我对寻找解决问题的可行方案感兴趣。

C. 我感到我在促进良好的工作关系。

D. 我能对决策有强烈的影响。

E. 我能适应那些有新意的人。

F. 我能使人们在某项必要的行动上达成一致意见。

G. 我感到我的身上有一种能使我全身心投入工作中去的气质。

H. 我很高兴能找到一块可以发挥我想象力的天地。

6. 如果突然给我一件困难的工作,而且时间有限,人员不熟:

A. 在有新方案之前,我宁愿先躲进角落,拟订一个解脱困境的方案。

B. 我比较愿意与那些表现出积极态度的人一道工作。

C. 我会设想通过用人所长来减轻工作负担。

D. 我天生的紧迫感将有助于我们不会落在计划后面。

E. 我认为我能保持头脑冷静、富有条理地思考问题。

F. 尽管困难重重,我也能保证目标始终如一。

G. 如果集体工作没有进展,我会采取积极措施加以推动。

H. 我愿意展开广泛的讨论,意在激发新思想、推动工作。

7. 对于那些在团队工作中或与周围人共事时所遇到的问题:

A. 我很容易对那些阻碍前进的人表现出不耐烦。

B. 别人可能批评我太重分析而缺少直觉。

C. 我有做好工作的愿望,能确保工作的持续进展。

D. 我常常容易产生厌烦感,需要一两个有激情的人使我振作起来。

E. 如果目标不明确,让我起步是很困难的。

F. 对于我遇到的复杂问题,我有时不善于加以解释和澄清。

G. 对于那些我不能做的事,我有意识地求助于他人。

H. 当我与真正的对立面发生冲突时,我没有把握使对方理解我的观点。

大题号	CW	CO	SH	PL	RI	ME	TW	FI
1	G	D	F	C	A	H	B	E
2	A	B	E	G	C	D	F	H
3	H	A	C	D	F	G	E	B
4	D	H	B	E	G	C	A	F
5	B	F	D	H	E	A	C	G
6	F	C	G	A	H	E	B	D
7	E	G	A	F	D	B	H	C
总计								

一支结构合理的团队应该拥有以下 8 种团队角色，即实干家、协调者、推进者、智多星、外交家、监督员、凝聚者和完美主义者。这 8 种团队角色分别为：

➢ 实干家(Company Worker, CW)

A. 典型特征：保守、顺从、务实可靠
B. 积极特性：有组织能力、实践经验，工作勤奋，有自我约束力
C. 能容忍的弱点：缺乏灵活性，对没有把握的主意不感兴趣
D. 在团队中的作用
1. 把谈话与建议转换为实际步骤
2. 考虑什么是行得通的，什么是行不通的
3. 整理建议，使之与已经取得一致意见的计划和已有的系统相配合

➢ 协调者(Coordinator, CO)

A. 典型特征：沉着、自信、有控制局面的能力
B. 积极特性：对各种有价值的意见不带偏见地兼容并蓄，看问题比较客观
C. 能容忍的弱点：在智能以及创造力方面并非超常
D. 在团队中的作用
1. 明确团队的目标和方向
2. 选择需要决策的问题，并明确它们的先后顺序
3. 帮助确定团队中的角色分工、责任和工作界限
4. 总结团队的感受和成就，综合团队的建议

➢ 推进者(Shaper, SH)

A. 典型特征：思维敏捷、开朗、主动探索
B. 积极特性：有干劲，随时准备向传统、低效率、自满自足挑战
C. 能容忍的弱点：好激起争端，爱冲动，易急躁
D. 在团队中的作用
1. 寻找和发现团队讨论中可能的方案
2. 使团队内的任务和目标成形
3. 推动团队达成一致意见，并朝向决策行动

> 智多星(Planter, PL)

A. 典型特征：有个性、思想深刻、不拘一格
B. 积极特性：才华横溢、富有想象力、智慧、知识面广
C. 能容忍的弱点：高高在上、不重细节、不拘礼仪
D. 在团队中的作用
1. 提供建议
2. 提出批评并有助于引出相反意见
3. 对已经形成的行动方案提出新的看法

> 外交家(Resource Investigator, RI)

A. 典型特征：性格外向、热情、好奇、联系广泛、消息灵通
B. 积极特性：有广泛联系人的能力，不断探索新的事物，勇于迎接新的挑战
C. 能容忍的弱点：事过境迁，兴趣马上转移
D. 在团队中的作用
1. 提出建议，并引入外部信息
2. 接触持有其他观点的个体或群体
3. 参加磋商性质的活动

> 监督员(Monitor Evaluator, ME)

A. 典型特征：清醒、理智、谨慎
B. 积极特性：判断力强、分辨力强、讲求实际
C. 能容忍的弱点：缺乏鼓动和激发他人的能力，自己也不容易被别人鼓动和激发
D. 在团队中的作用
1. 分析问题和情景
2. 对繁杂的材料予以简化，并澄清模糊不清的问题
3. 对他人的判断和作用做出评价

> 凝聚者(Team Worker, TW)

A. 典型特征：擅长人际交往、温和、敏感
B. 积极特性：有适应周围环境以及人的能力，能促进团队的合作
C. 能容忍的弱点：在危急时刻往往优柔寡断
D. 在团队中的作用
1. 给予他人支持，并帮助别人
2. 打破讨论中的沉默
3. 采取行动扭转或克服团队中的分歧

> 完美主义者(Finisher, FI)

A. 典型特征：勤奋有序、认真、有紧迫感
B. 积极特性：理想主义者、追求完美、持之以恒
C. 能容忍的弱点：常常拘泥于细节、容易焦虑、不洒脱
D. 在团队中的作用
1. 强调任务的目标要求和活动日程表

2. 在方案中寻找并指出错误、遗漏和被忽视的内容
3. 刺激其他人参加活动,并促使团队成员产生时间紧迫的感觉

友情提示:
- 最高得分项为被测试者最适合的角色。
- 有的人可能在两三个角色的分数一样多,这是允许的。

团队合作精神测试

(一) 团队合作精神测试 1

1. 如果某位中学校长请你为即将毕业的学生举办一次介绍公司情况的晚间讲座,而那天晚上恰好播放你"追踪"的电视连续剧的最后一集,你会:
   A. 立即接受邀请
   B. 同意去,但要求改期
   C. 以有约在先为由拒绝邀请

2. 如果某位重要客户在周末下午 5:30 打来电话,说他们购买的设备出了故障,要求紧急更换零件,而主管人员及维修工程师均已下班,你会:
   A. 亲自驾车去 30 公里以外的地方送货
   B. 打电话给维修工程师,要求他立即处理此事
   C. 告诉客户下周才能解决

3. 如果某位与你竞争最激烈的同事向你借一本经营管理畅销书,你会:
   A. 立即借给他
   B. 同意借给他,但声明此书无用
   C. 告诉他书被遗忘在火车上了

4. 如果某位同事为方便自己去旅游而要求与你调换休息时间,在你还未作决定如何度假的情况下,你会:
   A. 马上应允
   B. 告诉他你要回家请示夫人
   C. 拒绝调换,推说自己已经参加旅游团了

5. 如果你在急匆匆驾车去赴约途中看到你秘书的车出了故障,停在路边,你会:
   A. 毫不犹豫地下车帮忙修车
   B. 告诉他你有急事,不能停下来帮他修车,但一定帮他找修理工
   C. 装作没看见他,径直驶过去

6. 如果某位同事在你准备下班回家时,请求你留下来听他"倾吐苦水",你会:
   A. 立即同意
   B. 劝他第二天再说
   C. 以夫人生病为由拒绝他的请求

7. 如果某位同事因事要去医院探望夫人,要求你替他去接一位搭夜班机来的大人物,你会:
   A. 立即同意

B. 找借口劝他另找别人帮忙

C. 以汽车坏了为由拒绝

8. 如果某位同事的儿子想选择与你同样的专业,请你为他做些求职指导,你会:

A. 立即同意

B. 答应他的请求,但同时声明你的意见可能已经过时,他最好再找些最新的资料做参考

C. 只答应谈几分钟

9. 你在某次会上发表的演讲很精彩,会后几位同事都向你索要讲话纲要,你会:

A. 同意并立即复印

B. 同意但并不十分重视

C. 同意但转眼即忘记

10. 如果你参加一个新技术培训班,学到了一些对许多同事都有益的知识,你会:

A. 返回后立即向大家宣布并分发参考资料

B. 只泛泛地介绍一下情况

C. 把这个课程贬得一钱不值,不泄露任何信息

评分:

全部回答"A":

你只能说是一位极善良、极有爱心的人,但你要当心,千万别被低效率的人拖后腿,应该有自己的主见。

大部分回答"A":

很善于合作,但并非失去个性,认为礼尚往来是一种美德,在商业生活中亦不可或缺。

大部分回答"B":

以自我为中心的人,不愿意为自己找麻烦,不想让自己的生活规律、工作秩序受到任何干扰。

大部分回答"C":

是一个名副其实的孤家寡人,不善于同别人合作,几乎没有团队意识。

(二) 团队合作精神测试2

当今社会的竞争日趋激烈,信息量呈几何级数增长。任何一个组织的成功都不能仅仅依靠某一个人单枪匹马作战,因此团队精神的重要性不言而喻。没有团队合作精神的人,将很难在这个社会立足。那么,来看看你的团队合作精神如何?

1. 当班级来了一个新同学,你会:

A. 认为这跟我没有太大关系

B. 主动和他/她打招呼,帮助他/她尽快适应学校

C. 在他/她跟我主动打招呼后再去帮助他/她

2. 当班级组织体育活动时,你会:

A. 积极参与,即使自己体育不太好也会在旁边加油

B. 不是强迫参加就不参加,忙自己的事情更重要

C. 自己喜欢的项目就参加,不喜欢的就不参加

3. 当你和朋友一起聚餐点菜的时候，你会：
   A. 点自己最喜欢吃的菜
   B. 点大多数朋友都比较喜欢吃的菜
   C. 点自己喜欢、大家也还能吃的菜
4. 和几个朋友一起约定去景点玩的时候，你：
   A. 总是比约定时间早到几分钟
   B. 一般是最晚到，让别人等你
   C. 有时候早到，有时候晚到
5. 你所参加的球队打比赛失败了，你会：
   A. 抱怨那些没打好的人
   B. 鼓励大家不要气馁
   C. 让大家一起找出原因
6. 同学遇到不会做的题，而你正好会做，你会：
   A. 如果是自己的竞争对手就不告诉他
   B. 给他讲一遍，如果还是不懂的话就让他去问别人
   C. 耐心地给他解答，直到他听懂为止
7. 宿舍同学生病的时候，你会：
   A. 跟自己关系好就照顾照顾，不好就算了
   B. 人人都应该学会照顾自己，不能指望别人
   C. 仔细照顾他，为他做一些力所能及的事
8. 宿舍熄灯后，你一般：
   A. 已经忙好事情躺在床上了
   B. 忙一些事情，不时发出声响
   C. 忙一些事，但尽量轻手轻脚
9. 你的好朋友这次考试比你成绩好，你会：
   A. 衷心地向他表示祝贺，并向他请教
   B. 表面表示祝贺，心里不太舒服
   C. 心里很不舒服，暂时先不理他
10. 对于那些学习成绩很差的人，一般情况下你会怎样看待他们：
    A. 他们天生就比较笨，不想和他们打交道
    B. 他们可能是不够勤奋，再努力点就好了
    C. 他们在某些方面有我所不具有的优点
11. 当你和能力不如你的小组成员一起完成一项活动时，你会：
    A. 自己一个人干算了，免得他们做不好我还得重做
    B. 自己干最重要的部分，其他的分给他们做
    C. 按照每个人的情况合理分工，共同完成任务
12. 班级大扫除时，某个同学临时有事不能完成他的任务，你会：
    A. 主动分担他的工作

B. 不是分内的事情自己才不理会
C. 这次替他干,下次值日让他帮自己干

答案:

	1	2	3	4	5	6	7	8	9	10	11	12
A	0	2	0	2	0	2	0	0	1	2	2	0	0	2
B	2	0	2	0	2	1	0	0	1	1	1	0
C	1	1	1	1	1	2	2	1	0	2	2	1

测试分析:

17~24分:你是一个很有合作精神的人。遇到事情你能够考虑其他人,因此大家都愿意与你共事,你会有很不错的发展。

10~16分:你的团队合作精神中等。一般情况下你能够注意别人的感受,但是需要加强对合作重要性的认识,这样你会更受欢迎。

10分以下:你的团队合作精神很差,需要有意识去培养。在当今社会,学会和别人合作能让你取得更大的成就。

12题:很多学生都不能做到这一点,所以毕业之后,混得好的不见得是那些成绩好的同学,而更可能是那些愿意帮助别人的同学。

反思与改进

➢ 结合本章内容,你认为自身具备团队管理能力吗?如果具备,请列出你的团队管理能力;如果不具备,请给出你的改进思考。

➢ 列举你所知道的成功创业团队,思考创业团队组建过程中的共性。

➤ 在日常生活和工作中哪些方面可以看出一个人是否具备团队管理能力？如何在其中培养和提升团队管理能力？

9 创业失败学习

高失败率是创业活动的典型特征,但商业上的失败并不意味着创业者失败,与成功带给创业者的正向激励相比,失败诱发的负向刺激更能激发创业者学习。本章第一部分从狭义和广义两个角度来阐述创业失败,第二部分总结了创业失败的原因和归因,第三部分回答了如何从创业失败中迅速恢复的问题,第四部分为读者们提供了创业失败学习的内容与方法,最后一部分则告诫创业者要主动进行创业失败管理。

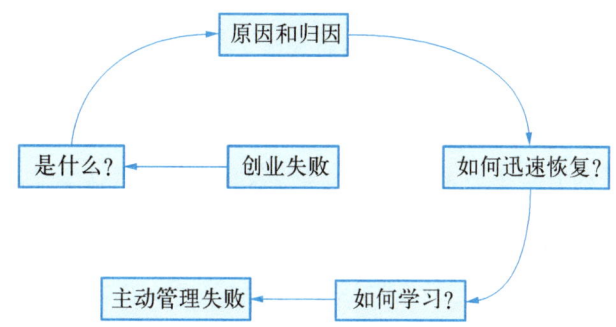

1. 从狭义和广义两个角度理解创业失败。
2. 了解创业者为什么会失败以及失败的归因。
3. 学会从创业失败的负面情绪中快速恢复。
4. 学会从创业失败中学习。
5. 学会进行创业失败管理。

峰瑞资本李丰：创业失败再出发

"过去的365天，大概算是我经历的比较痛苦的一年，这个折腾状况是我没有预计到的。"峰瑞资本创始人李丰说。

峰瑞资本成立于2015年8月16日，主要投资早期项目，投资方向包括消费升级、企业服务、深科技，投资项目包括金融、教育、医疗、文娱、硬件、科技制造、SaaS、生活方式等多个领域。

据峰瑞资本给出的数据，成立一年，峰瑞资本投出的消费升级项目占总项目的42%，企业服务占23%，科技和互联网金融分别占19%和16%。

从创业者到投资人，再到二者身份结合

14年前，李丰是一名创业者，并创业两次。峰瑞资本是他的第三次创业。

1999年，李丰和两个北京大学的同学开始了第一个创业项目。化学理学出身的李丰，第一次创业选择了环保设计，准备在这个产业链上成就一番事业。但由于各种原因，最后只赚了不到3万元，只好罢手。

之后，他去了新东方，在那里当了7年的老师。但天生好动的李丰还是希望重回创业道路，所以，从新东方离职再次创业。

2006年，李丰第二次创业，创办了秒针科技，一家大数据公司。创办第一年年末就拿到了风投。其实，这次创业算不上真正意义上的失败。秒针科技至今发展得还不错。

据2014年的相关数据，秒针科技有3 000万美元的营收规模，两三百人的团队。但李丰确认为自己的失败在于不够坚持，让出了自己的股份，去做了其他的事情。

从2010年1月李丰投出第一个项目开始，他在IDG一共参与了61个项目的投资，主要集中于互联网创业，包括韩都衣舍、三只松鼠、宜信、挖财、脸萌、bilibili、猪八戒、河狸家，并成为其中40多家公司的董事。

按照李丰的说法，他为这些公司投出了2.92亿美元，到2015年6月，这些还没上市的公司累计回报17.97亿美元，整体回报率6.15倍。

2015年8月16日，李丰创办峰瑞资本，投资人和创业者的身份合二为一。

初期遭遇股灾，融资出现波折

刚开始募集资金的时候，李丰和团队都兴高采烈，因为资金募集得很快。但刚开始没多久，李丰和团队刚好赶上了中国的"股灾"。从最开始认购的20亿元左右滑到了不到10亿元。

在最初的两三个月里，最难熬的一段时间，李丰和几个联合创始人没有找到放松和解

决问题的方法,只好相互打电话问问大家都有没有事,或者几个人聚到一起就那样待着,互相打气。

2015年9月份,李丰和团队做了一个决定,就是无论多么艰难,一定要努力去融人民币基金,把美元基金先缓缓,那时美元基金有0.72亿美元。

因为他们觉得人民币投资在之后很长的一段时间(3~5年的周期),可能是历史上最好的一次从一级市场到二级市场的投资机会。

他告诉邦哥,"现在我们还是很感谢当时的决定。那时看,人民币所持有的资产在一级二级市场的投资上,是一个低点,但在之后的3~5年里会是一个比较长期的资产升值和流动升值的过程。"

最终,峰瑞资本资产管理规模36亿元,其中早期基金14亿元,美元早期基金0.72亿元,成长基金6亿元,专项基金11亿元。

在项目方面,李丰也凭借自己积累的口碑和人脉,有惊无险地渡过了难关。峰瑞资本在成立之初投资了21家企业,其中大多数企业来自他在IDG时期的投资。按照IDG的惯例,通常会尊重出去创业的合伙人,之前个人主导的项目会给他更多的优先权。

后来,尽管资本市场进入寒冬,李丰和团队还是保持每个月投3到4家公司,总共投出了5亿元。截至目前,其人民币主基金共投资了57个项目,其中有26家已完成下一轮融资。

对于项目的来源和投资成绩,李丰将其归功于此前峰瑞设计的利益分配机制。

2015年8月,成立之初的峰瑞就在业界提出了一个新鲜的概念,首次给项目推荐分绩效收益(Carry),即所有非直接利益相关方推荐项目,且使得峰瑞资本在6个月内成为该项目首个机构投资者的,都能从绩效收益中获得项目退出时5%的投资回报。

这一激励措施使峰瑞资本一年来的投资项目中58%来自独家,37%来自外部推荐,5%来自FA推荐。其中,峰瑞资本领投的项目占据91%,独家投资占49%。在外部推荐中,互联网高管推荐占到了60%,被投企业高管占到30%,有限合伙人占10%。

投资后,峰瑞提供从人力资源到品牌市场、法务等方面的服务。李丰告诉邦哥:"我们的投资和投后团队的比例是1∶1,因为服务支持和投资一样重要。"

资料来源:http://www.cyzone.cn/a/20160822/302655.html.

众所周知,高失败率是创业活动的典型特征,我国青年创业失败率达80%,大学生创业失败率更是高达95%。但商业上的失败并不意味着创业者失败,与成功带给创业者的正向激励相比,失败诱发的负向刺激更能激发创业者学习,正如德鲁克指出的那样:"成功最重要的因素是拥有从过去所犯错误中提取新知识,并将其以更具生产效率的方式应用的能力。"创业者不仅要向成功的创业者学习经验,更要从别人或自己的创业失败中总结教训、积累资源、提高技能和知识,为今后的创业活动做准备。

9.1 什么是创业失败

◇ **本节目标**
从狭义和广义两个角度理解创业失败。

与创业成功相比,创业失败的种类和界定更加复杂,我们可以从广义和狭义上去理解。

9.1.1 狭义的创业失败

创业企业因为资不抵债而不能继续经营,创业者被迫关闭企业或者出售企业,这是狭义上的创业失败。公司的破产(Bankruptcy)、清算(Liquidation)、注销(Cancellation of Registration)等都是狭义创业失败在实践中的表现形式。然而,无论破产、清算,还是注销,都不能表明创业者是被迫关闭企业。一种可能是尽管创业者决定对企业实施破产、清算或者注销,但这是一个主动的选择,因为创业者已经盈利,甚至超出之前的预期。另一种可能是创业者由于年龄或健康问题而主动关闭企业。还有一种可能是创业者希望经营另一家企业而主动关闭当前企业[①]。因此,创业者关闭或出售企业并不一定是因为创业失败。此外,破产、清算或者注销本身只是创业退出方式(Entrepreneurial Exit),也可能为创业者带来收益(或者避免损失)。因此,我们不能将破产、清算、注销等同于创业失败,混淆企业关闭、企业失败、创业者失败等概念,要能辨识创业失败现象。

9.1.2 广义的创业失败

部分创业者在创业过程中没有取得预期结果,如未获得融资、研发失败、谈判破裂等,这是一种广义的创业失败。创业过程中存在大量的不确定性,创业者制定决策常会出现失误,因此阶段性的创业失败在所难免。与狭义创业失败相比,广义创业失败给创业者的打击适度,对创业者来说具有更高的学习价值。"但凡没有打败你的,将使你变得更为强大(What doesn't kill you makes you stronger)"。创业者正是经历一次次的创业失败,并从中恢复、学习,才逐渐成长、成熟起来的。

虽然广义创业失败时常发生并有宝贵的学习价值,但狭义创业失败对创业者有更严重的负面影响。因此,本章主要讨论如何从狭义创业失败中恢复、学习,以及如何管理创业失败。

9.2 创业失败的原因和归因

◇ **本节目标**
了解创业者为什么会失败以及失败的归因。

9.2.1 创业失败的原因

无论是否愿意承认这个事实,多数创业企业会在三年内倒闭。换言之,只有少部分创业企业可以成功。多数研究都发现大多数创业失败的原因是在创业者能够控制范围之内的。以下是一些主要的创业失败原因。

布鲁诺(Bruno)、雷德克(Leidecker)及哈德(Harder)研究调查了250家高科技公司,发现了三类主要的创业失败原因:产品/市场问题、财务困难及管理问题[①]。

(1) 产品/市场问题

缺乏时间规划。在被研究的案例中,有40%由于过早进入市场而遭遇失败。

---

① Ucbasaran D., Shepherd D. A., Lockett A., and Lyon S. J. (2013). Life after Business Failure: The Process and Consequences of Business Failure for Entrepreneurs, *Journal of Management*. 39(1): 163–202.

产品设计问题。尽管创业失败可能与时间规划有关,但在企业的早期阶段,产品设计和开发也是关键因素,一旦产品或服务的本质组成部分有所改变,就可能导致失败。

分销策略不当。无论是基于委托代销(Commissioned Sales Representatives)还是交易会直销(Direct Sales at Trade Shows),分销策略都必须面向产品和顾客。

> ▶ **小知识**
> **委托代销**:指受托方(一般为商业企业)按委托方的要求销售委托方的货物,并收取手续费的经营活动。
> **交易会直销**:指在交易会上直接销售、签订合同的分销方式。

业务界定不清楚。不明白企业的准确定位,使得企业经历不断的变化,缺乏稳定性。

过度依赖大客户。这将导致企业无法增加新产品,最终导致创业失败。

(2) 财务困难问题

初始投资不足。在被研究的案例中,有30%由于初始投资不足导致了创业的失败。

过早举债。一些公司太急于获得数量过大的负债资金,导致还债付息困难。

与风险资本的关系问题。创业者与风险投资家在目标、观念和动机方面存在的分歧会导致企业经营恶化。

(3) 管理问题

团队发展的观念。与管理团队相关的问题有:选拔人才凭关系而非个人素质;与母公司和风险投资家的关系紧张;企业的创建者更关心他们的弱点而非强项(尽管这样会削弱公司优势,但他们总想着这样能够增强技能);缺少合格的专业服务的支持,比如法律咨询服务。

人力资源问题。所有自我恶性膨胀、与雇员间的关系及控制因素均可能导致创业失败。研究还揭示了如下人与人之间的问题:回扣及由此产生的解雇将丧失客户资源,风险投资家与创业者之间的互相欺诈,创业者与风险投资家之间不被重视的口头协议,围绕终止时间的持久诉讼。

9.2.2 创业失败的归因

有很多原因导致创业失败,理解创业失败的真实原因对于创业者从失败中学习非常重要。但是创业者并不是从失败原因本身学习,而是从自己对失败的主观认知(或解释)中学习。因此,创业者如何解释(归因)创业失败比"失败事实或真相"本身更重要。

多数创业者认为自己可能会将创业失败归为内因或外因,但实际情况可能更加复杂。一是创业者不仅会考虑失败因素的根源(内部或外部),还会考虑失败因素的稳定性(稳定或者变化);二是创业者可能会有"辩证思维",不会简单地将失败原因归于某个单一因素,而是同时归因于多个因素。社会心理学家海德(Heider)认为任务绩效取决于个体力量(能力与努力)和环境力量(难度与运气)的匹配,四个力量可以组成一个归因矩阵[①]。归

---

① Heider, Fritz (1958). *The Psychology of Interpersonal Relations*. New York: Wiley.

因矩阵的一个维度被称为因果根源,分为个体内部和外部因素;另一个被称为相关因素的稳定性,分为稳定与可变因素,如图9-1所示。

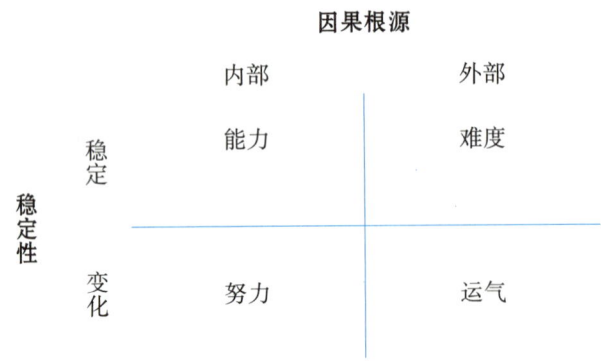

图9-1 成功与失败的归因

资料来源:Heider, Fritz (1958). *The Psychology of Interpersonal Relations*. New York: Wiley.

卡登(Cardon)和麦克格拉斯(McGrath)提出两种创业失败归因方式:①"无助型",将创业失败归因为缺乏能力、天赋;②"专家型",将创业失败归因为缺乏努力。第一种归因方式导致创业者产生愤怒、沮丧与耻辱情绪,而后者则更努力、保持乐观并将失败视为学习经历。需要注意的是,创业者把创业失败归因于外因还是内因会受到当地文化的影响,包括对新事物的包容度、对失败的包容度、文化开放度等。

9.3 创业失败学习

◇ **本节目标**
学会从创业失败中学习。

9.3.1 从创业失败的负面情绪中快速恢复

谢泼德(Shepherd)研究了创业者如何从创业失败的负面情绪中快速恢复,他与维克伦德(Wiklund)及海尼(Hayni)提出修复的三类方式,分别是损失导向、恢复导向和摆动导向。

(1) 损失导向(Loss Orientation)

损失导向是指创业者直面应对并处理创业失败经历,借此中断与失败企业的情绪联系,例如和朋友、家人一起回顾并思考某些里程碑事件——第一次发布产品、获得第一笔重要的交易、顾客对产品质量的肯定;或者反思与创业失败有关的事件——失去主要的客户、意识到企业无法继续经营、告知员工、顾客和投资者企业濒临倒闭。采取损失导向的创业者直面失败,通过向他人倾诉来化解悲痛。

(2) 恢复导向(Restoration Orientation)

恢复导向是针对源于创业失败的第二压力来源的规避行为和主动行为,如立刻再次创业或者筹划谋求一份工作。采取恢复导向的创业者会开展一系列活动分散自己的注意力,避免想到这次创业失败的经历,如运动、承担家务等,当然也会采取措施(如出售房屋、寻找工作、整理银行账户等)来减少导致压力产生的因素。

(3) 摆动导向(Oscillation Orientation)

摆动导向是指创业者循环采取损失导向和恢复导向两种方式。损失导向和恢复导向都可能会产生不同的成本——损失导向耗费体力和精力,恢复导向需要心智努力(Mental Effort),还可能埋下健康隐患。创业者在损失导向与恢复导向之间转换能够获得每个导向的益处,也使过长时间保持一种导向的副作用最小化,加速创业失败恢复的速度。例如,创业者先是通过投入另外一件工作回避创业失败,一段时间后再找一位朋友谈论创业失败之前的事件并充分表达他们的情绪,如此循环采用损失导向和恢复导向,更快、更健康地从失败中恢复。

史蒂夫·布兰克:创业者走出失败阴影的6个阶段

"已经过去而又无能为力的事,悲伤是徒劳无益的。"

——莎士比亚

我们给创业者们提供了很多关于如何成功创业的忠告,然而我们很少去谈如何对待失败。以下就是我的一得之见。

根据我个人的经验,走出失败的阴影共有六个阶段:

第一阶段:震惊和意外

第二阶段:否认

第三阶段:愤怒和指责

第四阶段:沮丧

第五阶段:接受

第六阶段:内省并做出改变

虽然我也曾有过数次创业失败的经历,但是我从未真正地从中吸取过教训。在我担任首席执行官的火箭科学游戏(Rocket Science Games)公司也失败之后,我彻彻底底地经历了上述六个阶段,并且最终改变了自我。

> **失败**

第一阶段:震惊和意外

我们筹到了 3 500 万美元资金,18 个月后我们登上了《连线》杂志的封面。《连线》杂志称我们(即火箭科学游戏公司)是硅谷最热门的公司之一,并且预计我们的游戏一定会大卖热卖。

90 天之后,我发现我们的游戏销售业绩糟透了,没有人愿意购买它们,我们最棒的工程师开始考虑跳槽了。由于公司有 120 多名员工,而且需要用钱的地方也很多,我们很快就花光了手中的钱,公司走到了濒临崩溃的边缘。

我绝不能容忍这样的事发生在我身上。

第二阶段:否认这是你自己的错

我认为,我做好了投资者要求我做的所有事情。我筹集到大量的资金,因此也承担了巨大的压力。我按照计划招聘了所有需要的人才。这肯定是别人的错,我做的一切都是对的。

第三阶段：愤怒和指责其他所有的人

这肯定是与我一起创办公司的另一位联合创始人的错，因为他负责游戏开发；这肯定是那些工程师的错，因为他们背弃了我；这肯定是销售和营销部门的错，他们应该早点告诉我游戏卖得有多差；这肯定是风投公司的错，因为他们不愿再对公司进行投资；这肯定是世嘉公司的错，因为他们的游戏平台太烂了。

第四阶段：沮丧

当巨大的失败不可逃避地来临时，我大睡特睡。有一段时间我经常很晚才起床，然后下午5点就又上床睡觉了。我对与我所在的行业有关的一切事物都失去了兴趣。直到现在，我仍然不愿意玩游戏。

➢ **补救**

第五阶段：逐渐接受失败并承认自己应该担负的责任

几周之后，我开始回过头去考虑失败的原因，我想了很多，包括我应该做些什么，我能够做些什么以及我当时为什么没有做那些事。这是一个艰难的过程，绝不可能在短时间内度过。幸好我的妻子陪伴我度过了那一段难熬的时光。我经常回到第二阶段和第三阶段的状态，但是最终我还是正视失败并承认了自己应该担负的责任。

第六阶段：内省并改变自己的行为

其实这才是整个过程中最难的阶段。虽然我不再指责他人，我知道要想改变我的行为可能要花好几个月的时间。继续混下去也许会轻松很多，但我想从失败中吸取教训，以便在日后创业时获得成功。我审视了自己的行为模式，不光是最近一次创业的经历，而是我的整个创业生涯。我学会了如何克服狂妄自大，如何让其他有才干的人跟我一起创业而不仅仅是为我打工，我学会了倾听他人的意见，并且努力做出正确的决策。

➢ **结语**

我在创办下一家公司的时候特意避免做出曾将火箭科技游戏公司带入深渊的那些行为。我们建立起一个团结协作的创始人团队。当我和其他的联合创始人将公司做大做强之后，我们聘请了一名职业经理人来担任首席执行官，并且向我们的大股东提供了10亿美元的回报。

现在，每当我听其他的企业家谈创业经历时，我都会特别留意他们失败时采取了什么样的补救措施。

资料来源：http://www.cyzone.cn/a/20140527/258226.html.

创业者为培育和发展自己的创业能力或技能会学习与创业有关的直接和间接经验。学者斯米勒（Smilor）认为："高效的创业者都是杰出的学习者，他们从一切事物中学习。更重要的是，他们善于从失败中学习。"创业失败给创业者提供重要的学习机会，从失败中学习比从成功中学习更具价值。经历创业失败等非常事件可以增加创业者的主观知识积累，因此失败情境下的创业学习是有必要的。

9.3.2 从创业失败中学习什么

创业者并不是只能被动地接受失败，可以从失败的悲痛中快速恢复，进而从创业失败中学习。创业者从失败中能够学习到什么呢?

寇普(Cope)研究验证了创业失败学习的内容应包含自我学习、商业学习、网络与关系学习以及新企业管理学习四个方面,并认为自我学习是创业失败学习的核心。具体的学习内容如下:

<u>自我学习</u>(Learning about Oneself)。包括客观认识自身的优势和劣势,改变在企业中的角色、个人和家庭的需要和目标、个人发展的领域以及个人的兴趣和动机。

<u>商业学习</u>(Learning about the Business)。包括为了解企业的优势和劣势、机会和威胁,以及有关市场需求、新企业成长、行业发展前景等知识而进行的学习。

<u>网络与关系学习</u>(Learning about Networks and Relationship)。学习如何管理企业内部和外部的关系,包括潜在客户、供应商与竞争对手的关系,也包括维持与咨询机构和支持服务(如银行、会计等)的关系。

<u>新企业管理学习</u>(Learning about New Business Management)。学习如何更有效地运营和控制企业,包括重要的程序和系统(如招募、薪水和奖励结构,以及财务监管)。

9.3.3 如何从创业失败中学习

一般认为,创业者通过分析失败原因,进而充实创业和企业管理知识。但实际并非如此简单,创业者如何从失败中学习是个复杂的过程。

研究发现,创业失败归因方式决定了创业者能否从失败中学习以及如何学习,创业学习的方式影响了随后的创业意向和创业绩效,如图9-2所示[①]:

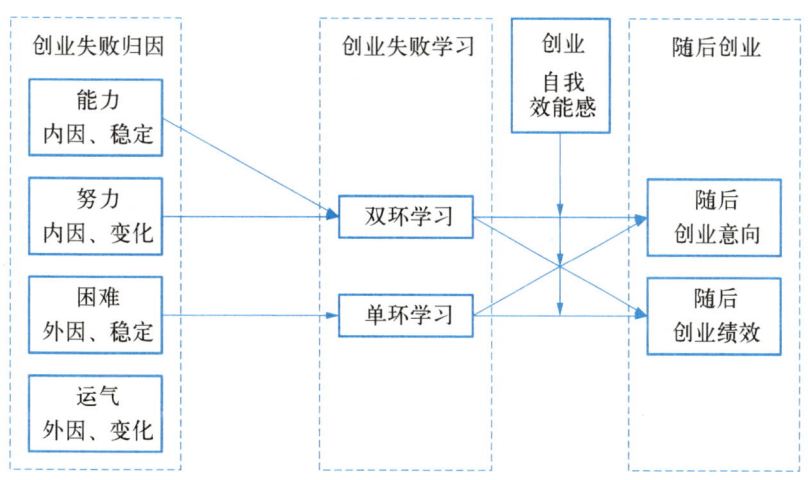

图9-2 创业失败归因、创业失败学习以及随后创业意向、创业绩效概念模型

模型描述了创业者从创业失败中恢复、学习的过程。首先,创业者对创业失败原因进行解释,有四种归因可能(能力、努力、困难和运气)。如前所述,归因结果可能并不唯一,但创业者一般会将某一种原因归为导致创业失败的主要因素。其次,归因结果决定了创

---

① 改编自于晓宇、李厚锐和杨隽萍:《创业失败归因、创业失败学习与随后创业意向》,《管理学报》2013年第8期。

业者从创业失败中学习的方式。如果将失败归因为能力或者努力,则创业者更倾向于双环学习,对创业动机、关键决策的前提和假设进行反思。如果创业者将创业失败归因为困难,那么更倾向于单环学习,对错误进行反思并提出可能的解决方案。最后,双环学习往往产生很高的负面情绪,因此会降低创业者的随后创业意向。虽然双环学习获得的知识可能提高随后创业绩效,但可能得不到检验这些知识的机会。单环学习很少伴随强烈的负面情绪,创业者通过单环学习对问题、错误提出解决方案,因此常会提高随后创业的意向。当然,这些解决方案可能"治标不治本",并可能导致再次失败。

以上过程部分解释了为什么有的创业者对创业失败有了深刻反省,却"无心恋战",放弃再次创业;而有的创业者仅从创业失败中学到一些皮毛,很快重整旗鼓,选择再次创业,结果却是"一败再败"。打破这个"魔咒"的途径是创业者提高自我效能,抵抗双环学习对随后创业意向的磨损,通过再次创业检验学习成果。

9.4　创业失败管理

◇ **本节目标**
学会进行创业失败管理。

创业失败为创业者提供了宝贵的学习和成长机会。创业教育家蒂蒙斯曾说,"即使创业失败,但是创业者并未失败。创业失败常常是创业者的学习经验和职业领悟提炼的过程。"创业者必须认识到,创业失败是创业实践的重要组成部分,创业者不应该回避失败,而是主动管理失败。以下是如何管理创业失败的建议:

(1) **具备创业失败的心理准备**

创业充满着不确定性,而失败本质上就是探索不确定性的一种方式①。创业失败是普遍存在于创业过程中的现象,给创业者带来沉重的失败成本。面对这样一个事实,创业者应该提前做好创业失败的心理准备,降低失败带来的心理打击,从容应对失败并快速从失败阴影中走出来。

(2) **洞察创业失败前的信号**

创业失败之前会出现一些预警信号,创业者应谨慎地洞察这些信号。这些信号包括财务管理松弛、糟糕的现金流、资金周转困难、公司核心人员接连离职、客户持续流失、供应商突然要求现金付款等。创业者洞察到这些失败的预警信号后,就要采取行动,寻求避免失败的方法,或者提前制定应对创业失败的计划。

(3) **敢于面对、承认创业失败**

当创业企业资不抵债濒临破产时,创业者应敢于面对失败,承认失败在所难免,并有计划地做好失败准备和应对措施。创业者不要升级承诺,对濒死企业不断"输血",可以选择"主动失败",避免创业企业陷入"死而不僵"导致更多财务损失的困境。

(4) **选择合适的创业退出方式**

创业退出是创业过程的重要环节,创业者在创业之前就应该想到,而不是在创业失败

---

① McGrath R. G. (1999). Falling Forward: Real Options Reasoning and Entrepreneurial Failure. *Academy of Management Review*, 24(1): 13-30.

的时候才去考虑①。选择合适的创业退出方式是管理创业失败的重要举措,有助于规避创业失败带来的巨大损失。创业者可能采取的退出方式主要包括破产、出售、清算和被收购。

要点回顾

- 创业失败有狭义和广义之分。公司的破产(Bankruptcy)、清算(Liquidation)、注销(Cancellation of Registration)等都是狭义创业失败在实践中的表现形式。部分创业者在创业过程中没有取得预期结果,如未获得融资、研发失败、谈判破裂等,则是一种广义的创业失败。
- 创业失败的原因可以从产品/市场问题、财务困难问题、管理问题和人力资源问题四方面详细分析。
- 创业者并不是从失败原因本身学习,而是从自己对失败的主观认知(或解释)中学习。因此,创业者如何解释(归因)创业失败比"失败事实或真相"本身更重要。创业失败归因方式主要有无助型和专家型两种。
- 谢泼德(Shepherd)研究了创业者如何从创业失败的负面情绪中快速恢复,他与维克伦德(Wiklund)及海尼(Hayni)提出修复的三类方式,分别是损失导向、恢复导向和摆动导向。
- 创业失败学习的内容应包含自我学习、商业学习、网络与关系学习以及新企业管理学习四个方面,自我学习是创业失败学习的核心。
- 归因结果决定了创业者从创业失败中学习的方式。如果将失败归因为能力或者努力,则创业者更倾向于双环学习,对创业动机、关键决策的前提和假设进行反思。如果创业者将创业失败归因为困难,那么更倾向于单环学习,对错误进行反思并提出可能的解决方案。
- 创业失败是创业实践的重要组成部分,创业者不应该回避失败,而是主动管理失败。创业者可以从具备创业失败的心理准备,洞察创业失败前的信号,敢于面对、承认创业失败和选择合适的创业退出方式四方面来进行失败管理。

案例体验

B 公司圈子创业的是与非

本案例的主人公是来自周宁的王甲辉,在上海做钢贸生意,是上海周宁钢贸圈的一员。

---

① DeTienne D. R. (2010). Entrepreneurial Exit as a Critical Component of the Entrepreneurial Process: Theoretical Development. *Journal of Business Venturing*, 25(2): 203-215.

1. 钢贸行业的特点

钢贸行业是一个资金密集型的产业，获得银行持续融资是创业成功的关键。然而，老乡圈和血缘关系能够顺利帮助本地周宁人获得创建所需的必需资金，这也是周宁钢贸圈生生不息的原因之一。但银行授信往往需要抵押或是担保。在钢材价格走低时，互相担保成了行业集体获取银行融资的唯一途径。身处其中的周宁人，既得益于这样的互相担保，也因此陷入了一场前所未有的创业危机。

2. 上海周宁商帮发家史

上海是全国乃至全球最大的钢贸企业聚集地之一，周宁人在上海做钢贸起家，靠着周华瑞（第一代）、蔡书鹏（第二代）、缪先瑞（第三代）和80后（第四代）四代周宁人一步一个脚印不懈努力逐渐组建起来了上海周宁商帮——一个颇具实力的圈子。本案例的主人公——B公司的董事长王甲辉便是这第四代人中的一员。他们追随前辈们的足迹来到上海，希望能在钢贸行业里有一番作为。

3. 王甲辉的圈子创业历程

（1）通过同学圈子接触钢贸行业

1983年周宁出生长大的王甲辉大学毕业后分配在省城的一所中学担任教师，王甲辉认为教师工作虽稳定但没"钱途"，于是有了创业的冲动。

2005年暑假，在高中时最好的朋友肖灵、徐亮的怂恿下，王甲辉去了二人设在苏州的钢材市场，第一次真正接触到了钢材贸易行业。这个暑假王甲辉学会了跑业务、拉客户。暑假结束后，王甲辉不顾校长和母亲的反对，辞职来到苏州，成为肖和徐所成立的钢贸公司的一员。但生意平淡，仅过了3个月，几个要好的伙伴在生意上还是分道扬镳，分开的原因关键是企业不景气，维持生活很吃力。

（2）通过亲戚圈子熟悉钢贸采购运营

公司解散后，王甲辉的表姐夫（蔡先生，上海博源物资有限公司创始人，从1997年开始就跟随周宁老乡在上海做钢贸生意）找到了他，希望王甲辉能到上海帮他打理企业。考虑到当时的窘境，王甲辉也就不再犹豫，加入了表姐夫的公司。

2006年初，刚进入博源物资，王甲辉就被派到河北唐山做采购。由于没有经验，进公司的前两年，王甲辉一直是边学习边采购。到了2008年，王甲辉已在唐山工作近3年，在采购方面的工作已相当娴熟和出色。出于多方面考虑，王甲辉在2008年底申请调回上海。在上海，王甲辉负责部门运营管理，工作中王甲辉注意到了多数钢贸企业普遍存在的致命缺陷，那就是缺少战略思维，缺少财务知识，缺少整套企业管理流程。这也促使他下定决心去读MBA以弥补自己在企业管理上所欠缺的知识。

（3）创建属于自己的钢贸公司

2009年的王甲辉已在钢贸行业摸爬滚打4年了，不同岗位的工作经历让他对钢贸行业有了全方面的了解。婉拒了朋友合伙创业的邀请，分析了自身情况，王甲辉认为自己在这个行业有渠道、有资源、有经验，想要自己创业的话需要的仅仅是资金，于是开始寻找资金自主创业。

当时国家为克服金融危机，采取了4万亿元刺激的一揽子方案。银行资金富足，周宁人所主导的前期经营正常的上海钢贸企业因其报表流水巨大，普遍得到了银行的超额授信。同时王甲辉的高中同学在上海有一家担保公司，在了解王甲辉的情况以后愿意贷给王甲辉500万，利息一分二。担保公司提供的资金解决了王甲辉创业上的资金难题，B公司在2009年底正式开张。

B公司一开始只有四五个人，都是王甲辉的亲戚，他的老婆也会时常过来帮忙打理行政。但王甲辉并不想走夫妻店形式，而是想走职能划分清楚、拥有良好企业文化、员工拥有敬业精神和投入度的正规企业路线。利用原有的圈子关系，B公司很快就有了第一笔生意。而第一笔真正让王甲辉赚到钱的生意，靠的还是王甲辉在行业中积累多年的经验。王甲辉积累的周宁圈子人脉在他自己创业后带来了极多的便利和好处。平时他也注意和老乡们多联系、多交流，保障信息的畅通。与此同时，钢材市场的模式也在发生变化。王甲辉意识到在上海做钢铁贸易的企业太多，而且多数的老板都是来自周宁，企业的同质化现象严重。碰上新一轮国家宏观调控，B公司的日子并不太好过。怎么样让B公司区别于其他来自周宁的钢贸企业一直是萦绕王甲辉心头的一片阴霾，直到同为福建人的叶某出现才开始出现一些放晴的迹象。

(4) 转型发展探索

叶某原来是王甲辉老婆的学生，毕业后在上海某贸易公司做石化类产品的销售，积累了一些渠道和资源，一次和王甲辉老婆聊天中透露了想要单干的念头。迫切想要有所突破的王甲辉得知后立即与叶某接触，二人一拍即合，叶某还带来了自己的朋友洪某，组成了一只较为成熟的石化贸易团队。在2011年钢材市场行情低迷之时，石化贸易业务带来的利润一定程度上弥补了钢材市场贸易的亏损。但没有现金储备补货加上钢材行业本身不景气都让B公司资金的周转越来越吃紧，到了2011年底，王甲辉只好忍痛放弃了石化贸易这一新拓展的业务。

4. 钢贸信贷危机

(1) 危机爆发

2009年国家刺激政策出台以后，钢贸行业借助货币宽松政策，从银行轻松获得高于2007年几倍的贷款额度，这些资金成本主要就落在周宁商帮头上。然而，一波接着一波的房产调控使得钢材产能过剩，引发了钢材价格的直线下降，不断挤压着钢贸商的利润空间。同时，大型钢厂的销售模式也在慢慢改变，试图采取直供形式，抛开贸易商，虽然钢材卖得便宜些，但价格稳定。这样一来，钢贸商在钢铁行业的地位被狠狠动摇。另一方面，银行方面开始突然收贷。2011年7月26日，上海银监局给各家银行发布《关于开展钢贸企业授信情况调查的通知》，要求各家银行重点排查钢贸行业的信贷风险。2011年11月2日，上海银监局下发了《关于钢贸行业授信风险提示的通知》，提到钢贸行业利用库存钢材反复质押的问题。

越来越多的钢贸企业崩盘、破产。导火索一经点燃，迅速引发了全行业的信贷危机。提起这场信贷危机的快速扩散，不能不提到周宁钢贸商圈存在已久的联保模式。其实，自2000年开始，钢贸行业就开始采用联保互保的融资模式。联保方式增加了钢贸企业的信用支持，解决了钢贸企业巨大的金融需求难题。但这种联保将风险放大，在经济形势好的情况下，企业总是能够及时填补空隙；可是如果经济形势不好，就有可能产生多米诺骨牌效应。由于联保这种特殊融资模式，越来越多的钢贸企业被卷入信贷危机。

（2）危机中的 B 公司

作为周宁钢贸商的一员，B 公司在这场钢贸信贷危机中也不能幸免。

2012 年 1 月，B 公司首先接到了与之合作 2 年之久的中国银行的停贷通知，并且要求企业在 3 个月要归还前期贷款。往常，B 公司的流动资金多半以高额利息转借给了周宁老乡当过桥资金。再加上前期碍于老乡情面，出于帮朋友应急的需要，王甲辉也外借了部分资金给周宁老乡。所以，此时王甲辉不得不加快催收账款，但是债务催讨的效果并不显著，因为几乎每家钢贸企业这时都收到了银行断贷、停贷、抽贷的通知。银行贷款归还才是头等大事，朋友的贷款归还只能排在其次。6 月，B 公司最大的贷款伙伴——兴业银行也要求 B 公司迅速偿还之前的贷款。为了还清银行贷款，B 公司不得不把公司的存货贱卖，把自己在上海的房子进行抵押。9 月，更为不幸的消息传来，之前联保的周宁老乡的企业由于还不起贷款，遭受法院起诉，B 公司也被追加起诉。从 10 月开始，因为自身贷款到期无法偿还，法院也开始正式起诉 B 公司，要求限期归还债务。

B 公司的办公场所被银行查封，王甲辉不得不搬离了原来的办公地方。到目前为止，B 公司一共欠债 2 000 多万元，企业陷入了困顿之中。

5. 通过 MBA 同学圈子寻求再次创业机会

前文提到，王甲辉是在读 MBA。通过商学院教授的介绍，王甲辉认识了找钢网的董事长。这是一家完全利用互联网思维来改造传统钢贸行业的企业。找钢网成立于 2011 年 12 月钢贸行业最低潮，其商业模式特点是利用电子商务平台来达成价值链优化。在初期免费为服务商提供线下撮合交易，以此吸引服务商进入网站。在具有一定用户规模后，找钢网与钢厂采用保值代销模式：找钢网相当于钢厂的兼职销售员，每卖一吨货获得钢厂一个返利，钢厂每日进行定价，找钢网不承担价格波动风险。通过一年多的商业模式运营，找钢网现在已经获得 2 轮风险投资的注资，截至 2013 年 9 月份，月成交量达 512 167 吨，已经是钢贸行业具有一定影响力的企业。

王甲辉的 MBA 同学对这一行业解决方案表示认同，在银行工作的 MBA 同学表示可以提供一定的银行特别授信，在 VC 工作的同学也表现出了浓厚的兴趣，通过积极利用 MBA 圈子，似乎仍然有钢贸再次创业的机会。干的还是原来的事，王甲辉这次进入的似乎是和"周宁圈子"完全不同的一个新的"MBA 圈子"。

当然，还清贷款仍然是 B 公司当前的主要任务。但是令人不安的是，行业性危机远远不是个人所能控制的，几乎陷入停滞的上海钢贸行业也让王甲辉没有什么信心。王甲辉的一个周宁朋友正在努力劝说王甲辉加入他的茶馆生意。王甲辉左右为难，不知如何选择。

资料来源：改编自刘志阳、韩越、岑超所著全国百优案例《B 公司圈子创业的是与非》。

课堂实验过程：

第一步： 将学生进行分组。上课前先给学生们发放相关材料，引导他们了解上海的周宁钢贸圈和这些钢贸企业在上海的发展过程。

第二步： 本案例的重点在于讨论圈子创业的是与非，因此请学生们读完案例后以小组为单位填写表格。

阶　　段	圈子类型	内容概括	优势分析	缺陷分析
创业前期 2004~2009 年	周宁朋友圈			
	周宁亲戚圈			
	周宁同学圈			
企业初创 2010~2011 年	周宁亲戚圈			
	周宁老乡圈			
	周宁朋友圈			
创业转型 2011~2013 年	周宁亲戚圈、老乡圈			
	MBA 圈			

第三步：根据各自小组所填写的表格，每个小组分别派代表上台发言，分析圈子创业的失败之处以及可以做哪些调整和改进。

第四步：将 B 公司圈子创业的主人公王甲辉请出来（之前一直隐藏在学生之中，与他们一起上课），让他以亲历者的身份分析公司创业失败的原因，点评每一组的观点以及阐述 B 公司之后的发展方向。

第五步：实验课堂评价。听过王甲辉的发言后，请同学们总结同学（旁观者）与王甲辉（亲历者）对创业失败原因的总结，填写下表，思考为什么旁观者和创业亲历者对同一失败会有不同的理解。

失败原因（旁观者角度）	失败原因（亲历者角度）	产生差异的原因

➢ 结合本章内容，找到一家创业失败的公司，对其进行分析，并说说你从中学习到了什么？你会如何进行失败管理？